我国乡村治理探索与研究

——以云南省大理州为例

汪 燕◎著

九州出版社
JIUZHOUPRESS

图书在版编目（CIP）数据

我国乡村治理探索与研究：以云南省大理州为例 /
汪燕著. —北京：九州出版社，2023.11
　　ISBN 978-7-5225-2452-8

　　Ⅰ.①我… Ⅱ.①汪… Ⅲ.①乡村－社会管理－研究
－中国 Ⅳ.①D638

中国国家版本馆CIP数据核字（2023）第207248号

我国乡村治理探索与研究：以云南省大理州为例

作　者　汪　燕　著
责任编辑　王丽丽
出版发行　九州出版社
地　　址　北京市西城区阜外大街甲35号（100037）
发行电话　（010）68992190/3/5/6
网　　址　www.jiuzhoupress.com
印　　刷　三河市龙大印装有限公司
开　　本　710毫米×1000毫米　16开
印　　张　16.5
字　　数　218千字
版　　次　2024年1月第1版
印　　次　2024年1月第1次印刷
书　　号　ISBN 978-7-5225-2452-8
定　　价　98.00元

前　言

近年来，我国在推进乡村治理现代化方面有着显著的成效，以党组织为核心的农村基层组织建设获得进一步加强，乡村治理手段不断创新，乡村治理内容不断充实，乡村治理体系不断完善，乡村基本公共服务不断提升，乡村社会保持和谐稳定，乡村民众的幸福感不断增强。

虽然我国的乡村治理正在不断完善和创新，但目前乡村社会结构日益分化，乡村居民的思想观念日益多元化，传统的乡村治理模式难以适应新时期乡村现代化发展的要求。另外，我国乡村治理体系和治理能力的现代化水平不高，乡村基层的治理理念、方式和方法还存在着不足之处。实现乡村振兴，提升乡村治理现代化建设，满足人民日益增长的美好生活需要，必须着力解决乡村治理中存在的问题。

苍山之麓，洱海之滨，"风花雪月"的大理州历史悠久，苍山洱海珠联璧合，自然风光秀丽迷人，民族风情多姿多彩。大理白族自治州，是云南的十六个地级行政区之一。大理州位于云南省中部偏西，东邻楚雄彝族自治州，西接保山地区，北与丽江地区毗邻，南和临沧、思茅地区接壤。[①]

在新时代新背景下，大理州的全面发展，需建立在乡村振兴的基础上，提升大理州的乡村治理能力。同时，全面推进乡村振兴是实现中华民族伟大

---

① 那鹏.大理州的旅游文化与文化旅游［J］.云南史志，2002（1）：3.

复兴的一项重大任务。健全自治、法治、德治相结合的乡村治理体系，可以让农村社会既充满活力又和谐有序。党的十九大以来，大理州以实施乡村振兴战略为总抓手，持续推动社会治理和服务重心向基层下移，坚持自治、法治、德治相结合，着力构建乡村治理新体系。

在此背景下，大理州的乡村治理被赋予了新使命、新任务，也面临着新问题、新挑战。基于此，本书以大理州的乡村治理为研究目标，分析了大理州乡村治理所面临的主要问题，并提出了乡村治理现代化的提升策略。本书第一章为我国乡村治理的背景与实践，回顾了我国乡村治理的时代背景、发展历程和具体问题；第二章对推进乡村治理现代化的基础进行了分析，厘清了乡村治理现代化的基本思路；第三章提出了大理州乡村治理现代化提升策略，提出了完善新时代乡村治理现代化体系、以村民共同富裕为治理动力、完善创新乡村现代化自治能力等策略；第四章是大理州群众自治措施，如建立健全群众参与机制，推行民事民议、民事民办、民事民管的治理方式等；第五章是大理州法治建设措施，包括各级法院和广大乡村在法治乡村过程中的积极作为；第六章是大理州坚持道德润化，如弘扬中华传统美德、完善乡村公民道德建设以及突出"三治"结合打造德治乡村等；第七章讲的是大理州通过数字赋能"三治融合"所创造的乡村社会治理成果；第八章是对大理州乡村治理的未来展望，从制度建设与基层社会改革，乡村共治的制度化、民主化与法治化，培育建设现代化乡村小城镇的能力等方面对大理州未来的乡村治理进行了展望。

本书中提到的解决方案，有一些已经在其他地区得到了验证和应用，如建立完善的乡村治理体系、用科技手段创新乡村治理模式等，还有一些需要在实践中不断探索和完善，如通过"三治融合"构建乡村善治体系。当然，乡村治理是一个复杂和长期的过程，需要不断探索和完善。因此，我们需要在实践中不断总结和提炼经验，进一步推广和完善解决方案，以实现乡村治理的可持续发展。

我们相信，在全社会的共同努力下，我国乡村治理工作一定会取得更加显著的成果，在实现乡村振兴的伟大征程中迈出更加坚实的步伐。本书在写作过程中难免存在不足之处，敬请广大读者批评指正。

目　录

第一章　我国乡村治理的背景与实践

本章内容分析了我国乡村治理的演变历程与逻辑思路、乡村治理模式创新、乡村治理的内涵及其构成要素，以及乡村治理需要解决的三大要务等，旨在强调加强乡村治理，实现乡村振兴，是当前经济发展和社会稳定的必然选择。

第一节　我国乡村治理的演变历程与逻辑思路

乡村治理是国家治理的重要组成部分。我国的乡村治理经历了一个漫长的历史演进过程，从黄帝时代到如今，乡村治理模式不断演变和创新，治理逻辑思路日渐完善和成熟，反映了社会变革和时代发展的需要，尤其是改革开放以来，乡土中国向城乡中国的转型，使城乡中国下的乡村治理出现大变局，治理的成本收益结构发生变化。在新的发展阶段，必须进行与乡村转型相适应的乡村治理制度安排，形成更有效的乡村治理秩序。

一、我国乡村治理的历史演进

乡村治理是指在乡村地区，政府、社会组织、村民等各方面的力量通过协商、合作、参与等方式，共同解决经济、社会、文化等方面的问题，促进乡村社会的和谐稳定和经济持续发展。我国乡村治理的历史演进可以追溯到黄帝时代,此后经历了家族和部落管理、官方管理、地方自治、社会主义现代化等不同阶段,每个阶段都有其独特的特点和贡献。

据史料记载,早在黄帝时代,我国就有了基层官制的萌芽。商周时期,在井田制的基础上建立了基层政权,形成了"井为一邻,邻三为朋,朋三为里,里五为邑"(《文献通考》),即"井、邻、朋、里、邑"的基层治理格局。[①] 秦汉时期,中央政府开始对乡村进行统一管理,设立县、乡、村等行政机构,乡村治理开始进入官方管理阶段。秦汉以后,乡官制作为基层组织的常设制度确立下来,基层行政组织一般分为乡、里二级,此外还有与乡里平行的亭。魏晋南北朝时期,社会分裂加剧,地方行政制度渐被废弛。隋唐时期,"里""村"成为基层组织的重要组成部分。宋朝"王安石变法"之后,我国地方发展起来了成熟的保甲制度,在乡村建立了"保、大保、都保"的组织体系。元代时期,设立了州、县、乡、村四级行政机构,乡村治理进一步规范化和专业化。明清时期,中央政府开始实行"乡保制度",将乡村治理权下放到地方,由乡保长等地方官员负责管理。[②] 这种制度在一定程度上加强了地方自治,但也存在贪污腐败、权力滥用等问题。清末民初的农村治理,本质上是集国家法律制度、传统的权威、儒家思想、风俗习惯、强国富民于一体的综合治理。

(一)土地革命时期

土地革命时期,为了加强党在地方上的领导地位,从红军中抽调党员干部来协助发展党组织,保证党在根据地的领导地位。为了促进基层政权建设,红军组织群众推翻了地主劣绅,建立了各级工农民主政权。同时,他们积极

---

① 江亚南.中国古代选举制度的变迁〔J〕.兰台世界,2012(24):19-20.

② 任吉东.清代华北乡村治理研究——以顺天府宝坻县乡保制为例〔J〕.历史档案,2007(2):61-67.

参与武装斗争，为根据地的建立和发展提供了有力支持。在深入开展土地革命的过程中，井冈山革命根据地颁布了《井冈山土地法》和《兴国土地法》，并在各县实行分田运动，以满足农民的土地需求。这些措施极大地调动了农民的革命积极性，为根据地的发展壮大奠定了坚实基础。

（二）抗日战争时期

抗日战争时期，中国共产党领导下的乡村治理政策进行了一些调整，旨在保障抗战胜利，其中，通过"三三制"吸收社会各阶层参与政府组织，广泛的民主选举巩固了基层政权。[①] 此举在一定程度上，帮助巩固了政府的权威，增强了政权的合法性。在此基础上，鼓励并指导农抗会、妇抗会、青救会等社会组织发动群众从事抗日救亡、社会生产等活动。这些群众组织不仅赢得了民众的信任，成为乡村社会的重要领导力量，而且对瓦解封建保甲制度、夯实中国共产党在农村的社会根基发挥了重要作用。通过这些调整，中国共产党实现了对乡村社会的全面治理，为抗日战争的胜利作出了重要贡献。同时，这些经验也为今后的乡村治理提供了宝贵的借鉴和参考。

（三）解放战争时期

解放战争时期，中国共产党领导下的各解放区通过一系列措施，迅速恢复了农业生产，其中，修筑水利、发放贷款和组织互助等方式，为当地的经济发展提供了有力的支持。同时，通过调整干部配置和完善领导机制，为人民解放军提供了稳固的后方支持。这些措施不仅为解放区的发展提供了坚实的基础，而且为最终打败国民党军队，实现全国解放奠定了基础。此外，当

---

① 张同乐．晋察冀边区的"三三制"村政权建设［J］．成都大学学报（社会科学版），2022（1）：92-103.

时的土地改革运动也在很大程度上提高了农民的政治觉悟，农村的土地问题得到了解决，农民获得了更多的土地和权利，从而提高了他们的生产积极性。这也为解放战争提供了持续的人力支持和强大的物质保障。

（四）中华人民共和国成立后

1949 年，中华人民共和国成立，乡村治理进入了社会主义阶段。中国共产党通过土地改革，废除了地主阶级的封建土地所有制，将土地分配给农民。这一措施不仅提高了农民的经济和社会地位，也增强了农民的民主意识和政治参与意识，为农民融入新生的人民政权奠定了经济基础。随后，通过重塑基层政权，规范了乡村的基层组织建设。1950 年 12 月，中央政务院颁布了《乡（行政村）人民代表会议组织通则》和《乡（行政村）人民政府组织通则》，在城乡基层普遍建立区、乡（村）人民代表会议制度，定期召开人民代表大会，同时规定乡和行政村并存。这一措施为乡村治理奠定了基础，并在 1954 年颁布的《中华人民共和国宪法》和《中华人民共和国地方各级人民代表大会和地方各级人民委员会组织法》中得到法律上的确认，明确了乡镇政权在乡村的合法地位。在社会主义改造的过程中，乡、镇建制逐渐被初级社和高级社所取代，形成了以"一村一社"为特征的"村社合一"[①] 体制。农民不仅被纳入国家的经济体制，也被纳入国家的政治体制，成为国家的重要组成部分。在这一时期，中国共产党进一步发展了党支部、共青团、妇女会、农民协会等组织，为打破乡村族权治理、重建乡村治理秩序奠定了组织基础。

---

① 李鹭. 乡村振兴视角下的村社合一 [J]. 湖北农业科学，2021，60（4）：192-195.

（五）改革开放后

改革开放以来，我国农村改革不断深入，经济体制和乡村治理模式实现了转型发展。在经济体制上，家庭联产承包责任制的推行，使农村形成了统分结合的双层经营体制，调动了农民的生产积极性，使农村的农业生产焕发出勃勃生机。同时，在乡村治理模式上，1980 年广西合寨村率先成立了村民委员会[①]，实行民主选举、民主决策、民主管理、民主监督。这一措施标志着乡村治理开始由政社合一向村民自治转变。1982 年，村民委员会被写入宪法，成为我国基层群众性自治组织，乡镇政府逐渐恢复乡（镇）建制，乡村治理进入了新的发展阶段。1998 年，《中华人民共和国村民委员会组织法（试行）》正式通过，村民自治不仅有了实践基础，也有了法律依据，标志着我党对乡村治理的领导进一步规范化。

（六）进入 21 世纪

21 世纪，随着我国加入 WTO，农村面临着新的竞争压力。为了减轻农民负担，我国政府废除了农业税[②]，并对农业生产进行补贴。这一举措大大降低了农业生产成本，保证了农民种粮的积极性，稳定了农村的社会环境。至此，我国的乡村治理进入了税费改革和新农村建设阶段。2005 年，"十一五"规划提出了建设社会主义新农村的目标，并提出了一系列措施来促进农村发展。具体措施包括：发展特色农业，提高农业综合生产能力；加强农村基础设施建设，改善农村生产和生活环境；加强农村社会建设，提高农民素质和生活水平；加强农村生态环境建设，保护生态环境，促进可持续发展。这些措施

---

① 张真理，施桐.合寨村委会——农村基层村民自治的制度创造［J］.信访与社会矛盾问题研究，2020（1）：122-136.

② 阳斌.新时代中国共产党乡村治理研究［D］.成都：西南交通大学，2020.

为新农村建设和乡村治理提供了指导和支持。2006 年，中央一号文件中，政府强调要完善建设社会主义新农村的乡村治理机制。2007 年，党的十七大提出了加强乡村基层组织建设，推进乡村治理现代化，加强农村基础设施建设等，为实现乡村治理现代化提供了重要指引。

党的十八大以来，我国乡村治理出现了新变化。首先，在治理模式上，传统的单一治理模式逐渐向多元协同治理模式转变。这种变化主要是基于党建对乡村治理的引领作用，通过党组织的领导和协调，促进各类治理主体之间的协同，形成治理合力，推动乡村治理向更高质量发展。其次，在治理内容上，乡村治理更加关注群众身边的"小事"，以群众满不满意为出发点和落脚点，通过治理单元下移、网格化治理、智能化治理等方式，切实解决人民群众关心的问题。治理单元下移，即将治理主体下沉到乡镇、村庄等基层单位，通过基层治理主体的积极作用，为群众提供更加贴近实际的服务和保障。网格化治理，即按照区域划分，在每个网格内设立专门的治理组织，实施精细化的管理和服务。智能化治理，即通过新技术手段，如人工智能、大数据等，提高治理效率和精准度。这些变化，使乡村治理更加注重群众的需求和利益，更加符合实际情况，也更加有利于推动乡村振兴战略的实施。

党的十九大提出了乡村振兴战略，这是党和国家对新时代农村工作的总体部署和指导思想，其中，健全自治、法治、德治相结合的乡村治理体系，成为乡村振兴战略的重要组成部分。这一要求，意味着我国乡村治理已经迈入了新时代，也为乡村治理提出了更高的要求和更加明确的方向。乡村治理是乡村振兴的基础，是实现乡村振兴战略的关键。因此，在新时代，我们需要注重发挥党组织在村民自治中的引领作用。党组织作为最基层的领导核心，应当通过加强组织建设、提高党员素质、发挥党员作用等方式，引导和协调各类治理主体，形成乡村治理的合力。在这一过程中，应当充分发挥村民自治的积极作用，加强村民自治组织建设，提高村民自治的法律意识和参与度，推动村民自治与法治、德治相结合，形成良好的乡村治理格局。同时，为了实现乡村治理现代化，我们需要注重加强法治乡村建设，包括完善乡村治理法律制度、加强乡村基层法律服务、提高村民法律素质等方面。通过加强法治建设，可以提高乡村治理的规范化和科学化程度，保障群众合法权益，维护社会稳定。另外，注重加强德治乡村建设也是实现乡村治理现代化的重要举措。通过加强德治建设，可以提高村民的道德素质和公民道德意识，增强乡村文明和谐。在德治乡村建设中，可以发挥宗教、文化、教育等方面的积极作用，加强道德教育和文明引导，推动德治与法治、自治相结合，构建"三治融合"的乡村治理体系。

二、中华人民共和国成立后的乡村治理

研究发现，中华人民共和国成立后七十余年的乡村治理实践，已经构成了一个包括治理目标、治理主体、治理客体、治理方式这四个方面的完整体系。乡村治理目标指的是实现乡村现代化，乡村治理主体指的是强调多主体的共同参与，乡村治理方式指的是针对制度、法律、政策的变革与创新。我国注重加强对农村居民生活条件的改善和农村社会的发展进步，特别是在新农村建设时期，除了要求生产发展以外，还要求实现生活宽裕、乡风文明、村容整洁、管理民主。这些措施有助于提高我国农村居民的生活质量和促进农村社会的发展进步。

新时代的我国乡村治理中，着眼于产业兴旺、生态宜居、乡风文明、治理有效、生活富裕等方面，以全面振兴乡村，实现乡村现代化。具体包括加强农业现代化建设和农业产业结构调整、推进农村生态建设和环境保护、提高农民素质和推动文化建设、加强基层党建和社会治理等。这些措施将有助于中国实现乡村振兴的目标，为人民创造更加美好的生活。

政府是乡村治理的主要负责者和执行者，承担着乡村治理的具体任务。

通过自上而下的政府体制改革，乡村治理中政府的权力边界愈加清晰，政府职能实现了从"管制型"政府向"服务型"政府的转变。农民组织和社会组织在乡村治理过程中的作用日益凸显。农民组织是农民参与乡村治理的重要途径，能够发挥组织力量，推动农民自治和乡村治理的规范化和制度化。社会组织则能够发挥社会力量，带动乡村社会的发展。政府和社会组织需要加强对农民组织的引导和支持，形成党、政府、农民组织和社会组织共同参与的良好局面。

（一）乡村治理内容

乡村治理是指在农村地区，政府、社会组织、村民自治组织等各种治理主体通过多种方式对村民个人、家庭、公共事务、自然环境和社会秩序等进行管理和服务的过程。乡村治理始终坚持在党的领导下进行。地方各级党组织贯彻执行党中央关于乡村治理的路线方针政策，领导本级乡村治理的各项具体活动。农村基层党组织是乡村各组织和各项工作的领导核心，是乡村治理的战斗堡垒。

乡村治理的重点内容包括基础设施建设、公共服务和公共安全。基础设施建设包括道路、桥梁、给排水系统、电力供应、通信网络等基础设施的规划、建设和改善。良好的基础设施可以提高交通便利性、促进农产品流通、吸引投资和人才流入等，进而推动乡村经济的发展。公共服务包括教育、医疗、养老、就业等方面的服务。乡村地区应当努力提供优质的教育资源，包括学前教育、基础教育和职业教育，以提高农村居民的整体素质和就业能力。此外，合理规划医疗资源，建设医疗机构，提供基本医疗服务和健康教育，满足农村居民的医疗需求。养老服务也是乡村公共服务的重要组成部分，应当建设养老院，提供养老服务，关注农村老年人的福祉。公共安全包括维护社会治安、预防和打击犯罪、保障人民生命财产安全等。乡村地区应建立健全的公安机构，增加警力投入，加强巡逻和防范措施，提高对犯罪行为的打击力度。此外，加强消防安全、交通安全等方面的工作也十分重要，这确保了乡村地区的整体安全。

除了以上重点内容，乡村治理还涉及其他方面，如农业发展、生态环境保护、文化传承等。综合考虑各种因素，制定科学合理的政策和措施，加强乡村治理，促进乡村全面发展。

（二）农村制度改革

农村制度改革是指对农村地区的制度进行改革和创新，以促进农村经济的发展、提高农民收入和改善农村居民生活条件。党和国家一直致力于农村制度改革，其中包括土地制度、经营制度、分配制度等方面的改革。这些改革旨在提高农村经济效益，增加农民收入，促进农村发展，推动农村社会进步。

土地制度是指农村土地的所有权、流转方式以及土地承包经营关系等方面的制度。在土地制度改革中，通常会涉及土地承包权、土地流转与流转市场建设、土地确权登记等方面的重要改革措施，目的是加强农村土地的流转和集约化利用，鼓励农民依法合规流转土地，增加农民土地财产性收入。经营制度是指农村经济组织和经济活动的制度，包括农业生产组织形式、农业经营主体、农业生产方式等方面。农村经营制度改革的核心是激发农民的积极性和创造性，推动农业产业化、规模化经营，提高农业生产效率和农民收入水平。在经营制度改革中，涉及农业合作社发展、农业产业链条建设、农业科技推广等方面的改革举措。分配制度是指农村收入分配和资源配置的制度，包括农民工资收入、土地经营收益、农村转移支付等方面。分配制度改革的目标是促进农民收入增长、缩小城乡收入差距，提高农村居民的生活水平。在分配制度改革中，可以涉及农产品价格形成机制改革、农民工工资保障、社会保障制度建设等方面的改革举措。

这些农村制度改革的内容相互关联、相互作用，通过改革创新，推动农村经济的发展和农民生活水平的提高。同时，农村制度改革也需要与农村治理、农业发展政策等方面相配合，形成系统性、协同性的改革举措，以实现农村全面发展的目标。

第二节 我国乡村治理实践取得的重要成就

中国从站起来到富起来再到强起来，农村发生了翻天覆地的变化，乡村治理体系的不断完善就是其中的一个具体表现。事实证明，中国共产党对乡村的有效治理是中国革命、建设和改革取得巨大成就的重要因素，尤其是中华人民共和国成立以来，我国乡村治理实践取得了显著成就，乡村治理的主体结构得以优化，法律法规逐步完善，治理模式也实现了创新。这反映出我国乡村治理水平的不断提升，为农村经济发展和社会稳定奠定了坚实基础。

一、乡村治理的主体结构得以优化

中华人民共和国成立以来，乡村治理主体数量发生了明显变化，这一变化反映出乡村治理主体结构日益多元化，优化趋势逐渐明显。在这一过程中，乡村治理主体不再局限于单一的党政组织，而是包括自治组织、经济组织等多种形式。这种多元化的乡村治理主体结构，既是由于乡村人口数量减少、乡镇政府和村委会数量精简所带来的必然结果，也是基层党组织始终确保全覆盖的重要表现。

目前，乡镇政府、农村基层党组织、村委会等自治组织、农业合作社、农民、新乡贤精英等共同组成了乡村治理的主体。这些乡村治理主体之间的协同管理和协调利益关系，不仅能够解决矛盾冲突，还能够实现乡村公共利益的最大化。在乡村治理体系中，各种主体之间相互依存，通过参与、谈判和协调等合作的方式来解决冲突，进而实现一种良好和谐的秩序。

乡村治理主体数量的变化，反映出乡村治理结构的多元化和优化。这种多元化的治理主体结构，将有助于乡村治理的合理化、精准化和规范化，有利于解决乡村治理中存在的问题和矛盾，推动乡村的长期稳定发展。

二、乡村治理的法律法规逐步完善

1954 年，《中华人民共和国宪法》规定了设置乡镇政权、取消行政村建制的内容，这意味着我国第一次在宪法中对基层政权设置作出规定。随后，《中华人民共和国村民委员会组织法（试行）》《中华人民共和国村民委员会组织法》等一系列法律法规的出台，规范了村民自治的性质、职能和产生方式等，为村民自治的发展奠定了法律基础。

21 世纪以来，在全面依法治国方略的指引下，中共中央多次发布一号文件，对加强基层党组织建设、完善村民自治、推进乡镇政府改革等作出重要指示，着力提升乡村治理的法治化水平。民政部统计数据显示，截至 2019 年底，全国已有 30 个省（自治区、直辖市）制定或修改村民委员会组织法实施办法，29 个省份制定或修改村民委员会选举办法。[①] 全国 28 个省（自治区、直辖市）实现了村民委员会和居民委员会换届选举统一届期，参选率达到

---

① 李红勃，王婧.基层社会治理法治化的问题与对策［R］.中国政法大学法治政府研究院，2021.

90% 以上，全国 98% 的村制定了村规民约或村民自治章程。[①] 这些数据表明，在《中华人民共和国宪法》的指引下，以村民委员会组织法、村规民约、村民自治章程、基层党组织工作条例等为核心内容的乡村治理法律法规的完善，为保障乡村有序发展、推进基层民主治理提供了法律和制度保障，也为我国乡村治理体系的不断完善和提升提供了重要保障。

三、乡村治理的治理模式创新实践

中华人民共和国成立后，党在老解放区土地改革的成功实践和经验基础上，迅速在全国开展了土地改革运动，实现了"耕者有其田"的土地农民个体私有制。从"互助组"到"高级社"，农业合作化运动促进了土地私有制全面转向集体所有制。这一时期的乡村治理特征表现为农村高级合作社成为乡村治理的主体，以集体所有为基础、以互助互利为原则的乡村治理模式初步形成，提升了生产效率，为实现社会稳定提供了制度基础。

人民公社的建立整合了农村资源，改善了农村生产条件，提高了农业生产力，具有一定的积极意义。后来，以家庭联产承包责任制为标志的农村经济体制改革启动，成立乡镇政府，实行政社分开，依据生产需要和农民意愿逐步建立经济组织等，开启了新型乡村治理机制和治理模式。国家的基层政权建立在乡镇一级，乡镇以下实行村民自治的模式，确立了村民委员会的治理主体地位，明确了村民委员会的自治权，乡政府行使国家行政管理的职能，厘清了各方职责与权限。自 1998 年《中华人民共和国村民委员会组织法》颁布以来，乡村治理经历了一系列制度变迁和完善的过程，治理机制和治理模

---

① 中华人民共和国国家发展和改革委员会 ."十四五"规划《纲要》解读文章之 34丨构建基层社会治理新格局［EB/OL］.（2021-12-25）［2023-09-14］.https://www.ndrc.gov.cn/fggz/fzzlgh/gjfzgh/202112/t20211225_1309722.html.

式在渐进式改革进程中不断优化。这些变革和完善为我国乡村发展和乡村治理提供了重要的制度基础和保障。

党的十九大报告提出实施乡村振兴战略，其中明确指出要在进一步完善村民自治基础上，构建自治、法治、德治相结合的治理机制，以实现乡村治理的民主化、法治化、规范化，从而保障乡村治理公平、效率和社会稳定的目标实现。乡村治理是国家治理的基石，也是乡村振兴的基础。党的二十大报告进一步提出要"全面推进乡村振兴"，在新时代下，我们必须走中国特色社会主义乡村善治之路，加强自治、法治、德治"三治融合"的乡村治理机制建设，促进乡村社会的稳定和繁荣，从而推动乡村振兴战略目标的实现。

第三节　我国乡村治理的时代背景与现实意义

我国乡村治理是在我国经济快速发展和城乡差距日益突出的背景下，为了实现乡村振兴战略和建设美丽乡村的需要。我国乡村治理的现实意义在于推动农村社会经济的创新发展，提升农民生活质量，促进城乡一体化发展，构建和谐稳定的农村社会，实现全面建设社会主义现代化国家的目标。新时代背景下的乡村治理，关系到国家的现代化进程、农村经济社会发展和人民群众的幸福安宁。通过改革乡村治理体制、加强基层组织建设、促进农村产业发展、改善农民生活条件等措施，可以为实施乡村振兴战略打牢基础，助力实现国家治理体系和治理能力现代化，同时也是维护社会稳定、保障人民福祉的现实需求。

一、我国乡村治理的时代背景

乡村治理是指在乡村地区政府、社会组织和居民自身的合作与共治。乡村治理是在中国特定的历史背景下提出的，旨在解决经济发展和社会转型过程中的问题，促进乡村社会的稳定和发展。随着中国经济从高速增长阶段转向高质量发展阶段，乡村地区也面临着巨大的挑战。

首先，经济高质量的发展需要更多的创新和产业融合，而乡村地区在这个过程中扮演了重要的角色。乡村地区拥有丰富的自然资源和文化遗产，可以通过产业融合创新，实现农业、旅游、文化等产业的融合，为经济发展注入新的动力和活力。其次，在经济高质量发展的趋势下，乡村地区也面临着产业结构调整、农村经济增长方式转型的挑战。传统的农业模式已经不能满足现代化经济的需求，需要转向现代农业和新型农业。同时，农村经济的增长方式也需要转型，单纯依靠资源和劳动力成本的优势已经不再适用，需要借助科技创新和产业融合，提高农村经济的质量和效益。在这样的背景下，乡村治理就成为一种重要的手段。乡村治理不仅可以帮助解决乡村地区的发展问题，也可以帮助提高乡村地区的治理能力。

除了经济背景外，我国的社会转型也是推进乡村治理的时代背景。在我国社会转型过程中出现了许多新的挑战，包括农村劳动力外流、人口老龄化、城乡发展不平衡及生态环保等问题，而乡村治理则是有效的应对之策。

首先，乡村劳动力外流是一个长期存在的问题。随着城市化的推进，越来越多的年轻人涌向城市，而乡村地区缺乏吸引人才的政策和机制。这导致乡村地区的产业结构单一，经济增长缓慢，农村居民的收入水平低。通过乡村治理，可以满足居民多样化的需求，提高乡村的凝聚力和活力，吸引更多的人才回到乡村地区，推动乡村经济的发展和转型。其次，人口老龄化也是一个值得关注的问题。随着医疗水平的提高和生活水平的提高，乡村地区的人口老龄化问题日益严重。通过乡村治理，可以加强医疗保障和社会福利，保障老年人的生活质量和权益。同时，我国城市化进程带来了人口和资金的集聚，促进了城市的快速发展，但城乡差距却越来越大。城市地区拥有更多的资源和机会，而乡村地区却面临着资源匮乏和产业单一的问题。通过乡村治理，可以提高乡村地区的生产力和竞争力，缩小城乡差距，并且农村的环境问题日益突出，包括土地荒漠化、水资源短缺、水土流失等，乡村治理可以从源头上入手加强生态保护，打造美丽乡村，提高农村居民的生活质量和幸福感。

二、推进乡村治理现代化的重大意义

推进乡村治理现代化对于实现乡村振兴、促进城乡协调发展、提升农民生活水平和构建和谐社会具有深远的意义。它是推动我国现代化建设的重要方向之一，也是实现全面建成小康社会和可持续发展的必然要求。党的十九大将乡村振兴战略上升为国家发展战略，明确提出要坚持农业农村优先发展，加快推进农业农村现代化。在新时代背景下，积极推进乡村治理现代化具有重要的现实意义。

（一）为实施乡村振兴战略打牢基础

改革开放以来，我们已经见证了经济发展的惊人速度。然而，这种飞速的发展也带来了一些问题，尤其是城乡之间日益拉大的差距。乡村地区的经济和社会发展相对滞后，大量农民工流向城市，这对乡村社会结构、社会关系和社会价值观念产生了深远影响，对传统的乡村社会秩序带来了冲击。党的十九大报告针对这些问题提出了一系列解决方案，其中最重要的一项，就是始终把解决好"三农"问题作为全党工作的重中之重。同时，报告还强调了加强农村基层基础工作，建立健全自治、法治、德治相结合的乡村治理体系的重要性。[①]

所谓"自治"，即基层群众性自治组织、社会组织、公民个人等进行自我管理、自我服务、自我教育，有序参与社会事务的一种治理方式。所谓"法治"，即依据法律治理国家的原则，实现政府依法行政、公民依法行事、社会依法运行的一种治理方式。所谓"德治"，即以社会主义核心价值观为根本，通过榜样示范、礼仪教化、道德评议等，在全社会形成普遍认同的道德标准和价值尺度，营造崇德向善、诚信友爱的良好社会风尚的一种治理方式。"三治"以自治为基础，以法治为保障，以德治为先导，共同形成了新时代的乡村治理模式。

在乡村振兴战略的大背景下，"三治融合"乡村治理体系的提出，对于实现乡村社会的"乡风文明"、实现"治理有效"，开启了新的篇章。这不仅为乡村建设提供了新的治理模式，也为广大农村地区的"产业兴旺""生态宜居""生活富裕"提供了坚实的支撑。

综上所述，乡村治理是实现乡村振兴的重要举措。建立起自治、法治、德治相结合的乡村治理体系，加强基层组织建设、公共服务设施建设、社会管理力量和农村社会建设等方面的工作，都是为了提高农村居民的素质和文明程度，促进农村社会的发展和进步。当前，乡村振兴的大幕已经开启，加强乡村治理，进而加快乡村振兴的步伐已经成熟，这是一个长期而繁重的任务，需要全社会的共同努力，共同推动农村社会的发展和进步。

---

① 陈进华.健全自治法治德治相结合的乡村治理体系［N］.光明日报，2018-10-23（06）.

（二）有助于实现国家治理体系和治理能力的现代化

中国特色社会主义制度是在长期实践探索中形成的科学制度体系。在这一制度体系下，我国国家治理的所有工作和活动都得到了规范和指导。而广大农村则是中国社会的重要组成部分，农村人口在我国总人口中占有相当大的比重。因此，乡村地区治理体系和治理能力现代化水平的高低，直接关系到国家治理体系和治理能力现代化实现的程度。

为了顺应时代的潮流，推进国家治理体系和治理能力的现代化，提升农村治理能力、优化农村治理体系成为了必然要求。乡村治理是国家治理体系的重要组成部分，也是治理体系中最基本的治理单元。乡村治理的"基石"位置，决定了乡村治理对于整个国家治理的基础性作用。可以说，如果没有乡村治理的现代化，就不可能实现国家治理体系和治理能力的现代化。因此，我们需要加强乡村治理的能力和体系建设，其中，重点在于推动乡村治理体系现代化，建立健全乡村社会治理体系，提高乡村社会治理现代化水平。同时要加强政策和法律的支持，完善农村治理法律法规体系，强化农村社会治理的法治化水平。此外，要进一步加强对乡村社会治理的宣传和教育，提高农民的法律意识和社会责任感，促进农村社会的和谐与稳定。

在优化治理体系的过程中，提升治理能力也是非常重要的。提升治理能力需要加强人才队伍建设，推进基层治理工作的专业化、规范化、科学化，注重培养和选拔专业化人才。同时，需要加强信息化建设，提高信息技术在乡村治理中的应用水平，发挥信息技术在农村经济、社会、文化等领域的作用。

乡村治理现代化还需要注重创新。创新是推动乡村治理现代化的重要动力，需要推进制度创新、科技创新、文化创新等方面的工作。特别是要注重推进乡村社会管理创新，加强社会管理力量和农村社会建设，建立健全村民自治组织、村民议事会和村民监督委员会等，加强对乡村社会治理的监督和管理，从而维护农村社会的稳定与和谐。

综上所述，乡村治理现代化是推进国家治理体系和治理能力现代化的重要组成部分。优化治理体系，提升治理能力，注重创新，是实现乡村治理现代化的关键。在实践中，我们需要加强基层组织建设，完善法律制度和法规体系，加强道德教育和文明引导，提高公共服务设施水平，加强社会管理力量和农村社会建设，建立起自治、法治、德治相结合的乡村治理体系，从而促进农村社会的发展和进步。

（三）满足人民日益增长的美好生活需要的时代诉求

随着我国社会主要矛盾的转变，人民日益增长的美好生活需要和不平衡不充分的发展之间的矛盾日益凸显。这表明，人民对于美好生活的需求已经日趋多样化、多层次、多方面。不仅对物质生活水平提出更高要求，还对公共福利保障、环境质量、民主法治等方面提出更高要求。在这样的背景下，推进乡村治理现代化成为了应对社会矛盾变化、创造美好生活、满足人民日益增长的美好生活需要的时代诉求。

乡村治理现代化是推进国家治理体系和治理能力现代化的重要组成部分。在推进乡村治理现代化的过程中，破解乡村社会治理能力不平衡是推进乡村治理现代化的关键。为此，要注重提升基层治理能力，完善基层治理体系，推进社会管理专业化、规范化、科学化，提高村务公开透明度和居民参与度，加强法治建设，从而提高乡村治理效能。构建科学有效的乡村社会治理体系是推进乡村治理现代化的重要途径。乡村社会治理体系是指乡村社会组织机构、社会管理机构、社会力量、社会规范等相互关联、相互作用的整体。在构建乡村社会治理体系中，需要更好地发挥村民自治的作用，并增进乡村人民群众的获得感、幸福感、安全感、参与感，这是推进乡村治理现代化的根本目的。要注重社会公正，加强对弱势群体的保障和帮助，推进乡村社会建设，增强乡村社会文化的吸引力和凝聚力。同时，要加强村民自治的意识，促进村民自治组织的发展和壮大，激发村民的参与热情，推动乡村治理现代化的不断深入。

因此，在推进乡村治理现代化的过程中，需要注重破解乡村社会治理能力不平衡的问题，构建科学有效的乡村社会治理体系，增进乡村人民群众的获得感、幸福感、安全感、参与感，加强乡村治理现代化的理论研究和实践创新，推动乡村全面振兴，为实现中华民族伟大复兴的中国梦作出新的、更大的贡献。

第四节　乡村治理三大要务：思想、管理、服务

人类社会的任何治理都是关于"人"的治理，正所谓"政之所要，在乎民心"。[①]无论是国家治理、城市治理还是乡村治理，都是为了增进人们的福祉、提供公共服务和维护社会秩序。治理的目标是满足人们的需求、保障人们的权益、提高人们的生活质量，并通过制度、规则和政策来引导和管理人们的行为，以实现社会的稳定、繁荣和可持续发展。我国新时代的乡村治理，要因人而变，因人而治，需要重点解决人的精神思想问题、人的社会管理问题和人的公共服务问题。

一、解决人的精神思想问题

乡村治理不仅仅是解决物质问题，也需要关注人的精神思想问题。为了提升乡村社区的发展和繁荣，乡村治理需要加强农村思想道德建设，提升农

---

① 吴易哲.新时代农村基层协商沟通机制优化研究［D］.长春：东北师范大学，2022.

民的道德水准和精神风貌，为乡村治理提供精神支撑。思想是人的行为的基础，它对人们的世界观、历史观、人生观和财富观等产生深远的影响。乡村社区中存在着丰富的文化资源和传统的文化习俗。在这些文化资源和传统文化的基础上，可以进一步开展文化创意产业和旅游业等经济活动，促进乡村社区的发展。同时，精神文明建设还可以增强乡村社区的凝聚力和向心力，加强社区居民之间的交流和沟通，推动社区的和谐发展。这些都是促进乡村治理成功的重要因素。然而，在实践中，乡村治理仍然存在一些问题。一些地方对精神文明建设的重视不足，麻痹大意，甚至忽视了精神文明的重要性，导致一些不良的文化习俗得以滋生。

为了提升农民的道德水准和精神风貌，需要采取一系列措施。首先，需要加强农村教育和文化建设，为农民提供更多的知识和文化，提高他们的文化素质和文化自信心。其次，需要加强宣传教育工作，引导农民树立正确的世界观、人生观和价值观，防止极端思想的滋生。同时，需要加强道德建设，倡导勤劳、诚实、守法、公正、奉献等优良品德。最后，需要发展乡村文化事业，丰富农村文化生活，提高农民的精神文化生活水平。乡村治理需要注重精神文明建设，这是促进乡村社区发展和实现乡村治理成功的必要条件。只有加强精神文明建设，引导乡村居民树立正确的价值观和人生观，增强自我约束和自我教育的能力，才能推动乡村社区的和谐发展。

二、解决人的社会管理问题

通过乡村治理解决人的社会管理问题，需要创新乡村社会管理方式，强化乡村治理主体责任，提高乡村治理效率和能力，以促进社会关系的改善。在现代社会中，人与人之间的关系分工越来越细化，需要良好的治理来化解矛盾、促进合作、维护社会和谐。必须强化政府领导力、激发创新能力、优化组织结构，围绕党的路线目标统一推进，保障民生，改革乡村组织和管理机构。治理工作要求提高创新能力，应对新问题和新挑战。目前，部分地区治理存在组织薄弱、效率低下等问题。为解决问题，应重视以下几方面工作。

其一，深化乡村组织和单元改革，建立村民自治机制和社会组织，让村民参与决策和管理，增强自我服务能力。

其二，建立科学合理的治理单元结构，完善村级乡级治理机构，确保每个区域都有专人管理，提高治理效率和质量。

其三，加强乡村治理能力建设，提高工作人员的管理水平和能力，增强责任感和使命感。

其四，加强乡村治理监督和评估，建立完善评价体系，定期评估治理效果，及时发现问题并改进。

其五，加强乡村治理的宣传教育，让村民了解乡村治理的意义和重要性，增强他们支持和参与的积极性。

三、解决人的公共服务问题

公共服务是乡村治理的重要内容，也是乡村治理体系的重要组成部分。现代社会公共服务众多，是提高生产力和实现高效率的重要基础。多元社会的人的需求日益多样化，仅靠政府供给不能满足。通过乡村治理解决人的公共服务问题，优化农村公共服务供给，提高农民的基本公共服务享有水平，满足农民多样化需求，以推动农村经济发展和社会稳定。

在乡村治理工作中，必须对公共服务进行分类分级，以便更好地满足不同的需求。对于基本的生活服务，比如水电、交通和医疗等，可以由政府来提供；对于文化、娱乐、教育等服务，可以鼓励社会资本和社会团体参与。此外，应该建立机制，让老百姓能够参与公共服务的提供和管理，从而提高服务的质量和效率。在实践中，乡村治理中出现的问题主要是因为一些村庄缺乏有效的机制来联系、组织和沟通群众，导致基层组织无法真正了解群众的需求和诉求。此外，由于服务方式和观念传统，村级组织提供的服务质量和效率也比较低，难以满足老百姓的需求，这也影响了社会关系的改善。

为了解决这些问题，需要采取一系列的措施。首先，应该加强村民自治和社会组织的建设，让群众能够参与到公共服务的提供和管理中来，增强自我服务意识和能力。这样一来，基层组织就能够更好地了解群众的真实需求和诉求，并且能够更好地提供符合他们需求的服务。其次，应该加强对公共服务的分类分级和多元投入，这样不同需求的老百姓都能够得到满足。这需要基层组织更加细致地了解群众的需求，将公共服务划分为不同的等级，并且逐步引入更加多元化的服务方式。同时，应该建立健全的公共服务管理机制，使得服务的提供和管理更加规范、高效和透明。这需要建立一套完整的服务管理制度，明确服务的投入、提供、监督和评估等方面的责任，保证公共服务的质量和效率。最后，应该加强对老百姓需求的调查和分析，了解他们的真实需求和诉求，从而提高服务的质量和效率，为群众提供更好的服务。

第二章 推进乡村治理现代化的基本思路

目前，我国正处于从全面建成小康社会迈向全面建设社会主义现代化国家、巩固拓展脱贫攻坚成果以及同步推进乡村振兴的重要阶段。社会转型正处于由传统乡村社会向城乡一体化社会的关键时期，乡村治理现代化改革势在必行。如何推进乡村治理现代化，促进乡村善治，对乡村全面振兴具有重要意义。本章将对新时代我国乡村治理的基本思路进行研究，以求有针对性地完善乡村治理体系，全方位提升乡村治理现代化能力，为实现乡村振兴提供乡村治理体系和治理能力现代化提供有力支撑。

第一节 推进乡村治理现代化的主要原则

在乡村治理的进程中，我们必须清晰地确定方向和原则，明确由谁领导乡村治理现代化、主要的实行措施以及最终的目标是什么，必须贯彻"党领导一切"的原则，把解放和发展乡村生产力作为乡村治理现代化的核心，以村民共同富裕为动力，推动乡村治理现代化沿着中国特色社会主义道路稳定前行。推进乡村治理现代化，需遵循以下几条原则。第一，要遵循以党建引领的原则。第二，要遵循以人民为中心的原则；第三，要遵循以自治为基础的原则。第四，要遵循以德治为引导的原则。第五，要遵循以法治为保障的原则。第六，要遵循因地制宜的原则。这些原则互相促进，相互支持，共同推动乡村治理现代化进程。

一、遵循以党建引领的原则

解决乡村治理问题，关键在于全面强化党对乡村治理工作的领导，激发乡村基层党组织的活力，发挥领跑者的作用。党对乡村治理工作的全面领导是推进乡村治理现代化的中心工作，必须切实实施党建工作，提高党建引领能力，以强化党的全面领导作为乡村治理的基石。在这个过程中，党建引领的原则尤为重要，因为党建在乡村治理中能够起到以下几个方面的引领作用。

第一，党建是一种思想体系和行动指南，具有非常强的思想引领作用。在乡村治理过程中，党建可以为农村干部和居民提供正确的思想引导，增强他们的政治意识、责任意识和使命感，促进各项工作的落实和推进。第二，党建是一种具有强大组织力量的制度，具有非常强的组织引领作用。在乡村治理过程中，党建可以为乡村干部和居民提供有力的组织支持，协调各方力量，推进各项工作的协调配合和有序推进。第三，党建是一种以制度建设为核心的制度体系，具有非常强的制度引领作用。在乡村治理过程中，党建可以为乡村干部和居民提供科学合理、完善健全的制度安排，规范乡村治理行为，促进各项工作的科学规划、有序推进。第四，党建是一种具有强大人才资源的组织，具有非常强的人才引领作用。在乡村治理过程中，党建可以为乡村干部和居民提供优秀的人才队伍，提高乡村干部和居民的素质和能力，推进各项工作的高效实施。

党建引领指的是在乡村治理过程中，党的政治优势和组织优势要发挥作用，领导乡村治理工作，推动乡村治理工作实现有序有力开展。要遵循党建引领原则，需要采取下面一些具体的措施和方法。

第一，坚持"党建领导、群众自治、法治保障"的原则。这个原则是在农村工作中形成的一种管理模式，它要求在乡村治理过程中，党的领导地位不能动摇，群众自治要得到尊重，法治保障要得到保障。这样才能使乡村治理工作更加有效。第二，加强乡村党建工作。党组织是乡村治理工作的重要组成部分，要加强党组织建设，提高党组织的凝聚力和组织力，推动党组织在乡村治理中发挥更加积极的作用。要加强乡村干部队伍建设，提高乡村干部的素质和能力，使他们能够更好地履行职责，推动乡村治理工作不断发展。要推动基层民主建设，发挥村民代表会议、村民委员会等民主组织的作用，使村民能够积极参与乡村治理工作，促进乡村治理工作的顺利开展。在乡村治理过程中，党员和党组织要发挥先锋模范作用，带领群众共同参与乡村治理工作。要加强党员队伍的教育和培训，提高党员的素质和能力，使党员成为乡村治理的中坚力量。第三，加强宣传教育工作。在乡村治理过程中，要加强宣传教育工作，增强广大群众的法律意识和责任意识，增强群众自治的意识和能力。要加强对党的基本路线、方针政策和法律法规的宣传，为乡村治理工作提供思想保障。第四，发挥现代新技术的作用。乡村治理需要依靠现代科技手段的支持。党组织应该积极推进数字化乡村建设，加强信息化建设，运用大数据、互联网等现代科技手段，提高乡村治理的效率和水平。

二、遵循以人民为中心的原则

乡村治理要遵循以人民为中心的原则，这是中国特色社会主义制度在乡村工作中的具体体现。乡村治理的主体是人民，要把人民的利益和需求放在首位，充分听取人民的意见和建议，尊重和保障人民的民主权利，满足人民日益增长的美好生活需要，才能真正促进人民的全面发展和幸福感的提升。乡村治理需要各方力量的支持和参与，而人民是乡村治理的重要动力源泉，要充分激发人民的积极性、创造性和主动性，使人民成为乡村治理的积极参与者和推动者。乡村治理的目的在于提高人民的生活质量和幸福感，要不断优化乡村治理服务，为人民提供更加优质、高效、便捷的公共服务，实现人民对美好生活的向往。

在乡村治理中，群众既是治理的客体，更是治理的主体。只有充分发挥群众的主体作用，才能实现乡村治理的长远可持续发展。以下是一些具体的措施和方法。

第一，在乡村治理过程中，要切实保障农民的合法权益，尊重农民的意愿和诉求，充分发挥农民的主体作用，并加强对农民的法律援助，帮助农民维护自己的合法权益。第二，在乡村治理过程中，要优化公共服务体系，提高基层公共服务的效率和质量。要加强农村教育、医疗、文化等公共服务设施建设，推动乡村公共服务水平不断提高。第三，在乡村治理过程中，增加脱贫群众收入作为根本措施，把促进脱贫加快发展作为主攻方向，增强脱贫地区和脱贫群众内生发展动力，不断缩小收入差距、发展差距，为全面推进乡村振兴，加快建设农业强国提供有力支撑。第四，在乡村治理过程中，要加强对环境保护的重视，保障人民群众的生态环境安全。要加强农村环境治理，推动生态文明建设，让乡村环境变得更加美好。

三、遵循以自治为基础的原则

自治是乡村治理的基础，也是乡村治理现代化最终要达到的目标。自治在乡村治理中的基础作用主要体现在以下几个方面。

第一，乡村治理的实现需要一定的组织和管理机制，而自治正是乡村社会组织中最基本的自治形式。在自治的基础上，可以建立起一套完整的乡村治理体系，实现社会管理和服务的全面覆盖。第二，在自治的模式下，居民可以自主管理和决策，使基层组织更加民主、透明、高效。同时，自治也可以增强居民的参与意识和组织能力，提高基层组织的自我管理能力。第三，自治可以使居民更加直接地参与社会管理和服务，让居民更加了解、参与和支持社会事务的决策和管理，从而增强居民的获得感和满意度。第四，自治可以让居民更好地了解社会管理和服务的需要和情况，从而更好地参与社会事务的决策和管理。这可以增强居民对社会管理和服务的认同感和信任度，从而促进社会和谐稳定。

要遵循以自治为基础的原则，就要在组织建设、制度完善、居民参与、资源整合、产业发展、公共服务、治理创新等方面下功夫，共同推动乡村治理现代化的实现。乡村自治的制度体系是自治工作的基础，需要不断完善和发展，要确保乡村自治章程、规则和制度具有明确性、合理性和可操作性，以适应乡村治理现代化的需要。此外，需要建立健全乡村自治的监督机制，确保乡村自治工作的有效实施。乡村自治的实质是让村民参与到治理过程中来，发挥他们的主体作用，充分保障乡村居民的参与权和监督权，让他们能够在决策、执行、评价等各个环节中发挥作用。同时，要加强村民自治意识的培养，提高他们的自治能力，使他们能够更加积极地参与乡村自治工作。乡村治理现代化要求各方面的资源和力量要紧密协同、有机整合。要在推进乡村治理现代化的过程中，强化政府、社会组织、企业等多元主体之间的协同与整合，形成合力，共同推动乡村治理的现代化。同时，推动产业发展，让村民通过发展产业来增加收入。加强对村民的产业培训和对村民的产业扶持，提高村民的技能和素质，帮助他们发展产业。在乡村治理过程中，要推动社会治理创新，不断探索适合乡村特点的社会治理模式。要鼓励村民发挥创新精神，推动社会治理的创新，让治理更加科学、有效，尤其是制度创新和技术创新，制度创新可以确保自治工作更加顺畅、高效，技术创新则可以提高乡村治理的现代化水平，为乡村治理现代化提供更加有力的支持。

四、遵循以德治为引导的原则

德治指的是乡村治理的思想道德引导，是建立"三治融合"治理体系的重中之重。乡村地区由于经济文化水平相对较低，一些不良行为，如偷盗、欺诈等现象时有发生。德治的作用就在于通过道德规范来约束居民的行为，减少不良行为的发生，维护社会治安和秩序，并且在乡村地区，由于地域相对分散、交通不便等原因，信息交流不畅，居民之间往往缺乏联系和互动，缺乏信任，容易产生矛盾和纠纷。德治的作用就在于通过道德建设来增强乡村社会的凝聚力，增进乡村居民之间的信任，建立乡村社会信任机制，促进乡村居民之间的和谐关系，提高社会凝聚力。在乡村地区，由于经济条件相对落后，一些居民往往追求眼前的利益，忽视了长远的发展。通过德治可以引导乡村发展方向，促进乡村经济的可持续发展，提高乡村居民的生活质量。在乡村治理过程中，加强道德建设，建立德治机制，加强道德教育，推行诚信建设，加强群众监督，推动廉政建设，建立信用体系，引导村民自觉遵守法律，才能使乡村治理更加公正、公平、透明、廉洁，让乡村更加和谐、稳定、繁荣。

第一，加强道德建设。德治是以道德规范为基础的治理方式，要加强乡村道德建设，树立正确的价值观念。要加强乡村文化建设，传承乡土文化，深入挖掘乡村文化内涵，发扬传统美德，加强对乡村道德建设的引导和规范。第二，建立德治机制。德治是一种软性治理方式，要建立科学的德治机制，以规范乡村治理行为。建立健全德治机制，推动德治与法治、自治有机结合，形成"三治融合"的治理格局。同时，要加强德治宣传教育，弘扬社会主义核心价值观，增强广大干部和群众的德治意识。第三，推行诚信建设。在乡村治理过程中，要推行诚信建设，让村民树立诚信意识；要加强对村民的诚信教育，强化对诚信的宣传；要加强对失信行为的惩处，让村民知道失信的后果；要建立信用体系，让村民的信用记录得到有效应用；要加强对村民的信用宣传，建立村民信用档案；要加强对失信行为的惩处，建立失信黑名单制度。第四，廉政和监督。在乡村治理过程中，要推动廉政建设，保障村民的利益；要建立健全村级廉政机制，加强对权力的监督和约束，防止腐败现象的发生。同时，要加强群众监督，让村民参与到治理中来。要建立健全村级监督机制，让村民对治理过程进行监督，发挥群众监督的作用。也要引导村民自觉遵守法律，让村民依法行事。要加强对村民的法律宣传，提高村民的法律意识和法律素养，同时要加强对违法行为的惩处，让村民知晓违法的后果。

五、遵循以法治为保障的原则

推进乡村治理现代化应遵循以法治为保障的原则，法治可以在乡村治理过程中起到以下几个方面的保障作用。

第一，通过制定和执行法律法规，维护公共秩序和社会稳定，防止和打击各种违法犯罪行为，保护人民的生命财产安全和社会利益。第二，通过公平、公正、透明的司法程序和法律体系，保障人民的合法权益，维护社会公平和正义，打击各种不正之风和腐败行为，营造公平竞争的市场环境。第三，通过法律保障人民的基本人权，如言论自由、信仰自由、人身自由等，保护人民的合法权益和尊严，维护社会稳定和进步。第四，通过建立健全的法律体系和法律文化，提高人民的法律意识和法律素养，增强对法律的尊重和遵守，维护法律的权威和尊严，促进社会和谐和法治建设。

在乡村治理中，法治的保障作用是不可或缺的。要遵循以法治为保障的原则，就要建立健全法律体系，推动法治文化建设，建立健全法治机制，推进司法公正，加强法律监督，引导村民依法行事。只有这样，才能使乡村治理更加规范，更加公平、公正、透明，让乡村更加和谐、稳定、繁荣。

第一，建立健全法律体系。在乡村治理过程中，要建立健全法律体系，制定符合乡村实际的法律法规。要加强对村民的法律宣传，让村民了解法律的内容和意义，同时要加强对法律的执行和监督，保障法律的实施效力。第二，推动法治文化建设。在乡村治理过程中，要推动法治文化建设，加强法治文化的宣传和教育。要让村民了解法治的基本原则和价值观，增强法治意识，提高法治素养。第三，建立健全法治机制。在乡村治理过程中，要建立健全法治机制，保障法律的执行和监督。要建立村级法律服务中心，提供法律咨询和法律援助服务，同时要建立村级法律工作领导小组，加强对法律工作的指导和协调。第四，推进司法公正。在乡村治理过程中，要推进司法公正，维护村民合法权益。要建立健全村级司法机构，加强对村民的法律援助，同时要加强对不法行为的打击，维护社会公平正义。第五，加强法律监督。在乡村治理过程中，要加强对法律的监督，防止法律的滥用和扭曲。要建立健全村级法律监督机制，加强对村民的法律教育，同时要加强对权力的监督和约束，防止权力滥用和腐败现象的发生。第六，引导村民依法行事。在乡村治理过程中，要引导村民依法行事，让村民自觉遵守法律。要加强对村民的法律教育，提高村民的法律意识和法律素养，同时要加强对违法行为的惩处，让村民知晓违法的后果。也要提高广大乡村干部和群众的法律素质，增强法治意识，推动法治在乡村治理中的有效落实。

六、遵循因地制宜的原则

由于我国乡村地域广阔、发展水平不一，每个乡村都具有独特的自然、经济、社会和文化背景，单一的治理模式和标准化的做法往往无法适应各地的实际情况，因此要采取因地制宜的原则。因地制宜原则是指根据当地的自然环境、历史文化、社会经济等特点，制定符合当地实际情况的发展战略和政策。因地制宜在乡村治理中具有以下作用。

第一，根据当地的自然资源、产业特色、市场需求等因素，制定适宜的发展战略和政策，促进乡村经济的发展，提高农民的收入。首先，可以根据当地的自然环境、生态特点等因素，制定适宜的生态保护和建设方案，加强生态保护和建设，提高生态环境质量，促进生态经济的发展。其次，根据当地的人口规模、行政管理等特点，制定适宜的乡村治理体系建设方案，推进乡村治理体系建设，提高乡村治理效率和水平。第二，根据当地的历史文化、人文景观等特点，制定适宜的文化建设方案，推动乡村文化建设，促进文化传承和乡村旅游等产业的发展。第三，充分考虑当地群众的需求和利益，制定适宜的参与方案，增强群众的参与意识，提高群众参与乡村治理的积极性和主动性。

乡村治理是一个复杂的系统工程，需要根据不同地区的实际情况，因地制宜地制定相应的治理策略和措施。因地制宜是指因地制宜地制定乡村治理工作计划，充分考虑各地的地理、气候、资源、文化等差异，因地制宜地制定乡村治理工作方案。以下是一些关于如何遵循因地制宜原则的建议。

第一，充分了解当地情况。在制定乡村治理策略和措施之前，需要深入了解当地的自然环境、经济状况、社会文化、历史传统等方面的情况，了解当地居民的需求和期望，为制定有效的治理措施提供依据。第二，结合地方实际情况，制定相应的治理策略和措施。在制定治理策略和措施时，应结合当地的实际情况，制定符合当地实际情况的治理方案。例如，在不同的地区，针对不同的问题，可以采取不同的治理方式，如基础设施建设、生态环境保护、农村产业发展等方面的策略和措施可以因地制宜。第三，引导当地居民参与乡村治理。在乡村治理过程中，要注重发挥群众的主体作用，积极引导当地居民参与其中，了解他们的需求和期望，让他们成为乡村治理的主体和参与者。通过开展各种形式的民主参与活动，让当地居民了解治理工作的进展和成效，同时也可以让他们提出自己的意见和建议，为制定更加符合当地实际情况的治理策略和措施提供参考。第四，鼓励创新和探索。在乡村治理过程中，应鼓励创新和探索，允许和支持不同地区、不同乡村在治理方式和措施上的差异化，让不同地区、不同乡村的治理实践能够相互借鉴和学习，不断推进乡村治理的现代化和科学化。

第二节　完善新时代乡村治理现代化体系

乡村治理体系是指在乡村发展和社会管理中所形成的一套组织结构、制度机制和运行机制的总称。它是为了推动乡村振兴战略的实施，提高农村治理能力和水平，促进乡村经济社会的全面发展而建立的。乡村治理体系包括多个层面和要素，如基层组织建设体系、村民自治管理体系、信法守法行为体系、崇德向善民风体系、乡村公共保障体系和乡村产业发展体系等。新时代下的乡村治理现代化，需要完善这些体系，实现组织、管理、人才、行为、民风、保障、产业等各方面的协调发展，提高乡村居民的生活质量和幸福感。

一、完善基层组织建设体系

基层组织建设是乡村治理现代化体系的重要组成部分，要加强基层组织建设，推动乡村治理现代化。完善基础组织建设体系是一项非常重要的工作，因此首先要明确以下几点：在建设基础组织时，需要遵守国家法律法规和政策法规，确保组织的合法性和规范性。基础组织建设应该围绕实际问题和需求，以解决实际问题和提高实际效果为目标，确保组织的实效性和针对性。在建设基础组织时，需要充分调动农民和居民的积极性和主动性，让他们参与组织建设和管理，形成自治、自我管理和自我发展的良好格局。基础组织建设应该充分考虑不同层级、不同领域和不同主体之间的协调配合，加强合作共建，形成互利共赢的合作关系。基础组织建设应该面向未来，积极探索新的建设模式和发展路径，不断创新和改进组织机制和方式，适应新时代的需求和挑战。

实践中，究竟如何完善基层组织建设现代化体系呢？第一，要优化基层组织设置，完善基层组织功能。根据乡村治理需要，优化基层组织设置，建立完善的基层组织体系，提高基层组织的服务能力和管理水平。同时，加强基层组织功能建设，发挥基层组织在乡村治理中的作用，推动基层组织向服务型、创新型方向转变。第二，要加强基层干部队伍建设，提高基层干部素质。基层干部是基层组织建设的重要支撑，要加强基层干部队伍建设，提高基层干部的素质和能力。注重基层干部的培训和选拔，提高基层干部的政治素质、业务素质和群众工作能力，不断提高基层干部的综合素质和管理水平，尤其要加强人才培养，注重加强基层组织人才的培养和引进，提高组织工作的专业化水平，培养一支懂农业、懂管理、懂服务的专业化队伍，提高基层组织的服务能力。第三，要推进数字化基层治理，提高信息化水平。数字化基层治理是乡村治理现代化的重要手段，要推进数字化基层治理，提高信息化水平。要加强信息化基础设施建设，推动信息技术在基层治理中的应用，提高信息共享和处理能力，推动数字化基层治理向智慧型、智能型方向转变。第四，要加强基层自治建设，发挥基层自治的作用。基层自治是乡村治理现代化的重要保障，要加强基层自治建设，发挥基层自治在乡村治理中的作用。要加强基层自治的组织和管理，推动基层自治与德治、法治相结合，形成多元治理格局。

二、完善乡村人才建设体系

乡村治理现代化的核心是人才建设，只有建立完善的乡村人才建设体系，才能够实现乡村治理工作的现代化、科学化和专业化。首先，乡村人才建设体系需要建立在对乡村发展规律的深刻认识之上。乡村人才应具备对乡村发展规律的深刻认识，能够适应乡村发展的需要，具备深厚的乡土文化底蕴和对乡村群众的亲和力，能够为乡村发展提供智力支持和文化支撑。因此，乡村人才建设体系应该注重对乡村文化、农业、农村经济、农村社会管理等方面的培养和引进。其次，乡村人才建设体系需要建立在对乡村治理现代化的深刻认识之上。乡村治理现代化需要乡村人才具备专业化、系统化和科学化的能力，能够运用现代科技手段和管理方法，解决乡村治理工作中出现的各种问题和挑战。因此，乡村人才建设体系应该注重对乡村治理专业人才的培养和引进，包括乡村规划师、乡村建设专家、农业专家、社会管理专家等。最后，乡村人才建设体系需要建立在对乡村发展的长远规划之上。乡村发展是一项长期的工作，需要具有长远眼光和战略思维的人才来推动。因此，乡村人才建设体系应该注重对青年人才和后备人才的培养和引进，为乡村治理现代化和乡村振兴战略的长远实施提供坚实的人才支撑。

从实操层面来说，完善乡村人才建设体系需要从多个方面入手，以下是一些具体的建议。第一，建立乡村人才培训机制。为了提高乡村人才的整体素质和能力，需要建立健全乡村人才培训机制，通过开展各种培训和学习活动，提高乡村人才的专业水平和实践能力。制定乡村人才培养计划，明确乡村人才的培养目标和培养重点，制定具体的培养措施和计划，以确保乡村人才的培养质量和数量。制定了乡村人才培养计划后，要通过举办各类乡村人才培训班、研讨会、实践活动等形式，提高乡村人才的专业素质和实践能力，让他们了解和掌握现代乡村治理理念和方法，为乡村治理现代化提供人才支持。特别要加强对乡村青年人才的培养和引导，增强他们的乡村发展意识和责任感，培养他们的创新能力和实践能力，为乡村振兴打下良好的人才基础。第二，加强对乡村人才的引进。为了提升乡村人才的整体水平，需要引进和培养一批对乡村发展规律有深刻认识，能够适应乡村发展需要，具有现代化、专业化和创新性的人才。可以通过设立乡村人才引进计划、加强培养乡村人才的专业性和实践性等方式，来吸引和培养优秀的乡村人才。要注重引进高端乡村人才。通过制定优惠政策、提供良好的工作和生活条件等方式，吸引高端乡村人才到乡村发展，为乡村振兴注入新的动力。另外，为了促进乡村人才的流动和交流，需要推动乡村人才的流动。通过建立乡村人才交流平台、设立乡村人才交流奖励机制等方式，鼓励和促进乡村人才的流动和交流，提高乡村人才的整体水平和能力。第三，建立和完善乡村人才激励机制。为了提高乡村人才的工作积极性和创造性，提高他们的工作热情和工作效率，需要建立健全乡村人才激励机制。可以设立各类奖项，如先进个人、优秀团队、优秀创新项目等，以表彰和激励乡村人才的工作成绩和创新能力。第四，加强对乡村人才的保障。通过提高乡村人才的薪酬待遇，可以让他们感受到自身价值的提升，提高他们的工作积极性和创造性。可以根据工作成绩、专业技能等因素，给予相应的薪酬激励，让乡村人才感受到自身价值的提升。除此之外，通过提供良好的工作和生活环境，可以让乡村人才感受到工作和生活的幸福感和满足感，进而提高他们的工作积极性和创造性。可以提供良好的工作场所和硬件设施，提供便利的生活服务和文化娱乐设施等，为乡村人才的工作和生活提供保障。

三、完善村民自治管理体系

村民自治是乡村治理现代化体系的重要组成部分，要加强村民自治管理体系的建设，推动乡村治理现代化，其中，需要把握几个关键点：要尊重村民的主体地位，充分发挥他们的主体作用；推行民主管理制度，建立健全民主管理制度和程序，让农民群众参与乡村治理的各个环节；加强基层组织建设，建立村民理事会、村民代表大会、村民议事会等组织，发挥基层组织的作用；突出公开透明，加强村务公开，让村民了解、参与和监督村务，并形成有效的监督机制；注重法治管理，强化法治意识，依法治理村务，加强对村务管理的监督和执法；注重服务导向，提供优质服务，提高村民的生活质量和幸福感；注重创新发展，推动乡村治理的现代化和专业化，提高组织建设和服务能力，推动乡村振兴。这些要点共同构成了一个完善的村民自治管理体系，为乡村治理提供了指导和框架。

在实践中，可以考虑以下两条建议。第一，要完善村民自治法规制度，明确村民自治的权利和义务。要将村民的主体性权利置于乡村社会治理体系各环节中，提升村民参与乡村治理的积极性。要规范村民自治的行为，确保村民自治行为符合法律法规和社会公序良俗。同时，要充分发挥村规民约、村民公约在城乡社区治理中的积极作用，推广村规民约，让村民自治更加规范、有序。第二，村民自治组织是村民自治的重要载体，要培育乡村社会组织，发挥乡村社会组织的作用，激活乡村社会组织活力，使其成为乡村基层政府的有力帮手。比如，加强农村基层群众性自治组织规范化建设，推行协商共治机制，引导和帮助村民养成协商意识、掌握协商方法、提高协商能力，为村民自治提供有力的组织保障；注重村民自治能力建设的培训和提高，提高村民自治的政治素质、法律素质和管理水平，不断提高村民自治的综合素质和管理水平；建立村民自治的监督和评估机制，对村民自治的实施情况进行监督和评估，及时发现问题，提高村民自治的质量和效果；建立健全村务监督委员会，推行村级事务阳光工程，形成民事民议、民事民办、民事民管的多层次基层协商格局等。

四、完善信法守法行为体系

信法守法行为体系是乡村治理现代化体系的重要组成部分，要加强信法守法行为体系的建设，推动乡村治理现代化。完善信法守法行为体系需要把握以下要点：依法治理是乡村治理的基本原则，必须依照法律法规和规章制度开展村务管理，推动乡村治理的法治化、规范化和科学化；信用建设是完善信法守法行为体系的基础，必须加强村民诚信教育，推动建立村民诚信档案，建立村民诚信评价体系，形成诚信惩戒机制；宣传教育是完善信法守法行为体系的重要手段，必须通过多种渠道和方式，加强宣传村规民约、法律法规和社会公德，提高村民的法律意识和法律素养；监督执法是完善信法守法行为体系的重要保障，必须加大村务监督和执法力度，建立健全村务监督和举报机制，加强对村务管理的监督和执法力度；信息化建设是完善信法守法行为体系的重要手段，必须加强村务公开，建立村务公开、信息共享、数据汇聚等平台，提高信息化水平和服务能力，促进基层治理的现代化和智能化；教育引导是完善信法守法行为体系的重要手段，必须加强对村民的法律法规和社会公德教育，引导村民自觉遵守法律法规，增强法律意识和法律素养。

具体到实践中，完善信法守法行为体系应从以下几个方面着手。第一，完善法律法规体系，加强宣传教育。要加强对法律法规的宣传教育，提高村民的法律意识和法治观念，增强村民的法律素质。同时，要完善法律法规体系，建立健全乡村治理法规制度，规范乡村治理行为，保障村民合法权益。第二，加强信用体系建设，提高信用管理水平。要完善信用机制，建立健信用评价体系，加强信用信息共享，提高信用管理的精准性和有效性。第三，要加强监管体系建设，提高监管水平。要建立健全监管机制，完善监管法规制度，加强对乡村治理的监管，强化对乡村基层政府和基层干部的法律约束，依法行使职权，依法依规处理事务，依法加强对村务治理的指导、对农村各类问题的预防和监管，及时发现问题和解决问题，维护社会治安和村民合法权益。第四，加强公共服务体系建设，提高公共服务水平。要建立健全公共服务机制，完善公共服务设施建设，提高公共服务的质量和效率，满足村民的基本生活需求和社会服务需求。

五、完善崇德向善民风体系

崇德向善民风体系是指形成一种积极向上、尊重他人、诚实守信、守法守纪、关爱社会的良好道德风尚和行为规范的体系。崇德向善民风体系是乡村治理现代化体系的重要组成部分，要加强崇德向善民风体系的建设，推动乡村治理现代化。为此，需要把握以下几点。

崇德向善民风体系的核心是崇尚德行，必须弘扬社会主义核心价值观，推崇诚信、勤劳、节俭、友爱等优良道德品质，形成崇尚德行的社会氛围。文明乡风是崇德向善民风体系的重要组成部分，必须加强乡村文化建设，推动文明乡风建设，提高村民文明素质，形成文明乡风的良好氛围。道德教育是完善崇德向善民风体系的重要手段，必须加强道德教育，引导村民自觉遵守公德、礼仪、廉洁等道德规范，提高村民的道德素质。崇德向善民风体系建设必须坚持以人为本的原则，从村民的需求和利益出发，积极引导和培育村民的崇德向善意识和行为习惯。崇德向善民风体系建设需要借助社会治理，推动社区综合治理体系建设，加强社会管理和服务，形成崇德向善的良好社会环境。

完善崇德向善民风体系是社会建设和发展的重要任务。通过不断弘扬崇德向善的价值观念，我们能够共同建设一个更加文明、和谐、进步的社会。为此，需要从以下几个方面着手。

第一，要加强德育教育，提高村民的道德水平。要培养和提高村民的道德素质，弘扬社会主义核心价值观，建立健全文明乡风。要在学校、家庭、社区等各个方面加强德育教育，引导和教育村民崇尚真善美，坚持公正廉洁，提高道德素质。第二，要加强文化建设，提高村民的文化素质，推动文明乡风建设。深入挖掘优秀传统农耕文化蕴含的思想观念、人文精神、道德规范，弘扬主旋律和社会正气，提升农民精神风貌，提高乡村社会文明程度，焕发乡村文明新气象。要加强宣传教育，弘扬正气，营造积极向上、崇德向善的社会氛围，增强村民的社会责任感和民族精神。从制度层面推动培育文明乡风、良好家风、淳朴民风，广泛开展好媳妇、好儿女、好公婆等评选表彰活动，开展寻找最美乡村教师、医生、家庭等活动和各种模范的评选活动，用榜样的力量带动村民奋发向上，形成向善向好的社会风尚。要建立健全村民文化活动场所和文化设施，丰富村民文化生活，提高村民的文化素质和审美水平。第三，要加强民间组织建设，推动志愿服务，培育和引导村民积极参与志愿服务活动，增强村民的公益意识和社会责任感。要建立健全志愿服务机制，加强志愿服务组织和管理，推动志愿服务在乡村治理中发挥更大的作用。第四，要完善心理疏导机制，加强对农村救助对象、建档立卡贫困人口等群体的人文关怀、精神慰藉和心理健康服务。对于那些面临心理困境或者心理问题的人也需要给予更加专业的帮助和支持。这将有助于提高农民的生活品质和幸福感，促进农村社会的稳定和发展。第五，要完善矛盾纠纷调处机制，健全人民调解组织网络。这将有助于引导人民调解员、基层法律服务工作者、农村土地承包仲裁员、社会工作者、心理咨询师等专业队伍，在调解物业纠纷、农村土地承包经营纠纷、家事纠纷、邻里纠纷和信访化解等领域发挥积极作用。通过这些专业队伍的帮助，可以更加有效地解决社会矛盾和纠纷，培育向善民风，促进社会稳定与和谐。第六，建立健全道德评价体系是完善崇德向善民风体系的重要保障，必须建立道德评价标准和体系，加强道德评价和道德监督，形成道德激励和约束机制。

六、完善乡村公共保障体系

乡村公共保障体系是为了满足农村居民基本生活需求、提升农村社会保障水平而建立的一套组织结构、政策措施和服务机制的总称。它是乡村治理现代化体系的重要组成部分。完善乡村公共保障体系需要以公平、综合性、适度性、可持续性、依法治理、公众参与等原则为基础，建立健全公共服务体系，满足村民的基本需求，促进乡村经济社会发展。公平是完善乡村公共保障体系的基本原则，要保障村民平等享有公共服务和公共资源的权利，消除因地域、贫富等因素造成的不公平现象。综合性原则体现为建立综合性的公共服务平台，让村民能够便捷地享受各种公共服务。适度性原则强调根据乡村的实际情况，合理配置公共服务资源，满足村民的基本需求。可持续性原则要求建立健全长效机制，保障公共服务的持续性、稳定性和可持续性。依法治理原则指的是遵循法律法规，保障村民的合法权益，加强公共服务的管理和监督。公众参与原则要求充分发挥村民的积极性和主体性，让村民能够参与公共服务的规划、建设和管理。

通过建立健全的保障机制和服务体系，可以提升农村居民的生活质量，促进社会公平和稳定，推动农村经济的可持续发展。为此，可以从以下几个方面着手。

第一，要建立健全公共服务设施，满足村民的基本生产生活需求。基础设施包括道路、桥梁、供水、供电、通信等方面，建设基础设施可以提高公共服务水平，为乡村治理现代化提供坚实的基础支撑。第二，要推动卫生健康事业发展。卫生健康事业是完善乡村公共保障体系的重要组成部分，必须加强卫生健康事业发展，包括基层医疗卫生服务、传染病防治、健康教育和预防保健等方面，保障村民身体健康。第三，要加强社会保障体系建设，保障村民基本生活。社会保障制度包括养老保险、医疗保险、失业保险、工伤保险等方面。要加强社会救助体系建设，提供全方位、全周期的社会保障服务，做好困难群众救助和扶贫工作，确保困难群众基本生活。第四，要推动教育和文化事业发展。教育和文化事业是完善乡村公共保障体系的重要组成部分，必须加强教育和文化事业建设，包括普及义务教育、推进职业教育、促进文化艺术发展等方面，提高村民文化素质和生活质量。第五，要加强公共安全体系建设，提高公共安全水平，建立健全公共安全制度，包括消防安全、交通安全、环境保护等方面。要加强公共安全宣传教育，增强村民的安全意识、提高安全素质，推动公共安全和社会治理协同发展。第六，要加强农村文化体育建设，提高文化素质和健康水平。要建立健全农村文化体育设施，丰富文化体育活动，提高村民的文化素质和健康水平，推动文明乡风建设。第七，要建立健全应急管理体系。应急管理体系建设是完善乡村公共保障体系的重要保障，必须建立健全应急管理体系，包括防灾减灾、安全生产、应急救援等方面，提高应对自然灾害和突发事件的能力和水平。

七、完善乡村产业发展体系

乡村产业发展体系是指在乡村地区建立起的一套完整的产业组织、运行和发展机制，旨在推动农村经济的多元化发展、提高农民收入和改善农村居民生活水平。乡村产业发展体系是乡村治理现代化体系的重要组成部分，需要以产业适宜性、环保可持续性、创新性、效益性等原则为基础，促进乡村产业的协调发展，提高乡村经济发展质量和效益。产业适宜性原则要求必须根据当地资源禀赋、市场需求和人口基数等因素，确定适合当地发展的产业方向，提高产业的发展质量和效益。环保可持续性原则主张坚持生态优先、绿色发展，推动循环经济和低碳经济发展，保障乡村生态环境的可持续性。创新性原则旨在加强科技创新和知识产权保护，推动新技术、新工艺、新材料、新产品的研发和应用，提升乡村产业的创新能力和竞争力。效益性指的是促进农民增收。完善乡村产业发展体系需要以促进农民增收为原则，通过发展产业，提升农民的收入水平，推动农村贫困地区的脱贫致富。

乡村产业发展体系的建立和完善对于实现乡村振兴、促进农村经济可持续发展具有重要的意义。它不仅可以推动农村产业结构的优化升级，提升乡村经济的竞争力和抗风险能力，还能促进农民增收致富，改善农村居民的生活质量。为此，可采取以下建议。

第一，加强农村基础设施建设，包括灌溉、排水、道路、电力、通信等方面，提高农业生产效率。加强农业机械化建设，采用现代化技术手段，提高农业生产效率。第二，促进农村产业转型升级，培育新兴产业，推动农业向现代化、科技化、绿色化方向发展。支持和引导农业企业、农民合作社等农业经营主体，培育新兴产业，推动农村产业结构调整。第三，加强农业科技创新，提升农业生产水平，推广现代化农业技术和装备，提高农业生产效率和质量。建立健全农业科技创新体系，鼓励农业科技创新和技术交流，提高农业科技创新能力。第四，加强农产品质量安全监管，建立健全农产品质量安全监管体系，保障农产品质量安全。加强农产品质量安全监测和风险评估，提高消费者的信心。

第三节　全方位提高乡村治理现代化水平

全面建设社会主义现代化国家的重点和难点在乡村，乡村基层治理现代化水平一定程度上影响着农村的现代化，所以要不断提高乡村基层治理现代化的水平。只有转变乡村治理理念，加强乡村治理体系建设，推进乡村治理能力建设，加强乡村治理信息化建设，加强乡村治理创新，才能够实现乡村治理现代化，促进农村经济的发展，改善农村居民的生活质量，提高农村社会的稳定性与和谐性。

一、转变乡村治理传统观念

转变乡村治理传统观念是实现乡村治理现代化的关键一步。在传统观念中，乡村治理往往被理解为简单的管理和控制，强调行政手段和权力集中。然而，随着社会的发展和变化，这种传统观念已经无法适应乡村发展的需求，亟须转变为以人为本、法治化的新观念。

首先，树立以人为本的观念是转变乡村治理传统观念的核心。这意味着在处理村级事务中，一切以村民的需求和利益为出发点和落脚点。以人为本的治理观念不仅需要我们关注村民的物质生活，更需要重视村民的精神世界和社会参与。乡村干部应当从"管理者"转变为"服务者"，始终坚持人民的主体地位，坚决反对任何形式的官僚主义。在处理村级事务时，必须以村民的需求和利益为出发点，将其利益放在首位，以满足村民需求为目标，以提高村民生活质量为导向，倾听村民的声音，解决他们的问题，提供优质的公共服务。只有树立以人为本的观念，才能真正实现乡村治理的现代化。其次，树立法治观念是转变乡村治理传统观念的重要一步。乡村基层治理的现代化需要建立在法治基础之上。乡村干部和村民都应当树立法治观念，要深入学习法律知识，提高法治素养，做到知法、懂法、守法、用法。要将法治观念融入工作中，依法决策，依法行政，依法维权，依法解决矛盾和问题，以确保自己的行为符合法律法规的要求。同时，村民也需要了解自己的权益和义务，参与到治理中来，但要在法治的范围内行使自己的权益。只有通过法治的方式进行治理，才能确保治理的公正性和合法性。

在实施乡村治理的过程中，要注重提高乡村基层治理的法治化程度。具体来说，要重视以下几个方面的工作。

第一，加强法律法规的宣传和教育。乡村居民的法律素养普遍较低，因此需要通过加强法律法规的宣传和教育，提高乡村居民的法律意识和法律素养，使他们能够依法行使自己的权益，增强对法律的尊重和信任。可以通过举办法律讲座、制作宣传资料、开展宣传活动等方式，增强乡村居民的法律素养和意识。第二，建立健全乡村基层治理的法律制度和规范。乡村治理需要遵循法律法规，因此需要建立健全乡村基层治理的法律制度和规范，明确权责清单，规范乡村治理行为，确保权力的合法行使和监督。第三，加强对乡村基层干部的法律培训。乡村基层干部需要有较高的法律素养和业务水平，才能更好地运用法治手段进行治理。因此，需要加强对乡村基层干部的法律培训，提高他们的法律素养和业务水平。可以举办法律培训班、专题讲座等形式，提高乡村干部的法律素养和业务水平，使其能够更好地运用法治手段进行治理。

二、推进乡村治理能力建设

乡村治理能力建设指的是通过提升乡村治理主体的能力和素质，加强机构建设和人才培养，促进乡村治理体系和治理能力现代化的过程。它旨在提升农村地区的治理水平，提高农村治理主体的决策能力、组织管理能力、政策落地能力等，以应对乡村发展中的各种挑战和问题。乡村治理能力建设涉及培养专业化、精细化的乡村治理人才，完善乡村治理机构设置和运行机制，加强信息化建设和科技支撑，构建多元参与的治理格局，以推动乡村治理向现代化、科学化、规范化的方向发展。实现乡村全面振兴的目标。

乡村治理能力建设是提升乡村治理现代化水平的重要途径。乡村治理能力建设涉及乡村干部的素质提升、培训和考核机制的完善、工作效率和服务水平的提高，以及全面推进乡村治理体制和机制的改革。具体可从以下几个方面探讨如何推进乡村治理能力建设。

第一，加强乡村干部队伍建设是推进乡村治理能力建设的基础。乡村干部是乡村治理的中坚力量，他们的素质和能力直接影响到乡村治理的质量和效果。因此，要注重选拔和培养一支高素质的乡村干部队伍，吸引有专业知识和实践经验的人才到乡村从事治理工作。同时，还要加强对乡村干部的培训和教育，提高他们的综合素质和专业能力，使其具备适应新时代要求的能力。第二，完善乡村干部的培训和考核机制是推进乡村治理能力建设的重要举措。乡村干部的培训是提高他们工作能力和水平的关键环节。应当建立健全培训机制，为乡村干部提供系统全面的培训课程，包括理论知识、实践技能以及法律法规等方面的培训。同时，要建立科学合理的考核机制，通过考核结果来评价乡村干部的工作表现和能力水平，激励他们不断提高自身素质和工作能力。第三，提高乡村干部的工作效率和服务水平。乡村治理的目标是为村民谋福祉，因此乡村干部应当提高工作效率，做到高效运转、快速响应。这需要加强组织协调能力，优化工作流程，提高工作效能。同时，乡村干部还应当增强服务意识，加强与村民的沟通和联系，倾听他们的需求，以优质的公共服务解决他们的问题。第四，全面推进乡村治理体制和机制的改革。这包括完善乡村治理的法律法规体系，明确各级政府和乡村干部的权责边界，加强对乡村治理工作的监督和评估。同时，还要加强乡村治理信息化建设，推动信息技术在乡村治理中的应用，提升治理效能和服务水平。推进乡村治理能力建设需要各级政府、乡村干部、村民和社会各界的共同努力。政府要加大对乡村治理能力建设的支持力度，提供必要的资源和政策支持。乡村干部要不断学习进取，提高自身的素质和能力，勇于担当，积极作为。村民和社会各界要积极参与乡村治理，发挥自身的力量，共同推动乡村治理能力建设。

三、加强乡村治理信息化建设

乡村治理信息化建设是提升乡村治理现代化水平的重要手段。随着信息技术的不断发展，信息化已经成为推动社会进步的重要力量，也成为现代化治理的重要手段。乡村治理作为基层治理的重要组成部分，其信息化建设也越来越受到重视。加强乡村治理信息化建设，可以充分利用现代化技术，推进基层治理由"人治"变"智治"，以数字赋能、网上办理、平台建设、智慧服务为依托，提高群众办事效率，打造治理现代化的"新引擎"。

要加强乡村治理信息化建设，需要建立一个健全的信息化平台，实现信息资源的共享和互通。该平台应当包括以下几个方面：一是政务信息平台。该平台可以实现政府、企事业单位和村民之间的信息共享和交流，提供政务服务，如村务公开、文件审批、信息查询等。二是公共服务平台。该平台可以提供公共服务，如教育、医疗、交通、环保等，方便群众办事。三是智慧农业平台。该平台可以提供农业技术服务，如种植、养殖、市场信息等，促进农民增收。四是电商平台。该平台可以促进农产品销售，推进农村电商发展，提高农民收入。

在建立健全乡村治理信息化平台的基础上，需要推广信息化技术在乡村治理中的应用，如云计算、物联网、人工智能等。这些技术可以提高信息处理速度和精度，提高工作效率和质量。例如，可以利用物联网技术建立智慧农业系统，实现农业信息的实时监测和管理，提高农产品的质量和产量。同时，可以利用人工智能技术分析和挖掘大数据，为政府制定决策提供科学依据。此外，还可以利用信息化技术建立在线教育平台，提供教育资源，方便农村学生学习。要加强乡村治理信息化建设，需要提高乡村治理的信息化水平，加强乡村干部的信息化素质和能力培养，提高他们的信息化应用能力和信息安全意识。同时，还需要加强对乡村群众的信息化教育和培训，提高他们的信息化素质，让他们更好地利用信息化技术参与乡村治理。

四、加强乡村治理创新

随着我国城乡经济社会快速发展和城市化进程的加速，乡村治理在维护社会稳定和促进经济发展方面发挥着重要作用。然而，目前乡村治理中仍然存在许多问题，如基层干部能力不足、政策落实不到位、社会信任缺失等，这些问题制约了乡村治理的现代化水平和效果。因此，加强乡村治理创新是提升乡村治理现代化水平的重要途径。只有通过不断创新，才能实现乡村治理现代化，促进乡村振兴，为实现全面建设社会主义现代化国家的目标奠定坚实的基础。

乡村治理创新的核心是要鼓励乡村干部和群众创新。作为基层干部，他们深入了解群众的需求和诉求，能够有效地推动各项工作的开展。因此，加强对基层干部的培训和提升，提高他们的创新能力和水平，是重要的一步。同时，应该建立乡村干部和群众创新的机制，为他们提供更多的创新平台和机会，激发他们的创新热情和能力。在我国的乡村治理中，已经涌现出了很多创新经验和做法，这些经验和做法对于提升乡村治理水平、促进乡村发展具有重要意义。因此，应该积极推广这些乡村治理创新经验，让更多的地方可以借鉴和学习，提高乡村治理的现代化水平。同时，应该加强对乡村治理创新的研究和总结，为乡村治理创新提供理论和实践的指导。

乡村治理创新是一项长期的工作，需要广泛的宣传和推广。政府可以通过各种媒体和宣传渠道，向社会大众介绍乡村治理创新的成果和效果，增强民众对乡村治理创新的认知和信任。同时，应该加强对乡村治理创新的宣传教育，提高社会各界对乡村治理创新的关注度，推动乡村治理创新的开展。政府可以通过加强投入和支持，提高乡村治理创新的条件和环境，为乡村治理创新提供更多的资源和保障。同时，应该建立乡村治理创新的评估机制，对乡村治理创新进行评估和考核，促进乡村治理创新的不断发展。

第四节　创建和谐稳定的乡村治理法治环境

创建和谐稳定的乡村治理法治环境是实现乡村全面振兴的重要保障和条件，它可以维护社会秩序、保障公平正义、促进经济发展、提升治理效能，同时也是保障农民权益和提升农民福祉的重要手段。"环境"是一个极具系统性的概念，环境中的人文因素和自然因素都会对人产生直接或间接的影响。乡村治理的法治环境同样是一个复杂的系统，涉及执法、司法、宣传、法律服务、矛盾化解、议事协商、整治贪腐等多个方面。创建和谐稳定的乡村治理法治环境需要从这些方面着手，缺一不可。

一、规范行政执法

在乡村治理中，规范行政执法是创建和谐稳定的法治环境的重要一环。通过建立行政执法制度、加强行政执法人员的培训、建立行政执法监督机制、强化行政执法的公开透明、推进行政执法信息化、加强与农民的沟通和协商、加强对执法过程和执法结果的评估、加强对特定行业和领域的执法监管等措施，可以提高行政执法的合法性、公正性和科学性，维护农民的合法权益和社会公正。

第一，建立行政执法制度是规范行政执法的基础。在乡村治理过程中，需要制定行政执法的操作规程和标准化的执法程序，明确行政执法的程序和规范。要建立行政执法的法律制度，明确执法的法律依据和程序，保障执法的合法性和公正性。此外，还要加强对行政执法人员的法律培训，提高执法人员的法律素质和执法水平。

第二，加强行政执法人员的培训是提高行政执法水平的关键。在乡村治理过程中，要加强对行政执法人员的培训，提高其执法水平和素质。要加强对行政执法法律知识的培训，提高执法人员的法律素质和执法水平，同时要加强对执法人员的职业道德教育，提高其公正、廉洁、文明执法的意识。此外，还要加强对执法人员的心理健康教育，提高其执法工作的适应能力和应变能力，减少执法工作中的心理压力。

第三，建立行政执法监督机制是保障行政执法公正性的重要措施。在乡村治理过程中，要建立行政执法监督机制，对行政执法进行监督和评估。要建立行政执法监督机构，加强对行政执法的监督和评估，及时发现和纠正违法执法行为，维护农民的合法权益和社会公正。此外，还要加强对群众监督的机制建设，通过听取群众的意见和建议，及时发现和纠正执法中的问题，提高行政执法的公正性和透明度。

第四，强化行政执法的公开透明是维护行政执法公正性的必要措施。在乡村治理过程中，要强化行政执法的公开透明，让社会公众了解执法过程和执法结果。要建立执法公开机制，及时公布执法信息和执法结果，接受社会公众的监督和评价。此外，针对乡村治理中存在的特定行业和领域，要加强执法监管，严格执法标准和程序，保障农民的合法权益和社会公正。例如，在土地承包经营方面，要加强对土地承包经营权的保护，防止乡村土地乱占乱用；在环境保护方面，要加强对农村环境的监管和治理，促进农村环境的改善和保护。

第五，推进行政执法信息化是提高行政执法的效率和质量的重要手段。在乡村治理过程中，要推进行政执法信息化，利用信息化技术提高行政执法效率和质量。要建立行政执法信息平台，实现执法信息共享和数据交流，提高行政执法的精准度和科学性，减少执法过程中的主观性和随意性。要加强对执法人员的信息技术培训，提高其信息技术素质和应用能力，确保信息化技术在行政执法中的有效应用。此外，还要建立行政执法评估机制，对执法过程和执法结果进行评估和反馈，及时发现和纠正执法中的问题，提高行政执法的科学性和效果。

第六，加强与农民的沟通和协商是提高行政执法效率和质量的重要保障，在乡村治理过程中，要加强与农民的沟通和协商，让农民了解执法的法律依据和程序，提高农民的法律意识和自我保护能力。要建立健全农民代表机制，加强对农民代表的培训和支持，让农民代表在行政执法中发挥积极作用，维护农民的合法权益和社会公正。

二、强化乡村司法

强化乡村司法是乡村治理过程中不可或缺的一环。通过建立乡村法律服务机制、加强乡村司法人员的培训和支持、完善乡村司法制度、加强乡村司法公开透明、推广乡村智慧司法、加强乡村司法与其他治理部门的协同，可以有效提高乡村司法的效率和质量，维护农民的合法权益和社会公正。

第一，建立乡村法律服务机制是强化乡村司法的重要措施。乡村法律服务机制包括法律援助、法律咨询、法律培训等服务内容，旨在为农民提供全方位、多层次的法律服务。要加强对乡村法律服务机构的建设和管理，提高其服务质量和效率，让农民便捷地获取法律服务。

第二，加强乡村司法人员的培训和支持是提高乡村司法质量和效率的关键。要加强对乡村司法人员的法律培训和职业道德教育，提高其法律素质和专业水平，同时要加强对其的物质和精神支持，营造良好的工作环境和氛围。

第三，完善乡村司法制度是强化乡村司法的重要保障。要建立健全乡村司法制度和程序，明确乡村司法的法律依据和程序，规范乡村司法的操作规程和标准化程序。此外，还要建立健全乡村司法监督和评估机制，对司法行为进行监督和评估，及时发现和纠正司法中的问题。

第四，加强乡村司法公开透明是维护司法公正性和透明度的重要措施。要建立健全乡村司法公开机制，及时公开司法信息和司法结果，接受社会公众的监督和评价。同时，推广乡村智慧司法是提高乡村司法效率和质量的重要手段。要利用信息化技术推进乡村智慧司法，建立乡村智慧司法平台，实现司法信息共享和数据交流，提高司法的精准度和科学性，减少司法过程中的主观性和随意性。

第五，加强乡村司法与其他治理部门的协同是提高乡村司法质量和效率的有效措施。在乡村治理过程中，乡村司法与其他治理部门的协同作用不可忽视。要加强乡村司法与其他治理部门的沟通和协商，协同推进乡村治理工作，形成合力，提高治理效率和质量。

除了上述内容，还可以从以下几个方面加强乡村司法工作。严厉打击农村黑恶势力及其"保护伞"、邪教组织，坚决把受过刑事处罚、存在村霸和涉黑涉恶涉邪教等问题的人清理出村干部队伍，以有效地清除乡村治理中的"顽疾"，维护社会稳定和法治秩序。完善对经济困难的当事人缓、减、免交诉讼费的具体条件与标准，以帮助经济困难的当事人实现平等参与司法的权利，保障其合法权益得到有效保障。加大刑事司法救助力度，对生活困难的被害人及其近亲属依法及时给予司法救助，以帮助生活困难的被害人及其家属有效地获得司法保障，维护其合法权益。加大涉农公益诉讼案件办理力度，督促相关行政机关依法履行职责，以有效地维护农民群众的合法权益，推动乡村治理向法治化的方向发展，推进数字化司法建设，提供精准化、精细化的公共法律服务，为法治乡村建设提供信息化、智能化支撑，以提高司法服务的效率和质量，更好地满足群众的司法需求。加快乡镇网上政务便民服务体系建设，构建全流程一体化在线服务平台和便民服务网络，大力推进便民举措，让农民群众足不出户就能办事、办成事，以方便群众办理各种事务，提高政务服务的效率和便捷性，进一步推动乡村治理向法治化的方向发展。

三、加强普法宣教

乡村普法宣教的关键是让法治理念深入人心，从而致力于建设法治乡村。通过发挥宣教渠道的作用、加强普法宣教队伍建设以及加强普法宣教与实践结合等方式，可以有效提高农民的法律意识和法律素养，增强他们的法律维权能力，促进乡村社会的稳定和发展。

第一，发挥宣教渠道的作用是加强普法宣教的重要途径。可以通过电视、广播、报纸、网络等媒体渠道，向农民传递法律知识和法律文化，提高他们的法律意识和法律素养。可以在电视、广播、报纸、网络等媒体上宣传法律法规和法律文化，增强农民对法律的信仰和尊重。还可以利用乡村已有公共党建文化设施，推进法治广场、长廊、院坝等农村法治文化阵地建设，基本实现一村一法治文化阵地。这可以为乡村居民提供学习法律知识、了解法律法规的场所和平台，营造浓厚的法治氛围。

第二，加强普法宣教队伍建设是加强普法宣教的基础。可以通过培养和选拔优秀普法宣传员、加强普法宣传教育队伍的管理和服务、提高普法宣传教育队伍的素质和能力等方式，加强普法宣教队伍建设，提高普法宣教质量和效果。可以实施农村"法律明白人"培养工程，重点培育一批以村"两委"班子成员、人民调解员、网格员、村民小组长等为重点的"法治带头人"。这可以使法律知识在乡村居民中得到更广泛的传播和推广，提高乡村居民的法律意识和法律素养。

第三，加强普法宣教与实践结合是加强普法宣教的关键。可以通过组织群众参与法律援助、开展法律咨询、举办法律知识竞赛等方式，将普法宣教与实践结合起来，让群众更加深入地了解法律知识和法律制度，以提高他们的法律维权能力。还可以推动法治文化与民俗文化、乡土文化融合发展，组织编写、创作具有乡土文化特色、群众喜闻乐见的法治文化作品，广泛开展群众性法治文化活动。这可以使法治宣传更具有针对性和吸引力，更好地推动法治理念深入人心。

四、完善法律服务

在创建和谐稳定的乡村治理法治环境方面，完善法律服务也是非常关键的一环。通过健全法律法规体系、普及法律意识、建设法治机构和队伍，加强法律监督和维权机制，可以为乡村发展提供法治保障，促进乡村社会的稳定和谐发展。为此，应重视以下几个方面工作。

第一，完善法律服务体系，实现全覆盖。在县级建立公共法律服务中心，整合法律援助、法律咨询、法治教育、调解等资源，配备专职工作人员，提供综合性法律服务。在乡镇和行政村设立法律服务站点。乡镇可以设立综合性法律服务站，村级可以设立专门服务站，如婚姻家庭服务站、户籍服务站等，空间要便捷易访问，实现一个村一个法律顾问制度。法律顾问可以选派律师或者培训农村积极分子，定期为村民提供面对面的法律咨询。利用互联网渠道，通过微信等 App 平台，实现村民随时便捷地获取法律信息和在线咨询。

第二，健全法律服务制度，保障农民权益。将涉及农业生产、土地承包、养老保险等与农民息息相关的法律服务事项纳入法律援助范围，减轻农民诉讼负担。简化法律援助申请手续，通过村级法律顾问进行需要评估，提高农民获得法援的便利性。完善法律援助质量监管制度，建立农民评价机制，确保法援质量。鼓励公证、司法鉴定、仲裁等机构在农村设立服务站，减少农民外出办事成本。

第三，提升法律服务人员专业水平。制定乡村法律服务人员职业道德规范，要求服务方便、高效、耐心。对法律服务人员进行业务培训，提高其法律知识水平和解决农村实际问题的能力。建立激励机制，鼓励法律人才下乡服务，并提供必要的生活保障。

第四，加强法治宣传教育，增强农民获得法律服务的主动性。采取易懂的宣传手段，让农民知晓现有的法律服务内容及获取途径，通过法治知识讲座、展板、演出等形式的宣传教育活动，提高农民法治观念。鼓励村民积极主动获取法律服务，保护合法权益。建立表彰机制以示鼓励。利用法律服务反馈进行法治宣传，使更多人理解法律服务的意义。

第五，加强法律服务监督，确保服务质量。建立法律服务工作责任制，明确县乡村三级法律工作者的职责。建立法律服务评价制度，设立意见收集箱或电话热线，及时收集农民反馈。开展不定期检查考核，对问题服务进行整改，确保每位农民都能获得公平便捷的法律服务。

五、化解乡村矛盾

乡村矛盾的化解不仅关乎农村居民的切身利益，也事关农村经济的发展和社会和谐的构建。化解乡村矛盾在推进农村经济的可持续发展、促进社会和谐稳定发展，以及实现乡村振兴战略目标等方面具有重要意义。通过积极采取措施解决土地、农业产业、收入等方面的矛盾，可以为乡村的繁荣和发展奠定坚实基础，实现乡村社会的全面进步。在实操层面，需要完善矛盾解决机制、建立矛盾预警制度和信息共享机制、完善法律法规和大力宣传等方面的工作，以更好地化解乡村矛盾纠纷，维护社会和谐稳定。

第一，健全多元化矛盾纠纷解决机制，建立协调联动机制。建立跨部门、跨区域的乡村矛盾纠纷联席会议制度，定期召开会议，加强各方信息沟通和资源共享。明确各个部门，如司法、信访、公安、民政等在处理矛盾中的分工，形成工作合力，避免重复劳动或责任推诿。建立案件督办制度，对复杂难办案件实行挂牌督办，限期解决。可以组建由村委会委员、党员、村民代表等组成的调解小组，经过专业培训后深入村民中开展调解工作。发动两争执方当事人的亲友进行劝说，采取"家家谈、户户访、人人动员"的方式，最大化调动双方当事人的调解意愿。结合村规民约等习惯法资源，采用口头调解和家庭谈话的非正式方式促成纠纷和解。此外，针对不同类型的纠纷，采取符合当事人需求的创新调解方式。对感情纠纷，可以采取心理疏导、家庭关系调整的方式；对权利义务纠纷，可以采取理性诉求分析、利益补偿的方式；对认知分歧引起的纠纷，可以采取说理、启发、消除疑虑的方式。

第二，建立矛盾预警制度和信息共享机制。明确各个基层组织在信息收集和上报中的职责，建立定期上报制度。利用互联网技术建立信息共享平台，实现资源整合，加强协同应对。针对可能引发群体性事件的敏感问题，建立专题预警小组，进行风险评估研判并提出对策。建立人民调解员准入和退出机制，对调解员进行法律知识、心理学、调解技巧等方面的培训，并组织观摩切磋，提高业务水平。建立奖惩机制，对工作优秀和失职的调解员进行激励和约束。为调解员购买责任保险，保障其合法权益。通过法治培训、工作考核、典型案例通报等方式，提高警务人员的法律知识水平和业务技能。构建合理的绩效考核体系，防止以案结案。此外，建立巡察和内部监察制度，严格执法程序，杜绝违法办案行为。

第三，完善相关法律法规和制度，并加大法治宣传力度，提高群众法治观念。进一步规范各类调解程序，明确调解员、当事人等主体的权利义务。提高调解违法成本，限制恶意拖延调解等行为。建立健全奖惩机制，强化法律约束。在宣传方面，可以采取边讲课边演练的形式，通过生动直观的案例帮助乡亲增强法治意识。利用互联网新媒体广泛宣传替代性纠纷解决方式，劝导当事人主动参与调解，减少对立对抗。加强未成年人法治教育，从源头减少和防范矛盾。

六、村级议事协商

通过开展形式多样的村级议事协商，探索村民小组协商和管理的有效方式，组织村民就村公共事务、重大民生问题开展民主协商等方面的工作，可以更好地发挥村民的主体作用，提高乡村治理的民主性和科学性，建设和谐稳定、法治有序的乡村社会。

第一，开展形式多样的村级议事协商。开展形式多样的村级议事协商是实现民主决策、促进基层自治的重要途径。村级议事协商作为一种参与式决策机制，通过广泛征求村民意见、协商决策，能够有效提高决策的科学性、民主性和公正性，增强基层自治的有效性和合法性。在村级议事协商中，多样的形式使得决策过程更加灵活和多元化。例如，通过召开村民代表大会、村民议事会、村民代表座谈会、村民代表联络会等多种形式，让村民参与到村级公共事务的决策过程中来，增强他们的参与感和归属感。

第二，探索村民小组协商和管理的有效方式。探索村民小组协商和管理的有效方式对于实现基层自治、促进社区凝聚力和推动可持续发展具有重要作用。通过建立健全的机制，充分发挥村民的主体作用，加强协商和管理，能够实现村民自治、社区凝聚和可持续发展的良性循环，为构建和谐、繁荣的社区奠定坚实基础。例如，通过建立村民小组委员会、村民小组民主管理委员会等机构，让村民在小组层面上参与到村级公共事务的协商和管理中来，提高村级民主决策的科学性和实效性。

第三，组织村民就村公共事务、重大民生问题开展民主协商。这种形式的协商能够确保决策的科学性、民意性和公正性，促进村民的参与，提高村民的满意度，增强社区凝聚力和民主意识，为村庄的发展和社会的进步提供有力支持。例如，通过开展村级政治协商、村级公共政策协商等形式，让村民就村级公共事务和重大民生问题进行广泛、深入、有效的协商和讨论，增强村级民主决策的参与度和民主性。

七、严厉整治贪腐

贪腐现象的存在严重损害了乡村社会的公平正义，延缓了农村发展的步伐，破坏了群众的利益和信心。因此，采取坚决的行动来打击和预防贪腐，对于构建廉洁、公正、高效的乡村治理体系至关重要。它不仅能够维护社会公平正义、推动农村发展，还能够重建政府与民众之间的信任，为构建廉洁、公正、高效的乡村治理体系提供坚实基础。只有通过坚决打击贪腐，才能确保农村社会的稳定发展和人民群众的福祉。作为创建和谐稳定的乡村治理法治环境的必要措施之一，严厉整治贪腐需要从以下几个方面加强这项工作。

第一，加强贪腐高发领域的监督。要严厉整治惠农补贴、集体资产管理和资金管理、土地规划、工程建设、政务服务等领域侵害农民利益的不正之风和腐败问题。这些领域是农民利益受损的重点领域，需要从源头上杜绝腐败问题的发生。可以通过建立健全惠农补贴管理制度，以及建立事前预防机制，加强对集体资产管理的监督和管控，规范土地征收程序等措施，切实保障农民合法权益。

第二，完善反腐败法律制度。加大贪腐犯罪法律处罚力度，建立健全财产申报和利益冲突回避机制，尤其是严格财产申报制度；加大对领导干部特别是一把手的财产申报审查力度，坚决查处违规问题。建立离任审计制度，防止任期结束后贪腐问题出现。同时，要完善廉政风险防控体系。识别易发生贪腐的薄弱环节，制定针对性的防控措施，堵塞法律漏洞；加强内部审计和外部监督，形成防控合力。坚持和完善集体领导制度，消除一言堂现象。加大权力有效制约和监督力度，防止滥用职权牟取私利。

第三，加强廉政教育。通过典型案例警示教育，强化全员廉洁自律意识；加强作风建设，坚持勤俭节约，反对铺张浪费；深化政务公开，增强透明度；倡导诚信文化，营造风清气正的社会环境。

第四，依法依纪惩处发生在群众身边的腐败问题。这些腐败问题往往发生在基层，对农民利益造成直接损害，必须追究责任人的法律责任。建立责任倒查机制，对问题隐瞒不报者一并严肃处理；建立健全基层腐败问题的监督机制，加强对乡镇干部的教育和培训等措施，加大对腐败问题的查处和惩处力度。

第五，加强舆论监督和社会监督。舆论监督和社会监督是治理腐败的重要手段，健全举报渠道，保护举报人权益。激励群众监督，形成震慑贪腐的强大合力。通过加强对媒体的引导和监督、鼓励公众举报腐败问题等方式，形成全社会共同治理腐败的合力。

第五节　探索、创新和实践乡村治理新模式

随着时代的变迁和社会的发展，传统的乡村治理模式已经难以满足人们对于乡村治理的需求。因此，探索、创新和实践乡村治理新模式对于适应乡村发展新形势、解决乡村治理难题具有必要性。通过不断探索和实践，寻找适合当地实际的治理方式，能够促进乡村发展与治理的良性互动，推动乡村振兴战略的顺利实施，实现乡村社会的繁荣和人民群众的幸福。为此，各地应根据本地条件，在历史和现实的基础上，科学地研究出适合本地的乡村治理基本模式。

一、政府主导或引导的乡村治理模式

政府主导或引导的乡村治理模式是指政府在乡村治理中发挥主导作用，通过政策制定、资源调配、规划管理等手段，引导和推动乡村的发展和治理。这种模式下，政府承担着组织协调、决策管理、监督评估等职责，起到整体

规划和推动的作用，以实现乡村社会的稳定、经济的繁荣和居民的幸福。

政府主导或引导的乡村治理模式通常包括以下几种模式：村民自治模式、共建共治共享模式、多元主体参与模式、数字化乡村治理模式及社会化服务模式。这些模式推动了乡村治理的转型和创新，促进了政府、市场、社会和居民等各方的协同合作，提高了治理效能和公共服务水平，推动了乡村的可持续发展和社会进步。

政府主导的村民自治模式中，政府在治理中起到主导作用，但是把权力下放到村民自治组织，村民参与决策和管理，政府主要提供技术支持和公共服务。村民自治是乡村治理的基础和核心，通过村民的参与和自治，可以提高乡村居民对自身事务的管理和决策能力，增强他们的积极性和主动性。村民自治是一个复杂的过程，需要政府的支持和推动，也需要村民的积极参与和共同努力。通过合理的制度设计、广泛的参与和透明的运作，可以实现村民自治，促进乡村治理的民主化、可持续发展和社会进步。

政府引导的共建共治共享模式是新时代乡村治理的重要理念之一，可以通过推进村民自治、政府引导和社会参与相结合的方式，实现乡村治理的共建共治共享。这种模式鼓励各方共同参与乡村基础设施建设、公共服务提供、生态环境保护等方面，形成全社会的共同利益和责任共担，加强了乡村治理的合力和协同效应。如推进村民自治，发挥村民的主体作用，推进政府引导，为村庄的发展提供支持和保障，同时也鼓励社会组织和企业参与乡村治理。

政府引导的多元主体参与模式中，政府在治理中起到引导和协调作用，吸引和整合多种主体参与治理，包括村民自治组织、社区组织、企业、社会组织等。这种模式突破了传统政府主导的乡村治理模式，鼓励各方根据自身优势和资源参与乡村治理，实现资源的共享和优势互补，提高了乡村治理的效能和可持续性。实践中，政府需要积极强调市场、社会组织等多个主体之间的协作与合作，实现乡村治理的多元化和多元利益的协调。

政府主导的数字化乡村治理模式有助于提升乡村治理的效率和精确度。随着信息技术的发展，数字化乡村治理已经成为一种新的趋势。可以利用大数据技术对乡村社会治理进行信息化管理和智能化分析，提高决策的科学性和精准性，推动乡村治理的现代化。可以通过建立数字化村庄平台，开展数字化农业、数字化教育和数字化医疗等方式，实现信息共享和互动，提高乡村治理的效率和质量，推动乡村治理的现代化和智能化。

社会化服务模式强调社会组织和志愿者等非政府力量在乡村服务中的作用。政府主导的社会化服务模式采取"政府购买服务"的方式，引导社会力量进入乡村，提供基础设施建设、公共服务和社会保障等服务。例如，通过鼓励社会组织提供教育、医疗、文化、扶贫等服务，并引导志愿者参与乡村建设和社区管理，可以丰富乡村公共服务的供给，提高服务质量和覆盖范围，增强乡村社会的凝聚力和活力。

此外，政府主导的乡村治理模式还包括村自治管理、农村社会公益性服务供应模式，以及政府主导的金融模式，如政府融资模式、金融补贴模式、金融综合服务模式和金融租赁模式等。

二、乡村治理中的土地管理模式

在乡村治理中，土地管理模式是非常重要的一部分，它涉及土地的确权、土地利用规划、土地收益分配等许多方面。因此，应根据不同地区的实际情况、政府政策和农民需求进行灵活调整和综合考虑。重要的是确保土地管理模式能够平衡各方利益，促进农村经济发展、社会稳定和生态环境保护的协调发展。

乡村治理过程中的土地管理模式主要包括国有土地模式、集体土地所有制模式、家庭承包经营模式、宅基地制度模式、合作社模式、土地租赁模式、市场化流转模式和土地整治模式。这些土地管理模式在乡村治理新模式探索和实践中具有重要意义，它们为农民权益保障、农业生产发展、农村经济增长和农民参与自治提供了有效的制度支持和实践路径。

国有土地模式指的是国家所有和管理的土地资源。在这种模式下，土地由国家所有，国家对土地进行统一管理和分配。政府可以通过土地利用规划和管理，引导农村产业结构调整、农业现代化和农村发展。政府可以根据乡村振兴战略，合理划拨土地资源，推动农村基础设施建设、农村产业发展和农民收入增加。在城市和城镇等地区，大部分土地都属于国有土地，由政府通过出让、划拨等方式将其分配给开发商或者企业使用。

集体土地所有制模式是指农村土地属于农民集体所有，由村民通过村民委员会或村集体经济组织共同管理。在这种模式下，土地归集体所有，由集体统一管理和分配。虽然土地的使用权和经营权由农民集体所有，但是不允许私有化和流转。这种模式在中国农村地区广泛应用。集体土地所有制模式强调了农民集体所有权和自治能力，保障了农民的土地权益。村民通过集体经济组织可以参与土地利用规划、农业生产组织和收益分配。这种模式在乡村治理中的重要意义在于维护农民的土地权益，促进农村社区的自治和农民的参与。

家庭承包经营模式是指农户通过与集体经济组织签订土地承包合同，获得土地承包经营权，并在一定期限内享有土地经营权益。农民可以自主选择种植作物和经营方式，但是不允许流转和买卖。这种模式在中国农村广泛实行。家庭承包经营模式赋予农户经营自主权，激发了农民的生产积极性和创新能力。农户可以根据自身条件和市场需求，自主决定土地的利用方式和农业生产经营活动。这种模式在乡村治理中的重要意义在于促进农村经济发展、增加农民收入和提升农业生产效益。

宅基地制度模式是指为农民提供住房和生活用地的制度安排。在中国农村，宅基地制度是一种重要的土地管理模式。根据相关法律法规，村民可以按照规定在宅基地上建房屋，但是不允许流转和买卖。耕地则由农民集体所有，由集体统一管理和分配。宅基地制度模式在乡村治理中的重要意义在于改善农民居住条件，提升农村居民的生活品质，同时也为农民提供了发展农村产业和创业就业的机会。

合作社模式是指农民通过组织形式进行集体经营的模式。在合作社模式下，农民可以自愿加入农业合作社，共同经营土地，实现规模化经营和资源共享，同时也可以通过规范化管理和市场化运作提高土地的利用效益。合作社模式可以实现农业规模化、资源整合和市场开拓，提高农业生产效益和农民收入。这种模式在乡村治理中的重要意义在于促进农业产业的集约化发展，提高农民的组织能力和市场竞争力。

土地租赁模式指的是土地所有者将土地出租给他人使用的情况。在这种模式下，土地所有权归国家或集体所有，但是使用权可以流转给其他企业或个人，实现土地的市场化流转和利用。在农村地区，土地租赁模式可以帮助土地所有者获得经济收益，尤其是对于那些不种植或无法有效利用土地的农户而言，可以通过租赁土地给其他农户或经营者来获取租金收入。同时，土地租赁模式也为土地需求者提供了灵活的土地获取途径，他们可以通过租赁土地来进行农业生产、养殖、种植或其他经营活动。这有助于优化土地利用结构，提高农村经济效益和农民收入。土地租赁模式的实施需要建立相应的法律、合同和监管机制，以确保租赁双方的权益得到保护。

市场化流转模式是指通过市场交易的方式实现土地使用权的流转。在这种模式下，土地使用权可以通过出让、转让、拍卖等市场化方式进行流转。但是在流转过程中需要遵循国家相关法律和政策的规定。市场化流转模式可以提高土地资源的配置效率，激发土地资源的潜力，促进农村经济的多元化和现代化。这种模式在乡村治理中的重要意义在于推动土地资源的流动和集约利用，增加农村土地价值，促进农村经济的发展。

土地整治模式是指通过改善土地质量、调整土地利用结构和提升土地功能来改善农村土地状况的模式。旨在加大土地利用效率，提高耕地质量和农业生产力，推动农村产业结构调整和优化。在这种模式下，通过对土地进行整治，改善土地的环境和质量，提高土地的利用效益。通常包括土地平整、绿化、水利设施建设、污染治理等方面的工作。这种模式适用于已经开发过的土地，通过土地整治可以提高土地的效益和使用价值。在乡村治理中，这种模式有助于提高土地资源的质量和可持续利用能力，保护生态环境，提升农业生产效率和农民的生活品质。

简言之，不同的土地管理模式有其各自的优缺点和适用范围，需要根据当地实际情况和需求进行选择和实施。在实践中，需要注意保障土地使用者的合法权益，加强土地管理和监管，促进土地资源的有效利用和保护。同时要根据具体情况和需求，结合不同模式，形成适合本地区的综合土地管理模式。

三、社会组织参与的治理模式

在乡村治理中，社会组织参与的治理模式非常必要。社会组织包括农民合作社、村民自治组织、非营利组织等，它们在乡村治理中起着桥梁和纽带的作用。社会组织能够代表和凝聚农民的利益诉求，促进农民参与决策和公共事务管理，同时提供专业知识和技能支持。社会组织的参与不仅有助于民主决策和公正分配资源，而且还能够推动社会公平，促进农村经济发展和社会稳定。通过社会组织参与的治理模式，乡村治理可以更加民主、有效和可持续，更好地满足农民的需求，推动乡村振兴目标的实现。

社会组织参与的治理模式主要包括村民自管模式、合作社模式、专业技术服务模式、公益慈善模式、乡村公共品供给机制及乡村文化模式。这些社会组织参与的治理模式在乡村治理新模式实践中相互交织、相互补充，共同构建了一个包容、参与和可持续发展的治理体系，为乡村振兴提供了重要支撑。

村民自管模式是在村级组织中由村民组成的自管模式，是一种强调基层自治和民主决策的治理模式，其功能是自我管理、自我服务、自我监督、自我决策，并由此形成机制在自管模式下，村民可以实行乡村慈善、乡村集体财政、乡村公共卫生、乡村基础教育等。村民自管可以增强村民的参与意识和主体性，使他们能够直接参与决策和管理自己的事务，提高决策的民主性和公正性。通过村民自管，村民可以更好地发挥自身优势，解决村庄发展中的问题，推动社区建设和农村治理的改进。

合作社模式是一种通过组织农民合作经营来推动农村发展的治理模式。它通过组织村民成立农业、旅游、养殖等合作社，实现资源的整合和规模经营，提高经济效益。合作社将农民组织起来，共同参与农业生产、加工、销售等环节，实现资源的整合和利益的共享，可以促进农业生产的规模化、专业化和现代化。通过合作社，农民可以集中资源、分享风险、提高效益，推动农村经济的发展和农民收入的增加。此外，合作社还有助于提升农民的社会地位和组织能力，增强农民的凝聚力和集体意识。

专业技术服务模式是一种通过引入专业知识和技术支持来提升农村产业发展的治理模式。在这种模式下，专业机构或组织为农民提供农业技术培训、科学种植指导、病虫害防治等服务。专业技术服务模式的重要意义在于提高了农民的技术水平和生产效益。通过专业技术的支持，农民可以学习和应用先进的农业技术，提高作物品质和产量，降低生产成本，增加收入。同时，专业技术服务也有助于推广可持续农业发展和生态环境保护的理念，促进农村产业的绿色转型和可持续发展。

公益慈善模式是一种通过社会组织的参与，为农村提供教育、医疗、环境保护等公益事业的支持和援助的治理模式。社会组织可以通过开展公益慈善活动，为贫困农民和弱势群体提供帮助和支持，促进社会公平和共享。公益慈善模式改善了农民的生活条件和社会福利。通过慈善组织的参与，农村地区可以得到更多的教育资源、医疗服务和环境改善项目的支持，提高基础设施和公共服务的水平，促进农民的健康、教育和环境素质的提升。公益慈善模式还有助于促进社会公平和减少农村贫困现象，推动社会和谐与可持续发展。

乡村公共品供给机制是一种强调公共服务提供和管理的治理模式。乡村公共品供给机制通过建立村务监督委员会、村民理事会等机制，加强民主监督，以保障公共品的供给和使用。乡村公共品供给机制提高了乡村居民的生活品质和社会融合度。通过提供基础设施和公共服务，乡村居民可以享受到更好的教育、医疗和交通条件，改善生活环境和社会福利。同时，乡村公共品供给机制也有助于促进乡村地区的经济发展和社会稳定，吸引人才流入，推动乡村振兴战略的实施。

乡村文化模式是一种注重乡村文化的传承和创新的治理模式。通过建设文化设施、推动文化旅游等方式，挖掘乡村文化资源，提高乡村文化品位和魅力。通过社会组织的参与，乡村地区可以挖掘和利用本地的文化资源，推动乡村文化产业的发展。乡村文化模式可以提升乡村的文化软实力和吸引力。通过发展乡村文化产业，乡村地区可以丰富文化产品和旅游资源，提高文化创意和创新能力，吸引游客和投资，促进地方经济的发展。乡村文化模式还有助于传承乡土文化，增强乡民文化认同感，促进社会凝聚力和乡村社区的文化交流与互动。

第三章　大理州乡村治理现代化提升策略

乡村治理是国家治理的基础。大理州作为乡村振兴试点,在新时代新背景下推进乡村治理现代化,应坚持以强化党的全面领导为治理根本,遵循乡村治理"三治融合"原则,完善新时代乡村治理现代化体系,以村民共同富裕为治理动力,完善创新乡村现代化自治能力。

第一节　坚持以强化党的全面领导为治理根本

近年来,大理州重视农村基层党建工作,积极作为并卓有成效。大理州配合国家和省级政策,致力于基层"两委"班子建设,使之充分发挥基层党组织领导作用;创建"双整百千"四级联创规范和基层党支部规范。通过这些措施,提高了基层组织的组织力和凝聚力,进一步促进了乡村治理和经济社会发展。为了推进农村"领头雁"培养工程,大理州积极推进农村(社区)优秀人才回引工作,通过实行"一对一"帮扶机制、制定优惠政策、提供资金支持等方式,吸引和留住了一批优秀人才,为乡村振兴注入了新的活力。同时,还注重推进村级"两委"换届工作,制定了严格的选举程序,并且加强了巡察监督与审计监督等工作,以确保村级干部换届工作的公开、公平、公正。这些工作的开展,有效提高了村级干部的素质和能力,促进了乡村治理水平的提升。在未来的乡村治理中,大理州应继续坚持以党建引领乡村治理,推动乡村治理现代化。

一、党建引领，注重发展

大理州在乡村治理方面取得了一定成就，促进了农村经济发展和社会稳定，但是在前进的道路上，仍需要把发展作为第一要务，用发展的眼光和办法解决前进中的问题。在这个过程中，党建引领乡村治理具有非常重要的作用，广大的乡村党员干部应该牢固树立新发展理念，团结带领广大群众一心一意谋发展。党建引领乡村治理是推进乡村振兴的根本方略。大理州应继续坚持党的领导，把党建工作摆在优先位置，注重发挥村级党组织的战斗堡垒作用。要大力推进乡村干部队伍建设，制定完善的干部选拔任用机制，加强干部培训、考核和评价工作，提高乡村干部的素质和能力，推动乡村治理水平的提升。在党建引领下，大理州应继续注重发展乡村经济，努力推动农村产业转型升级，加强农村基础设施建设，促进农村电商、旅游等新业态发展，提高农村经济发展的质量和效益。在社会稳定方面，大理州也应加强公共服务体系建设，提高基层社会治理的能力和水平，以保障广大农民的合法权益。

二、党建引领，培养人才

乡村治理需要人才，全国各地应下大力气培养乡村治理人才。同时，大理州也要高度重视基层干部，树立在工作一线培养、考察和识别干部的理念，做到事业留人、感情留人、待遇留人并重。应利用职业技校、文化大讲堂等培训平台，大力培育乡村各类人才。此外，应优化监督考核，对基层的考核体系进行梳理调整，设置符合实际的考核指标，增加基层群众对考核工作的话语权，提高考核的科学性和公正性。同时，大理州还应完善激励机制，逐步提高基层干部待遇，让他们在工作中得到更好的支持和鼓励。此外，应坚持立足本土，吸引在乡村治理、农业科技、电子商务等各方面的专业型、专家型人才，为乡村振兴注入新的活力。

三、党建引领，重视德治

在党建引领乡村治理的过程中，匡正社会风气、塑造乡风文明、重视道德建设是一个重要着力点。为此，大理州应注重发挥广大乡村党员干部的模范带头作用，带头遵守村规民约，宣传倡导移风易俗，以优良的党风促政风、带民风。乡风文明是乡村治理中非常重要的一环，主要体现在依靠人民群众，弘扬乡土文化，体现农民的尊严与价值。大理州乡村党员干部应该把群众关心的各类问题弄懂吃透，引导群众思想观念和行为习惯等逐步与乡村治理现代化的要求相适应，增强群众对社会主义核心价值观的认同。要推进文明村镇创建和移风易俗行动，以德治滋养法治、涵养自治。大理州也应重视传承良好的家风家训，为乡村治理提供强大的精神动力。只有通过家庭建设，才能够让广大农民群众更好地理解、认同、遵守社会主义核心价值观，从而在乡村治理中发挥积极作用。

四、党建引领，生态环保

苍山之麓，洱海之滨的大理州处于苍山洱海自然保护区，这里既是多民族区域，也是重要的旅游胜地，因此生态环境保护至关重要。在党建引领乡村治理的过程中，大理州广大乡村党员干部要牢固树立"绿水青山就是金山银山"的理念，正确处理眼前利益与长远利益的关系。要把生态保护有关法律法规和知识技能列入党员干部培训的内容，全面倡导绿色政绩观，着力强化环保法治观，围绕生态文明建设提升执政本领。要注重不断提升广大群众的生态文明意识，党员干部应经常深入社区、学校、企业开展宣传教育活动，把生态文明的理念融入群众的日常工作生活中，倡导低碳生活、绿色消费，崇尚勤俭节约、文明健康的生活方式和消费模式。在实践中，大理州应以洱海为重点，采取因地制宜的措施来推进生态环保工作，比如建立健全洱海生态系统监管体系，加强洱海流域生态系统健康修复等。同时，还可以建立流域绿色低碳生产生活体系，通过开展植树造林、垃圾分类、水源保护等活动，让广大群众深刻感受到生态文明建设的重要性，积极参与到洱海生态环保工作中来等。

第二节 大理州乡村治理的"三治融合"原则

"三治融合"是指自治、德治、法治三者之间的有机融合。它是中国乡村治理体系的基本原则和核心理念，旨在构建健全、高效的乡村治理模式。"三治融合"原则在乡村治理中的应用可以强化治理主体责任，促进社会稳定与和谐发展，保障农民的合法权益。它是推动乡村治理现代化、实现乡村全面振兴的重要路径和原则。

乡村治理，"三治"为要。大理州应正确处理自治、德治、法治"三治"之间的关系，遵循多元治理主体有效参与、三种治理方式互补互限、全力保障民众利益的基本原则，推进"三治融合"的不断深入。

一、多元治理主体参与的原则

多元治理主体参与的原则意味着乡村治理应该摒弃政府或社会控制型的二元理念，激活三治多元行使主体的积极性。在自治乡村方面，主要应该发挥村民的主体性作用，以调动社会资源并提高地方治理能力。比如，可以创新村民自治的实现形式，对以行政村为主的村民自治单元进行重组，形成乡村社区和村民小组自治单元，以使治理规模和层级与地方治理能力相匹配。

在法治乡村方面，主要应该发挥乡村人民法庭和乡土法杰（乡土社会内生的权威，是解决乡村纠纷的担纲者）的主要实施主体作用。前者通过灵活运用多种审判方式，便利村民参与诉讼，有效地化解基层矛盾纠纷；后者既知悉乡土规范，又了解国家法律，两者构成协调国家法理权威和乡村礼俗权威的核心力量。

在德治乡村方面，主要应该发挥乡贤及其联合的乡贤参事会、乡贤理事会等组织的作用，由他们动员品德高尚、能力突出、影响广泛的精英参与治理，通过协商和对话，整合村集体和村民的诉求，从而在社会治理失灵的情况下发挥调控作用。

二、三治方式互补互限的原则

三治方式互补互限的原则是指乡村治理中的自治、法治和德治三种治理方式之间既相互补充又相互限制，以达到高效治理的目的。三治方式互补互限的原则是乡村治理体系发展的重要指导原则，能够促进乡村治理的现代化和高效性。

自治是乡村治理体系的核心内容，它强调的是民众实现自我管理和民主管理。这意味着对民众进行赋权增能，使他们有能力参与乡村治理的决策过程，从而促进自治的发展。但是，自治并不意味着民众权利的无限扩大，因为这可能会导致治理的混乱和不稳定。因此，现代法律规则的法治作用和乡土文化的德治价值应结合起来，发挥法治和德治对自治的双向约束作用，以促进自治的健康发展。

法治是乡村治理的重要组成部分之一，它可以强制性地惩罚治理主体的失范行为。但是，在基层社会中，很难通过法治程序解决所有的社会问题，因此法治乡村的作用可能有限。在这种情况下，乡村德治就显得尤为重要。乡村德治是以文化价值为工具的柔性治理，它能够广泛调整各种社会关系。

虽然它没有限制主体行为的强制性，但是它可以通过道德规范和良好的行为范例来影响和引导人们的行为。因此，乡村德治可以与法治和自治相互补充，以达到高效治理的目的。

三、全力保障民众利益的原则

全力保障民众利益的原则是乡村治理的重要指导原则之一，它强调通过坚持"以人民为中心"的价值取向，加强乡村自治、法治和德治，实现与民共建美好生活、与民共治乡村事务、与民共享治理成果，增进民众利益，提升民众获得感的目标。

乡村自治要求坚持人民的主体地位，尊重人民的首创精神，践行新时代的群众路线。将群众路线贯穿于乡村治理政策制定、执行、评估的全过程，村庄事务决策要有深厚的民意基础，并以群众满意度为治理考核的根本标准，提升村民自治能力。

法治乡村要求以法律规则约束主体行为，消除侵害人民利益和美好生活的社会问题。例如一些人掌握大量资源，出现村干部小微权力腐败、村民恶性闹贫等现象，这些都损害了群众利益，扰乱社会稳定。因此，法治乡村以法治原则为指引，开展扫黑除恶，提升违法行为被惩处的力度，加强法治乡村的权威地位。

乡村德治要求以道德规范营造良好的社会风气。在乡村治理中，乡村德治是一种柔性治理方式，它与乡村自治和法治乡村相互补充，共同构成了乡村治理体系的重要组成部分。针对近年来部分农村敬老爱老减少、守望相助意识淡化、勤俭节约意识减弱等道德礼俗滑坡现象，乡村德治要求通过重视农村文化传承和乡土文化建设，加强道德教育和文化引领，促进农村文化的繁荣发展，为建设和谐、稳定、有序的乡村社会提供道德文化支撑。

第三节　着力完善新时代乡村治理现代化体系

着力完善新时代乡村治理现代化体系对于推动乡村振兴、适应农村发展新要求、提高治理效能、促进农民参与和自治能力提升，以及构建和谐稳定的农村社会环境具有重要的意义。从目前实践来看，大理州完善乡村治理现代化体系的主要做法是创新开展"基层党建＋社会治理""党支部＋村民自治"等模式，推动社会治理和服务重心向基层下移，着力构建村民自治新体系。构建村民自治体系应该成为大理州乡村治理的未来趋势，需要在监督村级权力、约束村规民约、基层民主协商、强化群众自治这几个方面持续加力。

一、监督村级权力

村级权力的规范化和监督是乡村治理工作中不可或缺的一环。从以往的经验来看，大理州应继续推行村级权力清单制度，具体内容可以细化为建立村级权力清单制度、完善村务监督委员会制度、建立村级财务公开制度、完善村务监督投诉举报制度，以及采取有效手段等，以规范村级组织和村干部权力事项，为村级权力的监督提供了有效保障。

建立村级权力清单制度旨在明确村干部的权责边界。列出村干部可以和不能做的事项，接受监督。完善村务监督委员会制度旨在发挥监督职能。村监会成员可以通过列席村委会会议、检查村务公开情况等方式开展监督。建立村级财务公开制度旨在接受村民监督。定期公布村集体财务收支和村务开支情况，接受村民质询。完善村务监督投诉举报制度旨在对违规行为进行举报。建立保护举报人的相关制度，以减少举报障碍。

除了制度建设，还可以利用互联网渠道，建立村级信息公开和网上监督平台。公布村务信息，设立在线交流区，方便村民提出问题。建立村规民约，对村干部权力作出规范。规定村干部应当忠于职守，廉洁自律，禁止滥用权力谋私利。开展村民评议村干部活动，建立评议制度。村民可以就村干部工作表现进行评议，作为考核奖惩的依据。加强村纪法委员会建设，对违规违法问题进行查处。村纪法委应独立公正行使监督权，形成权力制约。发挥党组织领导作用，引导村干部增强自我约束意识，自觉接受监督。

二、约束村规民约

村规民约是乡村治理过程中的一种重要方式，它能够规范村民行为，维护社会稳定和村民权益，促进共同发展，传承和弘扬优秀的乡村文化。制定和实施村规民约的原则：民主制定，广泛听取村民意见，提高认同感；科学适用，符合法律法规，与上位法相衔接；因地制宜，结合本地区特色，针对村落问题制定；简明易行，语言表达通俗易懂，便于执行；维护稳定，不损害社会稳定与和谐。只有这样，才能确保村规民约和自治章程符合村情、体现民意。因此，大理州在制定和实施村规民约的过程中，要充分尊重村民的自主性和参与性，加强制度建设和宣传教育，使村规民约成为乡村治理的有效工具。

一是尊重村民自主性。制定村规民约要充分听取村民意见，通过村民代表会议民主讨论确立；草拟村规民约要充分征求村民意见，保证表达民意；村规民约修订时，应听取村民意见，保证其连续性和稳定性；执行村规民约要坚持说服教育，不能以命令或惩罚代替。

二是发挥村民参与性。邀请村民代表参与村规民约制定，发挥民主权利；定期开展评议活动，听取村民对执行情况的意见建议；鼓励村民参与村规民约的宣传、解释、执行工作；建立村民举报机制，举报违规行为，共同维护村规权威。

三是加强制度建设。将村规民约纳入村规章执行和监督机构职责中；建立健全违规行为报告、调查、处理等工作制度；明确规章修订程序和修改机制，保证适应新情况；制定配套激励措施，形成村规民约执行的正向机制。

四是开展宣传教育。利用墙报、广播、网络等方式，扩大宣传覆盖面；采取易懂形式，宣传村规民约的重要意义；定期开展宣传活动，营造浓厚氛围；针对青少年、新入村人员，强化法治观念教育；表彰先进，设置典型，引导广大村民主动遵守村规民约。

三、基层民主协商

基层民主协商是乡村治理过程中的重要组成部分，它能够促进乡村治理的民主化和规范化，保障村民的合法权益，推进乡村经济和社会发展。大理州应积极推进基层民主协商，充分利用村（居）民议事会、小区协商、业主协商、党员之家、青年妇女之家等阵地资源，定期开展灵活多样的协商活动，同时，要充分利用网络平台、微信群等开展网上协商活动，以最大限度消除乡村不和谐因素。

村（居）民议事会是基层民主协商的重要形式之一，它可以为村（居）民提供一个讨论问题、解决问题的平台，让他们更好地参与到村（居）民自治和管理中来。小区协商是城市基层民主协商的一种形式，它可以为小区业主提供一个讨论小区事务、解决小区问题的平台。业主协商是商业地产基层民主协商的一种形式，它可以为业主提供一个讨论商业地产事务、解决商业地产问题的平台。党员之家、青年妇女之家是社区基层民主协商的有效形式，其可以为社区居民提供一个讨论社区事务、解决社区问题的平台。网络平台、微信群是基层民主协商的新形式，它可以为居民提供一个在线讨论、协商的平台，方便快捷。

在民主协商过程中，要尊重村民的意见和建议，协商的事项应该具有代表性，要充分听取群众的意见和建议，协商的决策应该是民主的、公正的、透明的，不能让少数人的利益占据主导，同时要将协商的建议和决策落实到实际工作中去。

四、强化群众自治

强化群众自治是乡村治理过程中的重要目标和措施，它能够增强村民的民主意识和自治精神，推进乡村治理的法治化和规范化，促进乡村经济和社会的全面发展。大理州要做好规范基层群众性自治组织的相关工作，比如，出具组织证明、成员资格身份证明以及相关的建设规划许可的意见；尊重村民的主体地位和参与权利；建立健全相关制度等，不断提升基层社会治理水平和能力。

出具组织证明、成员资格身份证明以及相关的建设规划许可的意见等，可以确保组织的合法性和规范性，使组织能够更好地履行职能和服务群众。同时，这些证明和意见也可以提高组织的社会信誉度，为组织争取更多的资源和支持。

在推进基层群众性自治组织的规范化工作中，应该充分尊重村民的主体地位和参与权利。村民自治组织应由村民自主组建和管理，自治组织应代表村民的利益，发挥村民的主体作用。应加强村民自治组织的培训和指导，提高村民自治组织的管理能力和水平，让村民能够更好地参与到村务管理和决策中来。

为了提高基层社会治理水平和能力，需要建立健全村民自治组织和制度。这些组织和制度可以为村务管理和决策提供规范化的保障，使村民自治更加有序、高效。可以加强村务公开和信息公开，让村民了解村务管理和决策的相关信息，增强村民的参与意识和主动性。同时，大理州也可以加强村务管理和决策的监督和评估，确保村民自治组织和制度的有效运行。

第四节 坚持以村民共同富裕为治理动力

村民共同富裕是乡村治理的重要目标和任务，它是指通过促进农村经济发展，增加村民收入，提高村民生活水平，实现村民共同富裕的目标。村民共同富裕是中国特色社会主义事业的重要组成部分，是建设美丽乡村和实现乡村振兴的必然要求。大理州在乡村治理过程中应注重发展壮大村级集体经济，大力发展民族特色产业，以此为重点推进共同富裕。

一、发展壮大村级集体经济

发展壮大村级集体经济是乡村治理和乡村振兴过程中的重要任务，它需要发挥村集体资源优势，加强村级集体经济的管理，加强村级集体经济的产业发展，提高经济效益，加强村级集体经济的社会服务功能，提高村民生活水平。大理州要把发展壮大村级集体经济作为加强基层组织、夯实执政基础、推动共同富裕的着力点。目前，大理州已经将发展壮大村级集体经济作为"一把手工程"纳入党委（党组）书记抓基层党建工作述职评议考核、年度党建考核的重要内容。全州各级党组织聚焦发展目标，全力推动村级集体经济迈上新台阶。发展壮大村级集体经济需要加强政策引导和资金支持，建立健全的村级集体经济组织，发挥市场的作用，促进村级集体经济的发展和壮大，为推进乡村振兴和建设美丽乡村提供有力支持。目前，云南省大理州正在从发展壮大村级集体经济入手，因地制宜，努力走出一条项目化、产业化、特色化、组织化的村级集体经济发展新路径。

二、大力发展民族特色产业

发展民族特色产业是推动民族地区实现共同富裕的重要途径。大理州有汉族、白族、彝族、回族、傈僳族、苗族、纳西族、壮族、藏族、布朗族、拉祜族、阿昌族、傣族十三个世居民族。作为多民族聚集的地区，大理州应继续坚持"各民族都是一家人，一家人都要过上好日子"的信念，在深入分析各族群众的具体需求、不同地区实际情况的基础上，突出区域化和精准性政策支持，大力发展民族特色产业。具体来说，大理州应从以下几个方面持续发力。

民族地区具有独特的民族文化，大理州可以通过发展民族文化创意产业、民族手工艺品制造业等产业来推动当地的经济发展；还可以通过开发民族特色旅游，如充分利用蝴蝶泉、苍山、洱海、大理古城旅游资源发展旅游业，吸引更多的游客来到这些地区，促进当地的旅游业发展。民族地区的地理环境和资源条件各不相同，大理州要因地制宜地发展当地的优势产业，如极具地方民族特色的核桃仁、核桃果、夏威夷果和核桃油等农产品加工销售及新产品开发；涉及民族工艺、医药、建筑、食品、农资种业、肉食品加工等行业的民族特色产业等。政府方面可以通过制定相关政策和规划，加大对民族地区的资金投入和扶持力度，鼓励和引导当地企业和群众积极参与到民族特色产业的发展中来。在大力发展民族特色产业的同时，大理州也需要注重推动当地产业的升级和转型，引进新的技术和产业，提高当地产业的水平和竞争力。

第五节　完善创新乡村现代化自治能力

乡村现代化自治能力是指乡村地区在推进现代化发展过程中，具备自我管理、自我决策和自我服务的能力。它强调乡村居民通过参与决策、管理和服务，发挥主体作用，实现乡村的自主发展和自我完善。完善创新乡村现代化自治能力对于乡村的发展、社区凝聚力、文化保护和治理效能具有重要意义。通过提升现代化自治能力，乡村可以更好地规划和实施发展战略，激发乡村内部的创新创业活力，推动农村产业结构优化升级，促进农民增收；培养和激发乡村居民的参与意识和主体性，促进社区居民的团结合作和共同发展；使乡村在现代化进程中保持其独特的文化风貌和自然生态，实现经济发展与生态环境的良性互动；更好地解决乡村治理中的复杂问题和矛盾，提高决策的科学性和决策的执行力，推动乡村治理的现代化和精细化。

完善创新乡村现代化自治能力的关键是提升乡村治理能力现代化水平。在这方面，大理州漾濞县彝族自治县平坡镇就是一个例子。该镇采取"党支部＋龙头企业（公司）＋合作社＋金融服务＋农户"的模式，打通基层服务的堵点、卡点、难点，让群众获得感成色更足、幸福感更可持续、安全感更有保障，提升乡村治理能力现代化水平。平坡镇的做法可以说是大理州今后完善创新乡村现代化自治能力的一个可树典型。大理州应在自治能力、创新能力、政策支持和资金投入等方面多措并举提升乡村治理能力和水平。

一、加强自治能力建设

加强自治能力建设可以促进民主参与、推动乡村发展、加强社区凝聚力和提高治理效能。通过自治能力建设，大理州乡村居民能够更好地参与决策和管理，实现乡村自治的目标，推动乡村社会主义现代化建设。为此，大理州要大力推进农村基层管理体制改革，建立健全乡村自治机制，提高农民的参与度和自治能力，提升乡村治理水平。通过完善村级组织设置和职责分工，优化基层管理体制。例如，推行村级委员会、村民代表大会等制度，明确基层组织的权责和职能，提高决策的科学性和民主性。此外，还可以推动村级干部选拔任用制度改革，注重选拔具备专业能力和良好服务意识的干部，提高基层管理的水平和效能。

依法建立健全乡村自治机制，为农村居民提供更多的自治权利和自主管理空间。通过制定乡村自治章程、村规民约等，明确乡村自治的原则和程序，推动农村居民依法参与决策、管理和监督。自治机制的建立还需要建立健全农村法律法规体系，加强对农村自治的法治保障，确保农村自治的合法性和稳定性。通过加强对农民的培训和教育，提高农民的参与度和自治能力。开展农民自治意识和法治意识的宣传教育，增强农民对乡村治理的认同感和责任感。此外，还可以组织农民参与乡村事务的培训和学习，提升其管理和组织能力。通过这些措施，可以激发农民的积极性和创造力，推动乡村治理水平的提升。

二、加强创新能力建设

加强乡村自治的创新能力建设可以推动农村技术创新和产业创新。创新是乡村现代化的重要动力，要加强农村技术创新和产业创新，促进农村经济的升级和转型。大理州这方面的例子也有不少，总的来说，是在加强科技人才队伍建设、加强科技创新平台建设、加强科技成果转化等方面来推动农村技术创新和产业创新。

加强科技人才队伍建设是推动农村技术创新的重要保障。大理州应通过设立科研项目、引进高水平科研人员、培养本土科技人才等措施，吸引和培养一批专业的农业科技人才。这些人才可以为农村技术创新提供支持和指导，推动科技成果的转化和应用，推动农村产业的创新发展。建设科技创新平台是促进农村技术创新和产业创新的关键。大理州可以建立农业科技示范基地、农业科技园区、科技企业孵化器等创新平台，提供创新的场所和设施，搭建科技人才与农民、农业企业之间的合作桥梁。这些平台可以提供技术研发、推广示范、培训指导等支持，促进农村技术创新和产业创新的融合发展。

加强科技成果的转化是将科研成果应用于实际生产的关键环节。大理州需要建立科技成果转化机制，加强科技成果的宣传推广，引导农民和农业企业积极采用先进的农业技术和科技产品。政府可以提供政策支持和资金扶持，鼓励科技成果转化的项目和企业，推动科技创新与农业产业的深度融合。通过加强科技人才队伍建设、科技创新平台建设、科技成果转化和合作创新与交流，大理州可以为农村技术创新和产业创新提供良好的支持和环境。这将有助于推动农村经济的发展，提高农业生产效益，促进农民增收，实现农村可持续发展的目标。

三、加强政策支持和资金投入

加强政策支持和资金投入可以为创新乡村现代化自治能力提供有力保障。大理州可以通过政府制定相关政策和规划，加大对乡村自治能力和创新能力的支持力度，鼓励和引导乡村社会组织和企业积极参与到乡村现代化建设中来。以下是一些具体措施供参考。

第一，制定专门的政策和规划文件，明确支持乡村自治能力和创新能力提升的目标、措施和时间表。这些政策和规划可以涉及财政扶持、政策激励、资源倾斜等方面，为乡村社会组织和企业提供有力支持。

第二，通过财政资金的投入，支持乡村自治和创新的项目和活动。设立专项资金，用于乡村自治能力和创新能力的培育和发展。此外，建立奖励机制，对在乡村自治和创新方面取得显著成效的组织和个人予以表彰和奖励。

第三，提供培训和咨询服务，帮助乡村社会组织和企业提升自身的自治和创新能力。可以开展相关培训课程，涵盖管理能力、组织发展、创新思维等方面的内容。同时，设立咨询服务机构或平台，为乡村组织和企业提供专业的咨询和指导，帮助其解决实际问题。

第四，搭建乡村自治和创新的合作平台，促进各方之间的交流与合作。可以组织乡村论坛、交流会议等活动，让乡村社会组织、企业、专家学者等能够分享经验、互相学习，共同推动乡村现代化建设。

第五，加强对乡村自治和创新的服务和监督，为乡村社会组织和企业提供便捷的政务服务，解决实际问题。同时，建立健全的监督机制，确保政策和资金的有效使用，防止滥用和浪费现象的发生。

第四章 大理州坚持群众自治，催化"三治融合"

　　大理州坚持通过群众自治来推动"三治融合"，为此不断夯实基层自治基础立足点，建立健全群众参与机制，推行民事民议、民事民办、民事民管的治理方式，通过基层自治激发经济发展活力，构筑共建共治共享的社会治理格局。

第一节　夯实基层自治基础立足点

　　夯实自治基础立足点是提高社会治理效果的关键。通过加强农村居民的自主决策能力、社会组织的参与和服务能力，以及社区凝聚力和自治意识的培育，可以推动乡村治理的改善和乡村发展的提升。同时，夯实自治基础也有助于保障农民的权益和增强他们的参与意识，实现乡村社会的稳定和可持续发展。大理州在坚持通过群众自治来推动"三治融合"的过程中，注重通过乡村党建来强化基层自治，不断夯实基层自治基础立足点。

一、利用地方红色基因，实现党建引领基层治理

　　地方红色基因是指在某个地方，由于历史上的革命斗争、建设发展等方面的原因，形成了一种独特的红色文化和红色传统，具有强烈的地方特色和历史文化价值。利用地方红色基因实现党建引领基层治理是当前推进乡村振

兴、加强基层党建工作的重要任务。具体路径和方法可以从以下几个方面来考虑。

一是挖掘地方红色基因，弘扬优秀传统文化。地方红色基因是指地方特有的革命历史、优秀革命传统和党的优良传统等。发挥地方红色基因的作用，可以增强基层党组织的凝聚力和向心力，促进基层治理的有效开展。可以通过开展红色文化宣传教育、红色主题活动、组织党员参观革命遗址等方式，挖掘和弘扬地方红色基因，增强党员干部的红色意识和责任感，推动基层治理工作的深入开展。

二是加强党建引领，促进基层治理的规范化和科学化。党建引领是推进基层治理现代化的重要保证。可以通过建立健全基层党组织的工作机制，加强党员干部的培训和学习，推进基层治理的规范化和科学化。同时，加强党组织对村级组织和社区组织的领导，形成党建引领基层治理的工作格局，加强组织协调和协作，推动基层治理工作的有序开展。

三是加强社区治理，发挥社区治理的作用。社区治理是基层治理的重要组成部分。可以通过建立健全社区治理组织机制，加强社区干部队伍建设，推进社区治理的规范化和科学化。同时，加强社区与村级组织、政府部门和社会组织等的协作，形成多元化的社区治理格局，发挥社区治理的作用，推动基层治理工作的有序开展。

四是建立健全基层民主制度，促进群众参与基层治理。基层民主制度是基层治理的重要保障。可以通过建立健全村民议事会、村民代表大会等基层民主制度，增强群众参与基层治理的意识和能力，推动基层治理工作的有序开展。

大理州祥云县刘厂镇努力打造"红色祥云"党建品牌，注重通过党建工作打造基层治理红色引擎。不仅提升了基层治理水平，也为全国其他地区的基层社会治理提供了有益的借鉴和参考。

第一，强化领导，压实责任。刘厂镇党委认为基层党建是乡村自治的关键所在，始终将打基础、抓基层作为最大的政绩。为此，镇党委采取了一系列措施来加强组织领导，压实责任链条。一是成立了党建工作领导小组，由党委书记担任组长，其他党委成员担任成员，负责统筹协调全镇党建工作。二是出台了《2022年刘厂镇基层党建工作实施方案》，明确了各村党组织书记、村委会主任、第一书记、驻村工作队队长等村级干部的党建职责，形成了"党建工作有人抓、党建工作有人管"的工作格局。三是定期组织开展党建工作督导检查，及时发现和解决基层党建工作中存在的问题，确保各项工作落到实处。这些措施的实施，为刘厂镇基层党建工作提供了有力保障，极大地提升了基层党组织的凝聚力和战斗力。

第二，党建引领，强化治理。刘厂镇深入贯彻落实党建引领，将其作为基层社会治理的重中之重，不断强化基层治理体系和治理能力建设，以实现基层治理的高效化和现代化。一是完善基层治理体系，按照"党建引领、自治为基、法治保障、德治滋润"的思路，建立了村委会、自然村理事会和农户的三级治理平台，形成了党委、政府、村民、社会共同参与的基层治理格局。二是强化基层治理能力，坚持党建引领基层治理，推动各村党组织切实履行主体责任，全面提升基层治理水平。三是加强基层治理保障，加大对基层治理的资金投入，改善基层治理基础设施，为基层治理提供有力保障。这些措施的实施，为刘厂镇基层治理提供了有力保障，提升了基层治理的现代化和高效化水平。

第三，创新方法，打造品牌。刘厂镇党委始终坚持创新工作方法，打造党建品牌，不断增强基层党组织的凝聚力和战斗力，以更好地服务人民群众。一是以"党建+"基层社会治理零距离模式为抓手，打造"红色党建"品牌，提升党建工作的影响力和效果。二是探索建立"党员中心户"联系服务群众的有效机制。这一试点活动，旨在更加深入地了解和服务群众的需求，更好地发挥党员的先锋模范作用。三是以"党建+"美丽乡村建设为抓手，提升基层党组织的凝聚力和战斗力。这一措施旨在将党建工作与美丽乡村建设相结合，更好地服务人民群众，同时也为基层党组织的发展提供了新的思路和路径。这些措施的实施，为刘厂镇的基层党建工作注入了新的活力和动力，增强了基层党组织的凝聚力和战斗力，更好地提升了基层社会治理的水平。

第四，宣传引导，营造氛围。刘厂镇党委将加强宣传引导，营造良好氛围，作为增强全镇上下的党建意识的重要途径。为此，镇党委采取了一系列措施，以提高党建工作的关注度和认知度。一是利用各类媒体广泛宣传党建工作，营造浓厚的党建氛围。通过报纸、电视、网络等多种渠道，宣传基层党建工作的成果和亮点，让更多的人了解和关注基层党建工作。二是组织开展各类党建活动，激发党员干部干事创业的热情。通过各种形式的活动，如主题党日、党员互动交流、志愿服务等，激发党员干部的工作热情和创新意识，增强党员的党性观念和责任意识。三是发挥基层党组织的战斗堡垒作用，积极引导群众参与基层治理，形成共建共治共享的良好局面。通过开展村民议事会、村民代表大会等形式，让广大群众参与基层治理，发挥各自的智慧和力量，形成共建共治共享的良好局面。这些措施的实施，为刘厂镇党建工作注入了新的活力和动力，增强了全镇上下的党建意识。

地处刘厂镇东南的王家庄社区是云南籍第一位中共党员王复生、中共云南省委首任省委书记王德三的故乡，被称为"云岭初心始发地"，先后被评为"全国文明村""中国传统村落""中国美丽乡村百佳范例""优秀红色旅游乡村""省级美丽乡村""云南省先进基层党组织"。王家庄以铸牢中华民族共同体意识为主线，将民族团结进步示范创建工作融入社区工作全局，通过打好暖色服务、红色文化、绿色经济"三张牌"，将王家庄建成彩云大地的和谐之村、幸福之村、团结之村、美丽之村，实现共建共治共融共享。

第一，打好"暖色服务牌"。王家庄社区充分发挥基层党组织的战斗堡垒作用，完善网格化服务体系，坚持示范引领、以点带面，推动实现共建共治、共融共享。一是强化党建引领。构建党总支书记挂包片、"两委"成员挂包组、党员挂包户的三级挂包联系网络，积极参与矛盾纠纷调处工作，实现"小事不出村，大事不出镇，矛盾不上交"。发挥党员先锋示范作用。为 10 个"党员先锋户"挂牌，深入开展党员"四做"行动（做服务群众贴心人、做发展致富带头人、做移风易俗示范人、做遵纪守法引领人），推动民族团结进步各项工作健康发展。① 二是强化示范带动。用榜样的力量引导社区各民族和睦相处、和谐发展，营造民族团结进步创先争优的大环境。组织文化活动 30 余场，评选出民族团结进步示范户 34 户。三是强化设施保障。投入资金 2 亿余元，实施村庄"绿化、美化、净化、亮化、硬化"工程，社会民生事业不断进步。② 各族群众的获得感、幸福感、安全感持续增强。四是强化基层治理。以"七字歌"形式修订完善村规民约，将铸牢中华民族共同体意识纳入其中。不断加强民主管理，严格执行每月基层治理联席会议事制度，坚持集体议事决策，党务、政务、财务公开，全面提升村民自治水平。多年来，各民族守望相助、和睦亲邻，社区治安良好，多年保持"零上访"纪录。

第二，打好"红色文化牌"。王家庄社区始终坚持把红色文化作为凝聚人心、增进团结的有效载体，传承红色基因，弘扬红色文化，不断增强各族群众的文化认同、情感认同和价值认同。一是打造红色文化阵地。以党群服务中心为阵地，设立"红石榴"服务窗口和 140 个党员先锋岗，打造王家庄"三包四做三共"党建促民族团结进步特色品牌，不断增进党员干部与群众的血肉联系，推动形成人人珍惜民族团结、人人维护民族团结的良好氛围。二是开展红色文化活动。组织开展"党史学习教育""红色文化进万家""民族

① 云南网－云南法制 . 立规定约打造基层社会治理"王家庄样板"［EB/OL］.（2020-08-05）［2023-09-18］. https://news.yunnan.cn/system/2020/08/05/030859749.shtml.

② 云南网－云南法制 . 立规定约打造基层社会治理"王家庄样板"［EB/OL］.（2020-08-05）［2023-09-14］. https://news.yunnan.cn/system/2020/08/05/030859749.shtml.

团结一家亲"等活动，引导各族群众传承红色基因，弘扬红色文化，不断增强各族群众的文化认同、情感认同和价值认同。三是加强红色文化研究。成立红色文化研究会，组织开展红色文化研究，挖掘红色文化内涵，讲好红色故事，让红色文化绽放时代光芒。

第三，打好"绿色经济牌"。王家庄社区立足资源优势，坚持绿色发展理念，大力发展生态农业、休闲农业、观光农业，不断壮大村集体经济，为乡村振兴提供有力支撑。一是发展生态农业。以"一村一品"为抓手，大力发展生态农业，种植优质水稻、蔬菜、花卉等农产品，形成了以"西瓜、蔬菜、花卉"为主导的特色农业产业体系。二是发展休闲农业。依托良好的生态环境，发展休闲农业，打造了"王家庄休闲农庄""王家庄花海"等一批休闲农业项目，吸引了大批游客前来观光休闲，带动了农民增收。三是发展观光农业。依托独特的自然风光，发展观光农业，打造了"王家庄红色文化园""王家庄民族团结园"等一批观光农业项目，吸引了大批游客前来观光休闲，带动了农民增收。

通过打好暖色服务、红色文化、绿色经济"三张牌"，王家庄社区各项事业蓬勃发展，社会和谐稳定，民族团结进步成效显著，群众获得感、幸福感、安全感不断增强。由刘厂镇王家庄社区的实践可知，利用地方红色基因实现党建引领基层治理，是推动基层治理现代化、加强基层党建工作、促进乡村振兴和实现全面建设社会主义现代化国家的重要途径和手段。具体来说，其作用和意义在于以下几个方面。

首先，地方红色基因是中国共产党在中国革命、建设和改革过程中留下的宝贵精神财富。这些基因包括革命精神、奋斗精神、创新精神、艰苦奋斗精神等，是中国共产党坚持马克思主义、始终保持先进性和革命性的重要标志。其次，基层治理是实现全面建设社会主义现代化国家的重要任务之一。而地方红色基因正是中国共产党在基层组织建设和基层治理实践中形成和传承的宝贵经验，对于提高基层治理效能、推动乡村振兴和实现全面建设社会主义现代化国家具有重要的意义。最后，通过利用地方红色基因实现党建引领基层治理，可以更好地发挥党组织的领导和组织优势，加强基层党建工作，推动基层治理工作的深入开展。这不仅可以提高基层治理的质量和效率，还可以增强基层党组织的凝聚力和战斗力，为实现全面建设社会主义现代化国家和乡村振兴战略提供有力支持。

二、乡村自治的"党建+"机制，让基层自治更有效

乡村自治的"党建+"机制，是指在乡村自治中，通过加强党的领导和建设，将党的优良传统和先进经验运用到乡村自治中的一种机制。党建是指以党的思想政治工作为核心，贯穿于党的各项建设工作中的一种工作方式。

作为提升基层自治能力的必要条件，"党建+"机制要注重将党建工作与其他工作有机结合，发挥党建工作的引领和支撑作用，形成协同效应，推进乡村自治。"党建+"机制的具体实施方式包括：一是以党建为引领，推动乡村自治工作的整体发展。党组织要充分发挥自身的政治优势和组织优势，通过制定乡村自治规划和工作计划，指导各项工作的实施，确保各项工作有序推进。二是发挥党员干部的带头作用，推动乡村自治的深入开展。作为党员干部，必须以身作则，带头履行职责，积极参与乡村自治工作，充分发挥示范带动作用，帮助推动乡村自治工作的顺利开展。三是加强党员队伍建设，提高党员的思想觉悟和工作能力。通过开展各种形式的培训和学习，提高党员的思想政治素质和业务水平，使其更好地为乡村自治工作服务。

大理州宾川县鸡足山镇党委围绕高质量党建推动高质量发展，以总结提炼脱贫攻坚、疫情防控、民族团结进步创建等各项工作经验成效为基础，通过"党建+"六大机制，不断提升制度建设，把制度优势更好地转化为治理

效能。通过"党建＋产业发展"基地，实现了产业高质量发展、集体经济和群众收入大幅提升以及基层党建作用全面发挥。通过"党建＋便民服务"机制，全面打通了服务群众"最后一公里"。通过"党建＋数字化服务"机制，实现了党务政务服务、政策宣传、民情反馈、工作监督等数字化、信息化。[①]通过"党建＋红黑榜激励"机制，推进了党员管理和重点工作的落实。通过"党建＋队伍建设"机制，发挥了党员的模范带头作用。通过"党建＋网格化管理"机制，形成了自上而下的四级网格化管理体系，有力推动了基层治理。

鸡足山镇党委的"党建＋"六大机制实践证明，通过"党建＋"机制，可以充分发挥党组织的领导和统筹能力，协调各方力量，形成合力，推动乡村自治工作的整体发展；可以发挥党员干部的带头作用，形成良好的乡村自治氛围，提高乡村自治的质量和效益，为乡村振兴提供有力支撑；可以提高党员的思想觉悟和工作能力，推动党员队伍不断发展壮大，为乡村自治提供有力支持。

综上所述，在乡村自治中，党的领导和建设起着重要作用。一是维护国家政治稳定。在乡村自治中，党的领导和建设可以有效维护国家政治稳定。党的领导可以确保国家政策的贯彻和执行，保障社会的和谐稳定。同时，党的建设可以提高党员的思想觉悟和政治素质，增强党员的责任感和使命感，推动乡村自治工作的有序开展，维护国家政治稳定。二是推进乡村发展。在乡村自治中，党的组织和领导可以统筹协调各方力量，形成整合资源的合力，推动乡村自治工作的顺利开展。党的建设可以推动乡村自治工作的有序开展。党的领导和建设可以激发乡村自治的活力，推动乡村资源的合理利用，促进乡村治理和乡村经济的发展。三是加强基层组织建设。在乡村自治中，党的领导和建设可以加强基层组织建设，可以促进基层组织的规范化和科学化。党

---

① 孙娜.新发展阶段山东省 B 市 H 县乡村数字化治理问题研究［D］.大连：东北财经大学，2023.

的领导可以确保基层政府和组织的工作质量，推进基层组织建设。党的建设可以推动基层组织建设的有序开展。四是推动乡村治理现代化。在乡村自治中，党的领导和建设可以推动乡村治理现代化。党的领导和建设可以促进乡村治理的规范化和科学化，提高治理效率和质量，增强社区凝聚力和发展动力。

三、只有党建引领，才能有效开展乡村基层自治工作

党组织是乡村自治的核心和领导者，具有强大的组织力、凝聚力和战斗力。在乡村基层自治工作中，充分发挥党建引领作用是非常重要的。党建工作可以带动基层自治工作的开展，推动乡村社会治理的现代化和科学化。

那如何充分发挥党建引领作用？第一，充分发挥党建引领作用，要坚持党建引领，加强基层党组织建设。[①] 可以通过建立健全党组织和群众自治组织之间的联系机制，加强党组织对乡村自治工作的指导，推动基层自治工作的创新和发展。第二，加强党员队伍建设，提高党员的素质水平。可以通过开展党员培训、组织党员学习、开展组织生活等方式，提高党员的思想政治素质和工作能力，增强党员的服务意识和责任意识，为乡村基层自治工作提供有力支持。第三，推动党建工作与乡村自治相结合。可以通过制定党建工作与乡村自治的整体规划，推动党建工作与乡村自治相互促进、相互支持，实现共同发展。同时，也可以通过党组织参与乡村自治工作，发挥党组织在乡村自治中的引领作用，促进治理工作的科学化和规范化。第四，推广先进经验和典型案例。可以通过宣传先进经验和典型案例，激发广大党员和群众的学习和创新意识，推动乡村基层自治工作的创新和发展。同时，也可以通过评选表彰、宣传报道等方式，提高党员和群众参与的积极性和主动性。

大理州南涧县公郎镇回营村党组织充分发挥政治核心作用，坚持党建引

---

① 陶冶华.中国特色社会主义基层社会治理的制度—效能转化研究［D］.南昌：南昌大学，2023.

领，积极开展乡村基层自治工作，取得明显成效。一是建强基层组织，全面从严治党。组织党员学习贯彻上级决策部署，利用信息技术拓宽学习面。投资改造活动室，加强组织保障。开展主题教育，发动党员清扫卫生、开展爱心帮扶，办实事 105 件，提高党组织凝聚力和战斗力。[①] 二是统筹资源建设美丽乡村。利用各种项目和措施，改善人居环境。发动多方力量参与村容整治，弘扬社会风尚。推进法治德治建设，共建美丽乡村。三是抓党建促进宗教治理。成立工作领导小组，制定方案和制度。开展理论学习和培训，提高宗教管理能力。建立管理网格，实施看管制度，推进工作落实。传播正能量，推动民族团结。四是抓党建促进社会稳定。成立维稳领导小组，党支部书记亲自抓信访工作。加强法规政策宣传，提高知晓率。摸排不稳定因素，对重点人员落实包保责任。积极化解历史遗留问题，确保社会和谐稳定。

回营村的实践告诉我们，在党建引领下开展乡村基层治理工作具有重要的作用和意义。一是加强基层党建工作，提升基层治理质量和效能。在乡村基层治理中，党组织作为领导核心，充分发挥党员干部的先锋模范作用，引领乡村自治工作全面发展。通过开展各种形式的党建活动和培训，提高党员干部的业务水平和素质，推动基层治理工作的深入开展，提高基层治理的质量和效能。二是推动乡村振兴和农村现代化。在党建引领下开展乡村基层治理工作，可以推动乡村振兴和农村现代化。通过制定乡村振兴和农村现代化规划，统筹协调各项工作，发挥党员干部的带头作用，使各项政策和措施真正落到实处。三是增强基层组织的凝聚力和战斗力。党建引领乡村基层治理工作，可以增强基层党组织的凝聚力和战斗力。通过开展各种形式的党建活动，提高党员干部的思想觉悟和工作能力，增强党员队伍的战斗力，为乡村

---

① 云南网. 南涧县公郎镇回营村：党建扶贫双推进［EB/OL］.（2018-12-24）［2023-09-16］. https://minzu.yunnan.cn/system/2018/12/24/030162437.shtml.

自治工作提供有力支持。四是增强社会稳定和民生福祉。在党建引领下开展乡村基层治理工作，可以增强社会稳定和民生福祉。通过党组织的领导和组织优势，加强各种社会组织和力量的协调，推进基层治理工作落地生根，为农民提供更好的公共服务和社会保障，增强社会稳定和民生福祉。

第二节　建立健全群众参与机制

自治的关键是建立健全的群众参与机制，以便乡村群众能够参与决策、监督和管理。这种参与机制可以采用多种形式。群众参与是指广泛动员和组织农村居民参与农村治理和公共事务的决策、实施和监督过程，使他们能够参与到农村事务的决策制定、管理运行和公共服务中来。群众参与机制需要建章立制，建立有效的信息沟通渠道，以确保居民了解政策和规划，并能够及时反馈他们的需求和意见。大理州坚持群众自治，各地积极落实州政府群众自治精神，注重利用各方力量参与乡村自治过程中的各方面工作，取得了显而易见的效果。

一、群众参与乡村环境卫生建设的"义务工"模式

环境卫生是乡村自治中的重要组成部分，它关系到乡村居民的生活环境和健康状况，也关系到乡村整体形象和发展潜力。只有加强对乡村环境卫生工作的重视和投入，才能保障乡村居民的健康和生活质量，提高乡村整体形象和发展潜力。在这之中，"义务工"模式特别值得提倡。"义务工"模式是指在乡村自治中，通过调动和组织广大群众参与到基层治理工作中来，发挥群众的积极性和创造性，提高基层治理工作的效率和效果的一种乡村社区治理模式。作为一种基于群众自愿参与、自我管理、自我监督的社区治理模式，

"义务工"模式对于促进乡村社会的和谐稳定和可持续发展具有重要作用。

乡村自治过程中"义务工"模式的制定和实施，应采取以下策略和方法。一是制定明确的法律法规，规范义务工制度的实施。法律法规可以明确义务工的参与主体、义务工的内容和范围、义务工的奖励机制和惩罚措施等，确保义务工制度的顺利运作。二是开展宣传教育。宣传教育可以通过多种形式进行，如政策宣传、宣传册子、宣传视频等，让群众了解义务工制度的意义和作用，激发他们的参与意愿。三是落实奖惩机制，鼓励群众参与义务工。奖励机制可以包括物质奖励和非物质奖励，如嘉奖、表彰、荣誉称号等。同时，也要建立惩罚机制，对违反义务工制度的行为进行惩罚和监督。四是加强组织管理，确保义务工制度的顺利实施。组织管理可以包括义务工队伍的组建和管理、义务工活动的组织和协调、义务工成果的评估和反馈等，提高义务工制度的管理水平和效率。

大理州鹤庆县西邑镇的每个村庄都活跃着一支义务工队伍，堪称西邑乡村的一道道亮丽风景线。西邑镇西邑村制定的义务工制度包括如下要点：成立监督组和领导小组，监督组对义务工制度执行情况进行指导和监督，领导小组负责组织和实施；实行户为单位的投工投劳制度。有劳动能力的村民必须参与，外出村民可以委托代工或以资金抵工；义务工时间灵活，内容丰富，形式多样，每年固定 7 天义工日外，还可根据需要弹性安排；建立考核机制，每月记录出工情况，每半年公示出工成效，将义工融入习惯；登记出工情况，如有异议可以核对，拒绝参与者处以经济处罚，取消集体收益分配；村干部要发挥表率作用，与村民共同参与；把义务工写入村规民约，形成人人参与的局面，增强主人翁意识；安置公益性岗位，落实考勤考核制度。

西邑村义务工制度的实施，在改善人居环境、提升村民群众的主人翁意识和自治水平等方面，取得了显著成效，可以为其他地方提供借鉴和参考。在乡村自治中，通过政府引导、群众参与的方式，让群众更好地参与农村治理，提升了群众的自治水平和主人翁意识，同时也改善了农村人居环境，推动了美丽乡村建设。希望类似的措施能够在更多的地方推广，让农村治理变得更加民主、透明、有效。

事实证明，通过"义务工"模式，一是可以有效地调动群众的积极性和主动性，让他们参与到环境卫生建设中来，共同打造美丽乡村。群众通过自愿参与、自我管理、自我监督的方式，保持乡村环境的整洁和卫生，提高了乡村环境卫生水平。二是可以增强居民之间的交流和互动，促进社区凝聚力的形成。同时，让群众参与到环境卫生建设中来，也能增强群众的自治意识，增强他们的责任意识和法治意识。三是可以促进社区的和谐发展。在环境卫生建设中，群众可以发挥各自的特长和优势，形成合作共赢的局面。这不仅可以提高环境卫生水平，还可以促进社区的和谐发展。四是可以增强社区的可持续发展。自愿参与、自我管理、自我监督不仅可以提高环境卫生水平，还可以减少环境污染和生态破坏，为社区的可持续发展提供了保障。

二、群众参与人居环境建设的"美丽庭院"创建活动

人居环境建设是乡村自治中的重要组成部分。在乡村自治过程中，应充分发挥群众的积极性和创造性，让广大农村居民参与到人居环境建设中来，共同推进乡村自治工作的开展。通过让群众参与到人居环境建设中来，可以发挥群众的积极性和创造性，推动人居环境建设工作的顺利开展，提高基层治理工作的效率和效果；可以增强基层组织的凝聚力和战斗力，提高组织的组织能力和应变能力。

在改善乡村环境卫生和提升乡村美化的过程中，创建"美丽庭院"活动是一种非常有效的方式。开展"美丽庭院"创建活动，首先需要进行广泛的宣传和引导，让居民了解活动的意义和作用。可以通过多种途径进行宣传，

如张贴宣传海报、发放宣传材料、开展宣传活动等，让居民了解活动内容、要求和奖励措施，激发他们的参与热情。在宣传引导的基础上，需要制定规划方案，明确"美丽庭院"活动的标准和要求。规划方案可以包括庭院设计的要求、绿化植被的种植、废弃物处理等方面的内容。规划方案要具有可操作性和可实施性，方便居民参与和实施。在制定规划方案的基础上，需要开展技术培训，提高居民的技术素质。技术培训可以包括绿化植被种植技术、庭院设计技巧、废弃物处理方法等方面的内容，让居民掌握相关技能，提高庭院美化的水平。在活动过程中，需要实施相应的奖惩措施，激发居民的积极性和主动性。奖励可以包括表彰、奖金、荣誉称号等，惩罚可以包括取消奖励、罚款等，让居民意识到参与活动的重要性和必要性，增强参与的积极性。活动实施过程中还需要加强管理，确保活动的效果。管理可以包括庭院建设的监督和管理、废弃物处理的监督和管理、奖励和惩罚的执行等方面的内容，确保活动的顺利实施和取得良好的效果。

大理州祥云县禾甸镇新兴苴村自提出创建"四美"绿美村庄的目标以来，全村干部和群众遵循"环境整洁美丽、院落布局舒适美丽、摆放整齐有序美丽、种植花木生态美丽、文明礼仪和谐美丽"的美丽院落建设要求，努力开展绿美村庄创建行动。新兴苴村提出的"美丽庭院"创建活动倡议书，就是该村开展绿美村庄创建行动的一个举措。倡议书包括以下要点：一是开展"家庭卫生整洁"行动。要求住房、庭院整洁干净，无畜禽养殖污秽；村民养成良好卫生习惯。实施"门前四包"责任制。二是开展"居家环境提升"行动。改造卫生厕所，达到三格化粪池标准；在院内多种花草树木，提高绿化率。三是倡导村民树立文明和谐守法理念。要互敬互爱，勤俭持家，遵纪守法，完成村里任务。四是制定实施方案和考评制度，推进创建工作。五是通过共同努力，美化环境，绿化生态，富裕群众，打造宜居美丽乡村。[①]

---

① 陈应国.祥云新兴苴村：绿美山村入画来［N］.大理日报，2023-02-22（2）.

祥云县刘厂镇的王家庄村也在积极行动。为努力打造清洁优美的农村人居环境，树立良好的精神风貌，王家庄村制定了农户门前三包责任制。一是包门前环境卫生清洁。各农户要在自己的责任范围内保持无纸屑、无烟蒂、无瓜果皮核、无污水、无乱倒垃圾，做到把清扫的垃圾及时倒入定点的垃圾箱内，确保环境卫生整洁有序。二是包门前绿化管护。各农户要在自己的责任范围内，保持绿化带无垃圾、无枯枝残叶、无擅自占用和人为破坏的树木，不得在树上乱钉、乱刻、乱挂衣物和搭建临时建筑物，不得将垃圾倒在树根底下或公共行道上。三是包门前良好秩序。各农户应维护好门前秩序，不得在门前堆放建筑材料、柴草等杂物，保持门前整齐有序。

"美丽庭院"创建活动是一种让广大农村居民参与到人居环境建设中来的重要形式，它在乡村人居环境建设中具有重要的作用和意义。一是提高乡村人居环境的整体美观度。通过"美丽庭院"创建活动，可以调动居民的积极性和主动性，提高他们对家园环境的关注和重视。通过自愿参与、自我管理、自我监督的方式，居民可以改善自家庭院的环境，提高乡村人居环境的整体美观度。二是增强居民的环保意识和文明素质。居民通过改善自家庭院的环境，学习环保知识和文明礼仪，提高自身素质，促进社区的文明建设和文化传承。三是增强社区凝聚力和自治意识。"美丽庭院"活动可以增强居民之间的交流和互动，促进社区凝聚力的形成。同时，让居民参与到庭院建设中来，也能增强居民的自治意识，增强他们的责任意识和法治意识。四是促进社区和谐发展。在庭院建设中，居民可以发挥各自的特长和优势，形成合作共赢的局面。这不仅可以提高乡村人居环境的整体美观度，还可以促进社区的和谐发展。五是推动乡村经济发展。在庭院建设中，居民可以采用本地材料和本地技术，促进本地产业的发展和壮大。同时，通过美化庭院的方式，也可以提高庭院的价值和吸引力，促进乡村旅游业的发展。

三、群众参与乡村自治，相应的制度必不可少

群众参与乡村自治是乡村自治的重要组成部分，而相应的制度则是加强乡村自治的重要手段，可以为群众参与乡村自治提供有力的保障和支持，从而推动乡村自治现代化进程的顺利开展。在群众参与乡村自治过程中加强制度建设，首先需要明确参与主体的权责义务，规范参与行为。可以通过建立参与主体的资格要求、参与程序和方式、参与结果的评估和反馈等方面的制度，明确各类参与主体的权责义务，规范参与行为，确保治理效果和效率。其次要建立奖惩机制，激发参与的积极性。奖励机制除了物质奖励，还可以包括嘉奖、表彰、荣誉称号等，也可以给予参与主体一定的权益保障，鼓励他们参与乡村自治。同时，也要建立惩罚机制，对违反治理规定的行为进行监督和处罚，提高参与的自觉性和主动性。再次要加强信息公开，保障治理的透明度。信息公开可以包括治理计划、治理行动、治理结果等方面的内容，让参与主体了解治理的进展和效果，提高治理的透明度和公信力。同时，也可以通过开展公众听证、社会评估等方式，让参与主体充分发表意见和建议，促进治理的民主化和公正性。最后要加强监督管理，保障治理的效果。监督管理可以包括治理过程的监督和管理、治理结果的评估和反馈等方面的内容，让参与主体对治理过程进行监督和反馈，确保治理的公正性、透明度和效果。

鸡足山镇沙址村通过爱心美德公益超市的形式，为参与乡村自治的村民制定了相应的制度和措施。制定积分制度，村民持积分卡可以按比例兑换生活必需品；党员经常开展走访，对村民参与公益事业情况进行考核，结果公示；明确超市工作人员职责，要遵纪守法，服务群众；制定物资发放制度，发放对象是全村农户，要公平公正公开；超市接受自愿捐赠，实行公开公正管理，接受社会监督；制定物资接收制度，鼓励单位和个人捐赠生活必需品，进行公示；建立奖励机制，激励村民参与公益事业，推进乡村振兴；通过辅助救助和管理手段，超市每周开放兑换，村两委负主要领导责任。

群众参与乡村自治过程中的制度建设具有重要意义。一是规范行为，确保治理效果。建立健全的制度可以规范群众参与乡村自治的行为，确保治理效果。制度可以明确各类参与主体的权责义务，规范参与程序和方式，保障参与主体的合法权益，从而提高治理的效率和质量。二是保障参与主体的利益，提高参与积极性。建立健全的制度可以保障参与主体的利益，提高参与积极性。制度可以明确参与主体的收益和奖励机制，鼓励群众参与乡村自治，提高他们的积极性和主动性。三是加强社会监督，提高治理的性和透明度。建立健全的制度可以加强社会监督，提高治理的公正性和透明度。制度可以明确社会监督的渠道和方式，鼓励社会各方面的力量参与到乡村自治中来，从而实现对治理过程的监督和反馈，保证治理的公正性和透明度。四是促进治理创新，提高治理效率。建立健全的制度可以促进治理创新，提高治理效率。制度可以鼓励各方面的力量参与到治理创新中来，提出新的治理理念和方法，探索新的治理模式和机制，从而提高治理的效率和质量。

第三节　民事交由民议、民办、民管

民事交由民议、民办、民管就是民事民议、民事民办、民事民管，是群众自治的显著特征。大理州为了推进群众自治，注重畅通利益诉求表达渠道，让人民群众广泛参与社会事务的决策、管理和监督，通过建立民事民议、民事民办、民事民管的乡村自治机制，促进形成多层次基层协商格局，以充分发挥群众自治的基础作用。

一、群众议事办事管事，村规民约不可少

村规民约在民事民议、民事民办、民事民管过程中具有重要作用：明确村民的权利和义务，规范村民之间的行为，为村民之间的民事民议提供有力

支持和保障，促进民事民议的顺利开展；规范村民在议事办事管事活动中的行为准则和行为规范，确保群众议事办事管事的公正、公平、合法和有序进行；为群众议事办事管事行文设立和活动提供规范，促进议事办事管事的开展与健康发展。在实践中，大理州许多地方注重加强村规民约的制定和实施，为乡村自治现代化进程的顺利开展提供有力保障。

乡村自治需要民事民议、民事民办、民事民管，而村规民约是指村民自主制定的、适用于本村的民间规范和约定，是民事民议、民事民办、民事民管的重要体现。制定与之相适应的村规民约，可以有效规范和引导村民的行为，促进乡村社会治理的现代化和科学化。

首先，需要加强村民自治意识，促进自我管理。通过加强村民自治组织建设，提高村民自治组织的组织能力和管理水平，让村民更加自觉地参与村庄治理，形成自治共治的良好局面，为制定村规民约奠定基础。

其次，要充分调研和征求意见，确保村规民约的科学性和民主性。通过开展问卷调查、召开村民代表大会等方式，了解村民的需求和意见，制定符合村民实际情况和共同利益的村规民约。同时，也要充分听取专家学者的建议和意见，确保村规民约的科学性和实用性。

再次，要突出问题导向，明确规范内容。可以通过分析村庄存在的问题和矛盾，制定与之相适应的村规民约，明确规范村民的行为和权利。例如，可以规范村民的土地流转和使用、环境保护、文明行为等方面的内容，促进村庄的和谐稳定和可持续发展。

最后，要建立健全实施机制，保障村规民约的落实。可以通过建立村规民约的宣传和推广机制、监督和评估机制、纠纷解决机制等方式，确保村规民约的落实和执行效果。同时，也可以通过加强宣传教育、开展法治宣传等方式，增强村民的法律意识和规范意识，促进村规民约的普及和推广。

大理州鹤庆县西邑镇西邑村村委会制定的村规民约的内容包括以下九项：一是村规民约是村民自我管理、教育和服务的行为规范，全体村民都必须遵守；二是搞好"三清洁"工作，设立垃圾处理点，每户缴纳清洁费，建立运行长效机制；三是自觉保护水源、设施、标志等，禁止破坏和侵占；四是禁止堵塞村间道路，定期组织清扫保持畅通；五是生活垃圾和农业垃圾及时运到处理点，禁止乱倒乱扔；六是做好防火工作，禁止砍伐林木，发生火灾要及时扑救；七是村民要履行公益事业筹资建设任务；八是保护耕地，房屋建设要符合规划，禁止侵占耕地；九是村民互相监督执行，拒不执行者取消各项权利。

大理州鹤庆县乔仁甸村也制定了村规民约，内容涉及如下方面：完善会议制度，规定会议时间、纪律、参会人员、通知等，以保证民主决策；制定"三清洁"管护办法，每人每月缴纳费用，规定垃圾分类投放时间，保持环境卫生；制定护林防火制度，禁止破坏森林资源，防火期禁带火种进入林区；制定公共设施管护制度，规定设施使用管理和维护方式，禁止破坏；制定集体资产管护和分配方案，集体资产按户平均或按工作量分配，公平公开；涉及集体建设事项，必须按户统一参与投劳，旷工罚款；处罚资金归集体，并向村民公示使用情况。

除了上述大理州鹤庆县西邑镇西邑村和鹤庆县乔仁甸村的村规民约外，大理州祥云县禾甸镇新兴苴村也制定了自己的村规民约。新兴苴村的村规民约旨在认真执行贯彻党的方针路线，拥护党的领导，热爱祖国，扎实推进我村乡村振兴、民主法治建设，维护社会稳定，树立良好的民风、村风、家风，营造安居乐业的社会环境，促进经济发展，推动美丽宜居乡村建设，建设社会主义新农村。

在乡村自治中，群众议事办事管事是一种基于民主参与的决策和管理方式。以上三地的实践证明，村规民约在民事民议、民事民办、民事民管的整个过程中起着重要作用。

一是维护社会秩序。村规民约是基于乡村实际情况和群众共识建立的一套规范和行为准则。它能够帮助规范村民的行为，维护社会秩序，减少纠纷和冲突的发生。通过约束和规范村民的行为，村规民约有助于形成一种和谐稳定的社会环境。二是促进自治和自治意识。村规民约是村民自主制定的规章制度，它体现了村民自治的原则和意识。通过参与制定和修改村规民约的过程，村民能够更好地了解和把握自己的权利和义务，增强自治意识，培养自治能力。村规民约的执行和遵守也需要村民自觉地履行责任，这进一步促进了村民的自治能力和自治意识的发展。三是促进公平正义。村规民约的制定过程应当充分听取和尊重村民的意见和建议，确保各方的利益得到平衡和保护。村规民约能够确保决策的公开透明，避免权力滥用和不公平现象的发生。它为村民提供了一种通过合法途径维护自身权益的机制，促进了公平正义的实现。四是增加社会凝聚力和民主参与度。村规民约的制定和执行过程需要村民广泛的参与和讨论。通过开展群众议事，村民有机会表达自己的意见、建议和关切，参与决策和管理事务。这种参与过程能够增加村民之间的交流和互动，增强社区凝聚力，形成共同的价值观和目标。同时，它也提高了村民的民主参与度，培养了公民意识和民主素养。

二、管好基层的事情，需要群众参与议事协商

管好基层的事情，需要充分发挥群众参与议事协商的作用。基层事务涉及广大群众的切身利益，只有让群众参与到议事协商中来，才能真正做到民主决策、群众参与、科学管理、依法治理。首先，群众是基层治理的主体，

只有让群众参与到议事协商中来，才能充分发挥群众的智慧和力量，推进基层治理工作的顺利开展。其次，通过让群众参与到议事协商中来，可以更好地了解群众的需求和诉求，提高治理效果和满意度，增强群众的归属感和认同感。再次，通过让群众参与到议事协商中来，可以增强群众的自治意识和法治观念，推动基层治理的法治化进程，提高基层治理的规范性和科学性。最后，通过群众参与议事协商，可以增强社会和谐稳定的基础，减少矛盾和纠纷的发生，推动基层社会的和谐发展。

在乡村自治过程中，加强协商会制度，可以促进村民自治，增强村民的参与感和自主性，推动乡村自治的现代化和科学化。建立健全群众参与的协商会制度，在具体的路径和方法上主要有以下几个方面的内容。首先，需要建立健全协商会制度。可以通过制定协商会制度的规章制度，明确协商会的组织形式、流程和程序，建立健全协商会议事规则等方式，确保协商会制度的科学性和规范性。同时，也要加强对协商会制度的宣传和推广，提高村民对协商会制度的认识和理解，促进村民的积极参与。其次，要加强村民自治组织建设，提高组织能力。可以通过加强村民自治组织的人员培训、提高组织领导水平、完善组织管理制度等方式，提高村民自治组织的组织能力和管理水平，为协商会的开展提供有力保障。再次，要充分发挥村民代表大会的作用。可以通过召开村民代表大会，推动村民代表大会与协商会的有机衔接，实现村民代表大会的民主决策和协商会的民主协商相辅相成，进一步增强村民自治的有效性和实效性。最后，要加强宣传教育和法治建设。只有通过全面推进协商会制度建设，才能进一步提高村民自治的效果和质量，推动乡村社会的和谐稳定和可持续发展。

大理州洱源县"书记院坝（楼宇）协商会"是基层党组织面对面倾听群众心声、共商解决实际问题的一种创新做法。该县坚持将政策宣讲、民情摸排、民需了解、难题破解贯穿协商会始终，真正做到问题征集、破题协商、问题落实、解题评议一体化。如 2021 年的"9·13"山洪灾[①] 后听取群众困难诉求并现场协商，推进恢复重建工作。为解决洱海保护中涉及的产业转型难题，县里推动协商会进一步走深走实，坚定群众发展产业、增收致富的信心。该县各级党组织共召开"书记院坝（楼宇）协商会"867 场，协商解决 816 个问题，形成了解难题、抓落实、促发展的良好局面。[②] 这不仅推动了基层治理现代化，还增强了群众自治意识和法治观念，促进了社会和谐稳定。"书记院坝（楼宇）协商会"的流程包括：会前征集问题诉求，确定议题；会上广泛协商，答复或交办问题；会后跟踪督办，公示反馈结果，开展满意度测评。该做法的考核结果还作为党建述职评议和干部选拔任用的重要依据。

实践告诉我们，在乡村自治过程中，加强协商会制度具有以下重要作用和意义。一是促进民主决策。协商会是乡村自治中的重要组织形式，通过协商会的形式可以让村民广泛参与到村务决策中来，发表意见和建议，促进村民民主决策，增强村民对决策的认可和支持。二是强化村委会的权威。协商会是村委会的重要组成部分，加强协商会制度可以增强村委会的权威和领导力，提高村委会的决策效率和执行力。三是落实乡村治理。协商会是乡村自治的基础，加强协商会制度可以促进乡村治理的落实。协商会可以通过选举村民代表、制定规章制度、协商村务等方式，推动乡村治理的规范化和科学化，增强乡村自治的活力和内生动力。四是促进社会和谐。协商会制度的实施可以促进社会和谐。协商会可以让村民广泛参与到村务决策中来，发表意见和建议，增强村民之间的沟通和交流，促进社会和谐。五是保障村民权益。协商会可以通过制定规章制度、协商村务等方式，保障村民的合法权益，维

---

① 新华网.云南洱源发生山洪泥石流致 1 人死亡 3 人失联［EB/OL］.（2021-09-13）［2023-09-16］.https://news.cctv.com/2021/09/13/ARTImfkybm2xXjTVAJz2Uvsn210913.shtml.

② 大理日报新闻网.洱源高质量推进"书记院坝（楼宇）协商会"［EB/OL］.（2022-04-11）［2023-09-16］.https://www.dalidaily.com/content/2022-04/11/content_26864.html.

护村民的利益。同时，加强协商会制度也可以防止村委会滥用职权，保障村民的知情权、参与权和监督权，从而推动乡村自治的有序开展，实现乡村振兴和基层党建工作的共同发展和繁荣。

三、通过恳谈会，知民情、连民心、办民事、谋民利

恳谈会是村民自治组织定期或不定期召开的会议形式，旨在通过村民之间的面对面的交流，解决村庄中存在的问题，促进村民自治的有效性和实效性。作为一种基层民主管理机制，恳谈会通过召开会议、听取群众意见、协商解决问题的方式，实现村民自治和民主管理。在乡村自治过程中，只有通过全面推进恳谈会制度建设，才能进一步提高村民自治的效果和质量，推动乡村社会的和谐稳定和可持续发展。

建立健全恳谈会制度，可以通过制定恳谈会制度的规章制度，明确恳谈会的组织形式、流程和程序，建立健全恳谈会议事规则等方式，确保恳谈会制度的科学性和规范性。同时，也要加强对恳谈会制度的宣传和推广，提高村民对恳谈会制度的认识和理解。另外，要充分发挥村民代表大会的作用，以推动村民代表大会与恳谈会的有机衔接，实现村民代表大会的民主决策和恳谈会的民主协商相辅相成，进一步增强村民自治的有效性和实效性。

在恳谈会的实际开展中，要注重问题导向，明确议题和目标。可以通过分析村庄存在的问题和矛盾，确定恳谈会的议题和目标，明确恳谈会的主题和方向，确保恳谈会的议题和目标符合村民的实际需求和共同利益。同时，还需要加强交流互动，提高恳谈会的效果和质量。可以通过加强村民之间的交流互动，提高村民的参与度和共识度，促进恳谈会的有效性和实效性。也可以通过加强会后评估和总结，及时发现恳谈会存在的问题和不足，进一步提高恳谈会的效果和质量。

大理州祥云县禾甸镇新兴苴村经村民代表大会表决，制定了一系列知民情、连民心、办民事、谋民利的村规民约。如《民情恳谈制度》，其目的是共谋村发展，每年由村党支部组织开展，听取各界人士对村发展的意见和建议，并及时反馈解决情况。《救灾应急制度》《廉洁自律制度》等也都围绕这一目标制定。新兴苴村还成立村务监督委员会，对民情恳谈落实情况进行监督检查，形成了知民情、连民心、办民事、谋民利的工作格局。这些村规民约的制定，有助于带动基层民主政治建设，维护村民利益，促进乡村发展和社会进步。

事实说明，恳谈会在乡村自治中可以发挥重要作用，通过恳谈会的形式达到知民情、连民心、办民事、谋民利的目的。通过召开恳谈会，村干部可以听取村民的意见和建议，了解他们的需求和诉求，及时解决问题，做到真正的为民服务；村民可以了解村里的事务，了解村委会的工作，提出自己的意见和建议，发挥自己的主体作用。同时，通过协商解决问题，村民可以学会民主协商，增强自治意识和法治观念；村民可以在恳谈会中互相了解，增进友谊，建立互信，形成共识，推动村里事务的发展；村民还可以相互帮助，解决问题，共同谋求发展，增强村民之间的凝聚力和归属感。

第四节　通过基层自治激发经济发展活力

基层自治是指在国家法律法规的框架下，各级基层组织和群众依法自主管理、自主决策、自主掌握资源的权利和能力。在乡村自治中，通过基层自治，可以激发基层治理新活力，促进地方特色经济发展，推动乡村产业发展。大理州注重发挥村民自治的主体作用，在村民自治的能力和水平、地方特色经济、乡村产业等方面取得了显著成效，有力地激发了地方经济发展活力，推动了乡村经济的快速发展。

一、通过基层自治，提升基层治理能力和水平

基层自治是指在党的领导下，由基层群众自治组织依法自主管理本地区的经济、政治、文化和社会事务的制度。基层自治是推进基层治理现代化和科学化的有效途径之一。通过基层自治，可以提升基层治理的能力和水平，进一步推动乡村社会的和谐稳定和可持续发展。

要想通过基层自治提升基层治理能力和水平，首先需要建立健全基层自治组织。可以通过制定自治组织的规章制度，完善自治组织的组织形式、流程和程序，建立健全自治组织议事规则等方式，确保自治组织的科学性和规范性。同时，也要加强对自治组织的宣传和推广，提高群众对自治组织的认识和理解，促进群众的积极参与。其次要推动基层干部队伍建设，提高干部的能力和素质。可以通过加强干部的培训和选拔，提高干部的专业水平和领导能力，增强干部的服务意识和群众观念，为基层自治的有效实施提供有力保障。再次要加强法治建设和宣传教育。可以通过加强法制宣传教育，增强群众的法律意识和规范意识，增强群众的自我约束和自我管理能力。同时也要加强法治建设，建立健全法律制度。最后要积极推进社会管理创新。可以通过推进社会管理创新，加强社会管理科学化、规范化、民主化、法治化，提高社会管理的效率和质量。只有通过全面推进基层自治，才能进一步提高基层治理的效果和质量，推动乡村社会的稳定与发展。

大理州宾川县鸡足山镇基层以党建引领多元共治，服务群众，打造智慧治理新模式，推进法治化进程，促进经济社会发展。该镇着力打造服务辖区

群众的"3+X"平台，将"综治服务中心""为民服务中心""党建警示服务中心"3个中心和9个村的为民服务站、综治服务中心深度融合，形成"共建共治"的强大合力。同时，该镇以乡村振兴数字化项目为抓手，完善"防控、应急、服务、宣传、政务"五大体系，通过党建引领的基层自治，鸡足山镇多措并举，其基层治理水平不断提高，为该地区乡村振兴提供了坚实的政治和社会保障。①

基层自治可以有效提升基层治理能力和水平，从而为社会稳定和经济发展提供有力保障。主要体现在这样几个方面：一是加强基层组织建设。基层自治有助于培养和选拔基层干部，增强基层组织的凝聚力。这为基层治理提供了有力的组织保障。二是提高民主参与度。基层自治鼓励民众参与决策、管理和监督，让民众更深入地了解和参与基层治理。这种参与不仅有助于发挥民众的集体智慧，还能培养民众的公民意识和责任感。三是优化资源配置。基层自治有助于更加合理地配置资源，使基层治理的资金、设备、人员等资源能更加充分地利用，从而提高基层治理效率。四是创新治理方式。基层自治为基层治理提供了一个实验场，鼓励基层探索不同的治理方式。这种创新精神有助于摸索出更适合当地实际的治理模式，提高基层治理水平。五是加强监督和问责。基层自治强化了对基层治理的监督和问责机制。民众作为基层治理的主体，能更加及时地发现问题并提出建议，有助于推动基层治理不断改进。六是促进区域协同。基层自治有助于加强基层之间的合作和协调，形成共同应对问题的合力。这种区域协同能够提高基层治理的整体水平。

---

① 云南法制报.宾川县鸡足山镇打出党建引领"组合拳"书写基层治理"新答卷"［EB/OL］.（2022-07-06）［2023-09-13］. http://fazhi.yunnan.cn/system/2022/07/06/032173226.shtml.

二、通过基层自治，促进地方特色经济的发展

基层自治能够促进地方特色经济的发展。首先，由于基层自治的参与者都是当地居民，他们更了解当地的文化、传统和资源，能够更好地发挥自身的优势，提出更具有地方特色的经济发展方案。其次，在基层自治的管理下，当地居民能够更加积极地参与到经济发展中来，共同分享发展成果，形成共同利益和共同责任的社会氛围。再次，由于基层自治的决策是由当地居民自主参与和决策的，因此决策更加符合当地实际情况，更加精准有效，能够更好地推动地方经济的发展。最后，在基层自治的管理下，当地居民能够更加自由地发挥创新创意，推动当地产业的创新和发展，形成更具有地方特色的经济模式。

通过基层自治促进地方特色经济发展具体的路径和做法有以下几个方面。一是制定地方特色经济发展规划。地方政府可以根据本地的资源禀赋、产业基础和市场需求，制定出有针对性的经济发展规划，明确发展方向和目标，制定出相应的政策措施，引导和推动地方特色经济的快速发展。二是支持地方特色产业发展。地方政府可以通过财政扶持、税收优惠、土地政策等手段，为地方特色产业提供支持和保障。比如，对于一些具有地方特色的传统手工艺、农产品等，可以采取补贴、保护、推广等措施，促进其生产和销售。三是加强基础设施建设。基础设施是经济发展的重要支撑，地方政府可以加大基础设施建设投入，为地方特色经济提供优质的交通、能源、通信、水利等基础设施保障，提高地方特色经济的生产力和竞争力。四是引导和培育地方特色企业。地方政府可以通过各种方式，积极引导和培育地方特色企业，比如，组织企业参加国内外展会、推介会等活动，提高企业知名度和竞争力；支持企业技术创新和研发，提高产品质量和附加值；鼓励企业与高校科研机

构合作，促进科技成果转化等。五是加强地方特色品牌建设。地方政府可以积极推动地方特色品牌建设，打造一批具有影响力和竞争力的地方品牌，提高地方特色经济的知名度和影响力。比如，可以通过品牌推广活动、品牌授权、品牌扶持等方式，加强品牌建设和推广。六是加强政策协同和合作。地方政府可以加强政策协同和合作，与相关部门和企业共同推动地方特色经济的发展。比如，可以与旅游部门合作，推广地方旅游资源；可以与文化部门合作，打造地方文化品牌；可以与科技部门合作，推动地方科技创新等。以下是大理州几个地方的具体治理概况。

（一）古富村乡村治理概况

大理州永平县龙街镇古富村为了促进地方特色经济的发展开展了一系列基层党建工作。一是创新提质党建示范引领。继续围绕党员作用发挥、特色产业打造、民族文化传承、基础设施改善、村容村貌整治为重点，以"党建＋乡村振兴"推进示范点创建工作。二是创新提质就业服务基地。进一步发挥就业服务基地的作用，加强就业创业服务能力。三是创新提质领头雁培养基地。继续实行村"两委"能力素质和学历水平提升行动，进一步加大后备干部培养力度。四是实施集体经济强村。持续抓好"股份合作"，通过折股量化资金撬动古富村生态茶初制所建设项目落地，以土地入股、企业带动、资金分红的发展模式，实现集体经济创新提质。五是夯实分支部战斗堡垒。巩固好党总支部党建规范化创建成果，紧扣"五个基本"推进分支部规范化建设。六是提升党员队伍素质。严把党员入口关，加强流动党员管理，严格落实"三会一课"等制度，强化党员教育管理。七是全面提升人居环境。按照"三洁一绿一规范"的工作要求开展好人居环境主题党日，引导党员带领群众扎实开展人居环境整治常态化的工作。八是持续推进移风易俗。在全村范围内倡导移风易俗，召开好户长会，达到科学理财、勤俭持家的目的。

古富村在党建引领、发展地方特色经济方面，注重民族村寨党建，按照党支部规范化达标创建"五个基本"要求，巩固深化"战斗堡垒工程"向支部覆盖，充分发挥基层党组织的组织优势、组织力量、组织功能，做好宣传群众、凝聚群众的工作，最大限度地把群众组织起来参与到移风易俗工作中。以党员干部为示范，充分发挥党组织和党员的先锋模范作用，带头树新风立新貌，帮助农户算好移风易俗收支账，重点整治年猪宰杀和农村客事办理等不良风气。探索"基地+"模式，带动高山生态茶等其他农副产品的发展。结合古富村彝族民俗文化、原始生态资源、新兴特色产业等打造古富村乡村休闲旅游发展路线。大力发展高山生态茶、车厘子等特色产业，探索休闲农业旅游模式，以茶园风光、参与农业生产、体验农耕文化、亲手采摘品尝等将游客吸引过来，从而推动古富乡村旅游发展，增加农民收益，汇聚乡村人气。

在治理有效方面，古富村一是夯实战斗堡垒，加强党组织建设。按照党支部规范化达标创建"五个基本"要求，继续巩固深化"战斗堡垒工程"向支部覆盖。二是健全村民自治机制，引导18个村民小组分别成立了18个村民理事会，进一步推进乡村自治体系和治理能力现代化。在生活富裕方面，古富村持续开展脱贫攻坚，做好后续帮扶、巩固提升工作。在产业帮扶方面共完成了42头能繁母牛的补助工作，在住房保障方面共完成了264户农村危房改造工程及兑补资金工作，同时持续开展了医疗、教育、就业等方面的帮扶，做好防贫保险报销工作。通过帮扶，到2019年底，古富村未脱贫户8户25人全部脱贫，实现贫困户清零的目标。

除此之外，古富村还注重"党建+脱贫攻坚"工作。坚持党建引领脱贫攻坚，积极发挥产业带动优势，以"党支部＋企业＋合作社＋贫困户"工作模式，入股永平博南山茶业有限公司，按年分红，用于村集体经济开发公益性岗位。同时继续开展"扶志之家"活动，由党员挂钩贫困户，进一步引导广大群众自力更生、勤劳致富，共同脱贫奔小康。注重"党建＋人居环境"工作。以党员带头，履行好"三洁一绿一规范"，结合支部主题党日活动，开展好各小组人居环境大提升工作，同时充分发挥好"十星评比"监督奖励机制的作用，以激发农户内生动力为目标，继续做好宣传动员工作，并巩固好迤古自然村人居环境提升成效，以点带面，向各小组延伸。探索推行"党员＋"工作模式，组建"党员人居环境提升先锋队"，全村党员带头搞好自家庭院内外环境卫生等。

（二）普渡村乡村治理概况

大理州永平县龙街镇普渡村委会小麦庄村党支部，以促进群众增收为首要任务，推动建设"山货一条街"，发展特色经济。该党支部通过调查研究，分析本地区位和资源优势，确定以发展山货产业为重点。组织党员对交通流量、特产品等进行统计调查，广泛听取意见和建议。在此基础上，集体商议决定筹建"山货一条街"，发掘本地特色经济增收点。党支部还发动党员带头示范创业，支持首批党员户创办山货店，销售本地特色农产品，带动更多群众加入山货产业。在山货市场初具规模后，该党支部又推动建立山货经营协会，规范产品质量，维护经营户利益。并采取多种宣传推广方式，让"山货一条街"品牌为更多人所知，拓展销售市场。通过党建引领、党员示范、支部服务，该村"山货一条街"从小集市发展成较大的特色市场，实现了发掘本地资源、产业带动、群众增收的目标，为当地经济发展提供了范例。

大理州永平县龙街镇因地制宜发展特色产业，种植高原特色农作物，推进特色产业提质增效，增加群众收入。开展"党建＋人居环境整治"行动，发动党员带头改善环境，推广"三洁一绿一规范"，提升村容村貌。构建乡村自治新格局，建立多民族理事会，发挥基层组织的作用，提升村级治理水平。创建民族团结进步示范点，推动民族团结，使脱贫攻坚与乡村振兴有效衔接。修订村规民约，倡导移风易俗，规范客事办理，建立新风尚。开展"协商在基层"活动，广泛听取意见和建议，协商决议，助推乡村振兴。龙街镇通过因地制宜发展、改善环境、加强自治、促进民族团结等方式，推动乡村振兴，提供了可资借鉴的做法。

（三）喜洲镇乡村治理概况

大理市喜洲镇在推动乡村振兴过程中，立足本地资源和文化底蕴，推动全镇地方特色经济发展，充分发挥喜洲的农业资源优势，发展以农业产业为根本，以喜洲独特的田园风光和浓郁的农耕文化为特色的世界级中国喜洲田园综合体，实现一二三产业深度融合。同时，南片区打造以喜洲古镇为中心的商帮文化旅游经济带，北片区打造以周城镇为中心的非遗民俗风情经济带，形成互补发展的特色经济带。沿洱海打造绿色生态廊道，在苍山打造特色苍山步道，西线打造富有底蕴的茶马古道，充分发掘自然和人文资源，分别围绕山水、农耕、地域经济和文化经济打造特色鲜明的四条经济走廊。用以上措施突出喜洲的历史文化之美、商帮故里之美、古建街巷之美、田园之美、白族风情之美，打造百姓心目中喜洲之美。使喜洲镇在发展过程中既突出特色，又形成联动，为乡村振兴提供了可借鉴的模式。

以上大理州这几个地方的实践表明，通过基层自治来促进地方特色经济发展，增强了地方政府的责任感和主动性。地方政府在进行基层自治时，需要依据本地区的实际情况，制定适合本地区的经济发展政策和措施，提高政策执行效率，推动地方特色经济发展。地方政府可以根据本地区的资源禀赋、产业基础和市场需求，制定规划，明确方向和目标，制定政策措施，引导和推动地方特色经济发展，从而增加地方特色经济的竞争力，提高地方经济的整体实力。通过支持地方特色产业发展、加强基础设施建设、引导和培育地方特色企业等手段，促进地方特色经济的发展，提高地方经济的韧性和适应性。同时，地方政府根据本地区实际情况制定的经济发展政策和措施也更贴近本地区的实际需要，增加了政策的可行性和有效性，提高了地方政府的执政合法性，并且制定出适合城乡发展的经济发展政策和措施，促进了城乡协调发展。这样可以增强农村经济发展动力，提高农民收入水平，促进城乡融合发展。

三、通过基层自治，推动乡村产业的发展

在乡村地区，实行基层自治可以激发当地居民的积极性和创造力，帮助他们更好地开展生产和经营活动。通过基层自治，群众可以自主决定乡村产业的发展方向和发展策略，也能够帮助当地居民更好地管理和规划公共资源，从而更好地推动乡村产业的发展。

通过基层自治来推动乡村产业的发展，需要遵循一定的路径和采取切实可行的方法。要制定乡村产业发展规划，引导和推动乡村产业的快速发展。要支持乡村特色产业发展，为乡村特色产业提供支持和保障。比如，对于一些具有乡村特色的传统手工艺、农产品等，可以采取补贴、保护、推广等措施，促进其生产和销售。要加强基础设施建设，为乡村产业提供优质的交通、能源、通信、水利等基础设施保障，提高乡村产业的生产力和竞争力。要加强乡村品牌建设。地方政府可以积极推动乡村品牌建设，打造一批具有影响力和竞争力的乡村品牌，提高乡村产业的知名度和影响力。要加强政策协同和合作。地方政府可以加强政策协同和合作，与相关部门和企业共同推动乡村产业的发展。要加强人才培养和引进。人才是乡村产业发展的关键因素，

地方政府可以加强人才培养和引进，提高乡村产业的创新能力和竞争力。比如，可以组织培训班、引进专业人才、鼓励留乡创业等方式，加强人才队伍建设。

大理州南涧县乐秋乡米家禄村在大理州法院党组的支持下，创新了多种"党建＋产业"的模式，如"党支部＋合作社""党支部＋带头人＋农户"等，推动乡村产业振兴。大理州法院党组与米家禄村结对共建，建立网格化自治模式，夯实乡村振兴基层基础，并整合资源建立乡村振兴"党建联盟"，帮助米家禄村完成发展规划，建设文化场所。米家禄村以"党员＋农户＋市场"模式发展特色产业，党员大篷车收购产品，销售给供销社或电商平台，实现产品供应链闭环和农民增收。米家禄村因地制宜发展万寿菊等产业，采取"党支部＋公司＋合作社＋农户"的模式，实行订单农业和保护价收购，确保农民利益。米家禄村还通过完善基础设施、发展特色餐饮住宿等，打造成乡村振兴精品示范村。米家禄村注重发挥党组织的核心作用，强化约束制度，组织党员干部提升素质，发挥先锋模范作用，推动乡风文明建设。米家禄村通过"党建＋产业"的模式，充分发挥了党组织在乡村振兴中的政治引领和组织动员作用，值得推广。

大理州祥云县刘厂镇通过发展特色林果、蔬菜和蚕桑等产业，注册多个品牌，获得绿色食品认证，带动农民增收。刘厂镇发展野生菌加工业，带动就业。初步形成了农产品生产加工销售的产业链，年产值超 10 亿元。2020 年12 月刘厂镇王家庄社区被中组部、财政部列为全国首批 200 个推动组织振兴建设红色美丽村庄试点之一，投资 3000 多万元实施党建、红色教育、增收强村等项目，发展红色旅游，带动农民就业。王家庄社区采用"党支部＋龙头企业＋合作社＋农户"的模式，发展特色产业和就业，农民年收入显著提高，生活富裕，获得感增强。王家庄社区还发掘非遗资源，恢复传统种植，发展特色产业，2020 年，全村生产总值达到 1.62 亿元，农村常住居民人均可支配收入 16566 元。① 通过产业带动就业，王家庄社区的发展经验对其他地区推动乡村振兴具有借鉴意义。

实践证明，在推动乡村产业发展方面，基层自治可以发挥以下重要作用。基层自治可以充分发挥地方政府的主体作用，积极推动乡村产业发展，促进乡村经济的快速发展。通过制定有针对性的乡村产业发展规划，支持乡村特色产业发展，加强基础设施建设，引导和培育乡村特色企业等手段，提高乡村产业的生产力和竞争力，推动乡村经济的多元化、高质量、可持续发展。此外，通过乡村产业发展，可以增加农民收入，改善农村生活水平，促进农村社会稳定与和谐发展。

第五节　构筑共建共治共享的社会治理格局

在乡村治理中，共建、共治、共享是一种基于基层自治的社会治理格局，也是一种多方参与、共同推进的治理模式。这种模式强调政府、企业、社会组织和居民共同参与乡村治理，从而有效促进了基层自治的实现。通过多方参与、共同推进的方式，可以形成乡村治理的多元化和共同治理的格局，充分发挥基层居民的积极性和创造力；可以有效整合各方资源，提高治理效率和质量；可以充分发挥各方的优势，形成多方合作、共同推进的局面，从而促进乡村的经济、社会和生态发展。

一、共建：乡村治理的基础

共建是指政府、企业、社会组织和居民共同参与乡村建设和治理，形成共建共管的格局。政府应该提供必要的政策和资源支持，企业和社会组织可以提

---

① 秦蒙琳.传承红色基因建设美丽乡村［N］.云南日报，2021-12-21（06）.

供技术、资金和管理经验等方面的支持，而居民则应该积极参与乡村建设和管理。通过共建，可以形成多方合作、共同推进的局面，从而促进乡村发展。

在乡村治理过程中，开展共建是非常重要的一种方式，它可以发挥以下作用。一是加强社会组织参与。共建是指政府、社会组织和居民等各方共同参与乡村建设和治理，这种方式可以促进社会组织的积极参与和发挥作用，使他们能够更好地发挥自身优势，为乡村治理提供更多的支持和帮助。二是增强居民自治意识。共建鼓励居民参与乡村建设和治理，可以促进居民自治意识的增强，提高居民参与乡村治理的积极性和主动性，从而促进乡村治理的良性发展。三是带动乡村经济发展。共建可以促进乡村经济的发展，例如，通过成立合作社、农民专业合作社等形式，促进农村产业发展，提高农村经济效益，使乡村经济得到快速发展。四是增强社区凝聚力。共建可以促进乡村社区的凝聚力，增强社区成员之间的互信和合作意识，提高社区成员的参与度和归属感，从而推动社区共同发展。五是实现乡村治理的民主化。共建可以促进乡村治理的民主化，通过让各方参与乡村治理的过程，促进决策的民主化，提高决策的公正性和合理性，从而实现乡村治理的民主化和规范化。

大理州鹤庆县西邑镇西邑村在乡村治理的共建中积极作为。成立护村巡逻队，开展安全宣传和巡逻工作，维护社会稳定；开展民族团结政策学习，解决民族问题，提高各民族生活水平，增进团结；加强防火宣传和巡山护林，成立了护林防火队，保护生态环境；开展卫生运动，成立评比队，改善人居环境卫生；完善农村基层党组织建设，发展党员；加强村民自治，建立健全自治、法治、德治相结合的乡村治理体系。未来，西邑村将继续加大农业基础设施建设，提高村民素质，发展特色产业，形成上片和下片的产业布局。

从西邑村的实践中，可以从以下几个方面学习共建方面的经验。一是强化基层党组织建设。西邑村注重发挥基层党组织的领导核心作用，这为乡村治理提供了坚强的政治保证。二是完善自治体系。西邑村建立村民自治组织，实行民主管理，体现了顺民意、顺民心的治理理念。三是因势利导，发展特色产业。西邑村根据本地资源优势发展特色产业，这为乡村经济发展提供了路径。四是依法治理。西邑村强调法治、德治、自治的结合，防止治理出现偏差。五是治理方式多样。西邑村设立各种队伍开展工作，形成管理网络，保障治理落实。六是注重环境建设。西邑村不仅注重经济，也注重生态文明建设，改善人居环境。七是开展宣传教育。西邑村开展各类宣传，提高村民素质，为治理创造条件。八是借助科技手段。可以借鉴西邑村利用监控等手段提升治理水平的做法。

乡村治理中开展共建的具体路径和方法主要包括以下几个方面。

一是乡村自治。乡村自治是乡村治理的核心，通过发挥乡村居民的主体作用，提高他们的参与度和决策权，使乡村治理真正成为"乡民自治"。具体方法是建立村民代表大会系统，通过选举产生村民代表，让他们参与到乡村的决策制定中来；建立村民小组，在具体的问题上，可以建立村民小组，集思广益，共同决策。

二是社区参与。社区参与是乡村共建的重要方式，通过发挥社区的作用，引导居民参与到乡村治理中来。具体方法包括需求评估、资源映射、协作计划、开展社区服务和活动。需求评估需要全面进行，确定社区需要哪些设施和服务。与当地组织和政府机构合作，确定可能的资源和合作伙伴关系，以支持建设过程。通过数据和研究进行信息化决策，确保设施和服务符合社区的需求。资源映射指的是确定社区可用的资源，包括土地、劳动力、材料、财务资源等。使用资源映射技术，可视化社区中资源的分布，并标识资源匮乏的地方。以发展战略来动员资源，包括政府补助、私人投资、社区众筹等。协作计划要求与社区成员、当地组织、政府机构等合作，开发一个综合的建设计划。采用参与式规划方法，让社区成员在规划和决策过程中发挥作用。确保计划是灵活的，可以适应变化的社区需求。开展社区服务即通过开展各种社区服务，如环保、教育、健康等，增强居民的归属感和参与感。开展社区活动即通过开展各种社区活动，如文化节、运动会等，增强居民的团结和凝聚力。

三是采用 PPP 模式（公共—私人伙伴关系）。PPP 模式是一种有效的共建方式，通过公私合作，可以充分利用私人资本和技术，提高乡村治理的效率和效果。具体方法是建立 PPP 项目，要通过公开招标，引入私人资本和技术，共同开展乡村治理项目；建立风险分担机制，要通过合同约定，明确公私双方的权责，合理分担风险。

四是多元参与。乡村治理不仅需要地方政府、居民的共同参与，还需要各方面的力量，如非政府组织、企业、专业机构等。具体方法有两个：一个是引入非政府组织。非政府组织通常具有灵活性和专业性，可以在特定领域提供专业服务；另一个是引入企业。企业通常具有资金和技术优势，可以通过企业社会责任等方式参与到乡村治理中来。

二、共治：乡村治理的方式

共治是指政府、居民和社会组织共同参与乡村治理，形成共治共享的格局。政府应该建立健全乡村治理体系，居民和社会组织则应该积极参与乡村治理和公共事务的管理。通过共治，可以形成多元参与、共同治理的局面，从而提高乡村治理的效率和质量，维护乡村社会的和谐稳定。具体来说，在乡村治理过程中开展共治有以下作用。一是促进社会治理的创新。共治是指政府、社会组织和居民等各方共同参与乡村治理，形成共同治理的格局。这种方式可以促进社会治理的创新，充分发挥各方的作用和优势，从而提高治理效能，实现治理创新。二是提高居民参与治理的积极性。共治可以促进居民参与乡村治理的积极性，让他们更加主动地参与到乡村治理中来，从而提高民主参与度，增强居民的自治能力和责任感。三是增强社区凝聚力。共治可以增强社区凝聚力，促进居民之间的互信和合作，从而推动社区发展，增强社区的凝聚力。

大理市喜洲镇和大理州洱源县三营镇郑家庄的做法都是在乡村治理的共治中非常成功的案例。它们采取了不同的方式，但都取得了积极的效果，说明共治应采取多种手段相结合，因地制宜，因时制宜。喜洲镇采用了现代新技术，实现了监控全覆盖，并建立在村委会和派出所，对治安和文明起到了积极作用。同时，他们从解决矛盾的难易入手，对矛盾进行分级管理，并采取实事求是、用政策保障、以网上信访为主要渠道等方式，有效地解决了矛盾，实现了乡村治理的民主化和规范化。郑家庄成立了护村队和治安联防队，实行轮值巡逻制度，联系村民解决实际困难。在矛盾调解方面，他们发挥了基层作用，对邻里纠纷等进行调解，有效地维护了社会和谐稳定。这两个案例都充分说明了在乡村治理中开展共治，要注重发挥基层组织和社会组织的作用，采取多种手段相结合，因地制宜，因时制宜，才能够有效地推进乡村治理工作。

下面是乡村治理中开展共治可以采取的路径和方法。一是基层组织共建。政府可以通过建立村民委员会、居民代表大会等基层组织，促进政府和居民的互动，实现共建共治。政府可以利用这些基层组织，了解居民诉求和需求，制定相应的政策和措施，提高居民的自治能力和主动性。二是社会组织参与。除了政府和基层组织外，社会组织也是非常重要的参与者。政府可以鼓励社会组织参与乡村治理，例如成立农民专业合作社、社区服务中心等，发挥社会组织的作用，提高治理效果。三是依法治理。在乡村治理中，政府要坚持依法治理，制定相关法律法规，明确各方的权利和义务，保障居民的合法权益，维护社会稳定。政府可以通过听取居民意见、开展民意调查等方式，了解居民需求和诉求，依法进行治理。四是民主参与。民主参与是乡村治理的重要环节，政府可以通过开展公开听证会、座谈会等方式，与居民共同商讨解决问题的方案。政府还可以通过开展网上民意调查、建立微信群等方式，让更多的居民参与到治理中来，实现民主参与。五是信息化建设。信息化建设是乡村治理的重要手段，政府可以通过建立信息化平台，收集和整合各种信息，为决策提供有力支持。政府还可以通过建立网上信访系统，让居民通过互联网进行信访，提高治理效果。

三、共享：乡村治理的目标

共享是指政府、企业、社会组织和居民共同分享乡村发展成果和公共资源，形成共享共赢的格局。共享的实现需要多措并举，让农村生活富裕。政府应该加强对公共资源的管理和规划，企业和社会组织则应该积极参与公共事务的管理，居民也应该充分享受公共资源和公共服务的成果。通过共享，可以形成互利共赢、共同发展的局面，从而促进乡村社会的和谐发展。具体来说，实现共享的作用和意义在于以下几点。

一是提高治理效率和质量。共享可以促进资源的共同利用，避免重复建设和浪费，提高治理效率和质量。例如，政府可以整合各个村庄的土地资源，实现农业产业的规模化发展，提高农业效益和居民生活水平。二是加强社区凝聚力。共享可以促进社区成员之间的交流和合作，加强社区凝聚力。例如，政府可以组织文化交流活动，让不同的村庄之间进行文化交流，促进文化交融，加强社区成员之间的联系和互动。三是促进共同发展。共享可以促进资源的优势互补，实现共同发展。例如，政府可以引进先进的农业技术，提高农业产业的效益，促进农业产业的发展；可以引进先进的互联网技术，提高信息化水平，促进电商发展等。四是提高治理的透明度和公正性。共享可以促进信息的共享和透明，提高治理的公正性。例如，政府可以建立网上信访系统，让居民通过互联网进行信访，提高治理效果，增强居民对治理的信任和支持。五是增强社会创新能力。共享可以促进各方面的合作和创新，增强社会创新能力。例如，政府可以组织各个村庄进行经验交流，分享成功的治理经验，探讨解决问题的方法，促进创新和发展。

大理州鹤庆县将符合条件的脱贫农村低收入人口纳入培训就业援助对象，给予生活费补贴，完善安置区就业机制，支持增加公益性岗位，继续实施"雨露计划"给予补助。政府对脱贫农村低收入家庭的子女入读技工院校给予国家助学金支持。通过将符合条件的脱贫农村低收入人口纳入培训就业援助对象、给予生活费补贴和国家助学金支持等方式，实现了资源的共享，帮助农村低收入人口提高技能和知识水平，增加收入来源。同时，政府依托本地旅游资源，加强基础设施建设，引进人才，招商引资，通过开发民俗文化游和自驾游产品等方式，实现了经验的共享，促进了当地旅游业的发展，创造了更多的就业和增加收入的机会。

因此，要在乡村治理过程中真正实现共享，应该考虑以下路径和方法。一是共享资源。在乡村治理过程中，政府可以通过整合各个村庄的土地资源，实现农业产业的规模化发展；可以通过整合村内的文化资源，促进文化旅游的发展；可以通过整合社会资源，建设社会服务中心，提供多种服务，满足居民的需求，实现资源的共享和优势的互补。二是共享技术。在乡村治理过程中，政府可以引进先进的农业技术，提高农业产业的效益；可以引进先进的环境治理技术，提高环境质量；可以引进先进的互联网技术，提高信息化水平，促进电商发展等，实现技术的共享和优势的互补。三是共享信息。在乡村治理过程中，政府可以通过建立信息化平台，收集和整合各种信息，为决策提供有力支持，实现信息的共享和优势的互补。四是共享经验。在乡村治理过程中，政府可以组织各个村庄进行经验交流，分享成功的治理经验，探讨解决问题的方法，提高治理效果，实现经验的共享和优势的互补。五是共享文化。在乡村治理过程中，政府可以通过建立文化交流平台，让不同的村庄之间进行文化交流，促进文化交融，提高文化素质，实现文化的共享和优势的互补。

第五章　大理州坚持法治建设，规范"三治融合"

大理州坚持通过法治建设规范"三治融合"，把问题解决在基层，把矛盾化解在基层。为此，大理州各级法院和广大乡村注重推进法治乡村建设，加强乡村基层法院建设，强化法治乡村宣传教育，建立健全乡村法律服务体系，强化乡村法律监督与廉政建设，以实现法治乡村社会的和谐稳定与发展。

第一节　注重推进法治乡村建设

法治乡村建设旨在构建一个以法律为准绳、以法治为基础的乡村治理体系，通过法律的制定、实施和执行，为乡村发展注入法律的力量和保障。在法治乡村建设中，法律不仅是一种规范和约束，更是一种引导和推动，为农村社会的稳定和进步提供坚实的基础，能够为乡村振兴战略的实施提供重要的法律保障和支持。法治乡村建设应以阵地建设、法治建设、群防群治为抓手进行有效推进。阵地建设是推进法治乡村建设的重要保障，要加强基层法律服务队伍建设，提高乡村居民的法律意识和素质。法治建设是推进法治乡村建设的重要理念，要创新方式方法才能取得实效。群防群治才能守护乡村安宁，要加强社会治安巡防力量，维护乡村社会治安稳定。

一、突出阵地建设，提升乡村依法治理能力

推进法治乡村建设必须提升乡村依法治理能力，这是法治乡村阵地建设的核心，更是推进法治乡村建设的基础。加强乡村法治建设，可以规范乡村社会秩序，保障农民合法权益，维护社会公平正义；推动农村经济社会发展，增强农村的活力和竞争力，促进乡村振兴战略的实现；提高基层治理水平，强化乡村自治和法治，建立健全村民自治、村规民约等基层法治机制，规范村民自治的程序和方式；加强社会稳定管理，建立健全农村矛盾纠纷调处机制，加强矛盾纠纷的调处和解决工作，提高社会和谐稳定水平；提高基层干部的法律素养和工作能力，增强基层干部的组织和协调能力，推进乡村治理规范化、科学化、民主化，提高基层干部的管理水平。

大理州鹤庆县西邑镇西邑村为提升依法治理能力，严格落实党员干部学法用法制度，村级组织成员、党员、村民代表都要带头学法、守法、用法，积极参加法治培训，提高运用法治方式处理村级事务的能力；注重培养"法律明白人"，把法律知识纳入各种培训，选拔培养网格员、村民代表等法律骨干，建设法治文化阵地，营造群众学法守法氛围；设立公共法律服务站，配置法律顾问和专职调解员，培育法治带头人，推动依法解决矛盾纠纷。此外，村里还制定了村规民约，要求村民遵纪守法，不参与非法活动。同时，村里有重大工程建设，村两委引导群众支持项目建设，依法维权，将纠纷化解在基层，确保建设顺利推进。通过这些措施，西邑村村干部和村民的法治观念得到提高，学法知法能力增强，运用法治方式处理事务的能力有所提升；培训大批"法律明白人"，扩大了依法治理的覆盖面，形成了治理骨干力量；法治文化建设进一步优化了村内法治环境，营造出浓厚的学法守法氛围；设立法律服务站为村民提供了法律咨询和解决纠纷的渠道，有效预防和化解了矛盾冲突；制定村规民约进一步规范了村民行为，对村容村貌和社会秩序起到

了维护作用；在项目建设中，依法引导群众积极支持，避免了因利益诉求而产生的冲突，保证了建设进度。总之，这些措施的综合运用，提升了西邑村依法治理、自治、服务和建设的整体能力。

大理州洱源县三营镇郑家庄生活着汉族、白族、藏族、傣族、纳西族、傈僳族、彝族七个民族，是一个典型的多民族聚居村。为提升依法治理能力，郑家庄向村民宣传"必须坚持依法治理民族事务""必须坚持正确的中华民族历史观""必须坚持和发展民族区域自治制度"等"十二个必须"，以铸牢中华民族共同体意识；开展"扫黄打非"专项行动，净化文化生态环境；推广多民族议事机制，将矛盾化解在基层；发挥族群团结优势，促进各族和睦相处；发挥党建引领作用，依法推动共同富裕；组建治安联防队，维护社会稳定；警民深度融合，防微杜渐，守望相助。

通过以上举措，郑家庄的依法治理能力明显提升，民族团结更加牢固，中华民族共同体意识明显增强，有利于维护国家统一和边疆稳定。文化生态环境明显改善，村民精神面貌焕然一新，营造了积极向上的氛围。民主管理制度更加健全，矛盾化解机制更加顺畅，维稳能力显著提升。党建工作进一步推进，各项事业协调发展，村民获得感、幸福感明显增强。治安状况良好，没有发生重大刑事案件，社会大局稳定。警民关系改善，信息互通共享，形成了维护稳定的合力。村民积极参与社会建设，实现了共建共治共享，村容村貌日益整洁。经济获得较快发展，村民生活水平普遍提高，走上了共同富裕的道路。

郑家庄依法治理的成功经验对其他多民族村也具有重要借鉴意义。为了提升乡村依法治理能力，民族村要突出法治阵地建设，采取以下具体路径和方法。一是加强法治宣传教育。通过开展法律知识普及和宣传教育活动，提高广大农民的法律意识和法律素养，让他们知法懂法，依法维权。二是建立健全法律服务体系。完善村级法律服务站和乡镇司法所等法律服务机构，提高基层法律服务的质量和效率，为农民提供更加便捷的法律服务。三是推进农村土地确权登记工作。开展农村土地确权登记工作，为农民的合法权益提供保障，加强乡村土地管理和规划，促进农村经济发展和社会稳定。四是建立健全基层法治机制。建立健全村民自治、村规民约等基层法治机制，规范村民自治的程序和方式，加强村级组织管理和社会治理，提高基层社会稳定水平。五是加强对农村矛盾纠纷的调处和解决。建立健全农村矛盾纠纷调处机制，加强矛盾纠纷的调处和解决工作，促进社会和谐稳定。六是加强乡村治理体系和能力建设。加强乡村治理体系和能力建设，提高基层干部的法律素养和工作能力，加强组织和协调能力，推进乡村治理规范化、科学化、民主化。

二、法治为本，方显法治乡村建设成效

法治乡村建设的成效，取决于是否坚持以法治为本，依法治理。法治为本建设法治乡村，是当前推进乡村振兴战略的重要任务之一。法治建设是全面深化改革、推进现代化建设的基础性工程，建设法治乡村具有重要作用和意义。法治乡村建设可以规范乡村社会秩序，维护社会公平正义，促进农村社会稳定和发展；规范乡村经济秩序，保护农村经济主体合法权益，促进农村经济发展，增强农村的活力和竞争力；增强农民的法治意识和素质，让他们知法懂法，依法维权，保护自身合法权益；增强人民群众对法治的信仰度，增强人民群众的法律意识和法律素质，推进全社会的法治化进程。

（一）鸡足山镇法治乡村建设

大理州宾川县鸡足山镇在法治乡村建设中，采取了多种创新措施：实施“三码”隐患排查，将存在问题“码”上来，提出解决措施，确保问题得到整改；建立纵横网格化管理体系，发挥各网格作用，形成工作合力；创新信访

制度和联席会议机制，促进各方协作，提高工作效率；开展违章建筑和村容村貌专项整治，改善人居环境；做好信访矛盾排查化解，维稳基础工作；规范旅游市场秩序，保障游客权益；加强流动人口管理，防范安全隐患；加强森林和自然资源保护；营造文明新风，提升村民素质。通过创新工作方法，选准工作重点，鸡足山镇在法治乡村建设中取得明显成效。通过"三码"隐患排查，问题整改更加精准高效。四网联动强化了基层组织力量，管理网络更加严密。创新信访制度增强了问题研判力和协调能力。实施专项行动，有效改善了人居环境。矛盾化解更加及时有效，维稳形势良好。规范了旅游市场，保障了游客权益。加强流动人口管理，防控安全风险。森林资源得到更好保护，生态更加优美。培育文明新风，提升了村民素质。法治环境和发展环境明显优化，社会各方面取得更大发展。总之，这些创新举措全面提升了鸡足山镇法治化、特色化、制度化建设水平。

（二）刘厂镇法治乡村建设

大理州祥云县刘厂镇在依法治理过程中，始终坚持依法治国的总目标，推进依法治国、依法执政、依法行政，以增强依法办事意识；建设法治国家、法治政府、法治社会，以提升法治化水平；完善法律规范体系、法治实施体系、法治监督体系、法治保障体系和党内法规体系，以构建系统化法治框架。在法治文化建设方面，刘厂镇大力弘扬"遇事找法、办事依法、解决问题靠法"的理念，养成良好的法治习惯；严格要求干部群众以法为准则，内化于心、外化于行；深入开展法治学习，不断提高法治素养。通过全面推进依法治理，刘厂镇法治建设取得显著成效。完善的法治环境可以更好地保护产权、规范市场经济活动、减少交易成本、降低经营风险，有利于激发经济活力和创业创新活动。依法治理可以更好地调节社会关系、化解纠纷矛盾、维护社会稳定，为经济建设营造安定有序的环境。严密的法治监督可以有效防控腐败和违法行为，保障公平竞争，维护经济活动的规则秩序。法治文化的培育可以提升企业和群众的法治意识，推动各方在经济活动中自觉守法经营、诚信取证。法治为经济发展提供制度保障，规范经济行为，优化营商环境，提高经济运行效率。法治环境吸引了更多企业投资兴业，带动了第二、第三产业发展和就业创业。法治建设为经济持续健康发展提供法治保障，使经济社会发展更具前瞻性和稳定性。法治建设促进了经济结构优化升级和高质量发展。

（三）西邑镇西邑村法治乡村建设

大理州鹤庆县西邑镇西邑村通过建立代表小组，推进农村基层民主法治建设。代表小组的主要任务有：学习宣传党的方针政策和国家法律，检查法律法规实施情况；宣传和落实人大决议决定，动员群众参与社会主义事业，正确行使民主权利；接受选民监督，定期进行述职，增强服务群众的责任意识，其中，述职的内容包括代表个人的学法守法情况、参加代表活动情况、履行代表职责情况以及联系选民情况等。通过代表小组的工作，西邑村不断巩固基层政权，强化依法治理，发挥基层民主监督作用，增强代表服务群众的意识，推动村民自治规范化、程序化。

代表小组成为基层民主法治建设的重要平台，对促进农村治理体系和治理能力的现代化具有重要意义：增强了基层组织的凝聚力和战斗力，巩固了基层政权建设；提高了广大村民的法治观念和法治素养，营造了浓厚的法治环境；强化了村民的民主权利意识，提高了民主参与度；加强了村级人大对村务的监督，形成了良好的权力制衡机制；增强了村级代表的服务意识和履职能力，更好地维护了村民利益；推进了村规民约建设，规范了村务管理；

丰富和创新了基层民主形式，实现了民主科学、民主协商、民主决策；改善了村容村貌，营造了干净、整洁、文明的生活环境；维护了村级社会稳定，预防和减少了矛盾纠纷；为村级经济社会发展提供了坚强的制度保障。

综上所述，在法治乡村建设中，要加强对乡村治理过程的法律监督，防止乡村治理中出现违法违规行为，同时加强对基层干部和法律服务人员的监督，确保他们依法行政、公正执法。要强化法律意识，提高乡村居民的法律素养和法治意识，让他们了解法律规定、维护自身权益。同时也要加强对基层干部和法律服务人员的法律培训，提高他们的法律素养和法律意识。此外，还要注重加强对乡村治理过程中的法律监督，加强对村规民约、基层法规等的制定和执行监督，防止乡村治理中出现违法违规行为，同时对违法行为进行严肃处理。

三、群防群治，多措并举守护乡村安宁

群防群治是法治乡村建设中非常重要的工作方式之一，对于提升乡村治理能力、加强安全防范、增强民主意识、推动乡村发展、增强社会信仰度等方面都有着重要的作用和意义。群防群治可以提升乡村治理能力，加强基层社会治理，提高乡村社会稳定水平；加强安全防范，预防和打击各类违法犯罪活动，保障人民群众生命财产安全；增强人民群众的民主意识和参与意识，让他们积极参与乡村治理和社会管理，实现群众自治，增强社会和谐稳定；推动乡村经济社会发展，增强农村的活力和竞争力，促进乡村振兴战略的实现；增强人民群众对法治的信仰度和对政府的信任度，提高社会信仰度，增强社会和谐稳定。总的来说，可以形成上下联动、群防群治的乡村治理格局，实现乡村治理规范化、科学化、民主化，让乡村社会更加和谐稳定。

大理州洱源县三营镇郑家庄是一个汉族、白族、藏族等七个民族杂居的典型的多民族村。村党支部书记何国祥多年来始终坚持"依法治村"，推动民

主决策、民主管理、民主监督，实现了村民的畅通参与。1991 年，在何国祥主导下，村里依法成立了治安联防队，负责宣传法律、调解纠纷、维护稳定，建立起多民族群防群治的体系。村里还建立了议事制度，由 7 个民族代表组成村级小组，实施民主决策。重大事项由党支部提出方案，小组和村民会讨论决定，在监督小组监督下执行。村级财务公开透明，村民有知情权和监督权。①

通过民主管理和监督，村民广泛参与村务，权力制衡到位，切实维护了村民权益，村干部自律性也得到提高。郑家庄民主法治建设成效显著，是全国民族团结的样板，对其他多民族村推进依法治理具有借鉴意义。

多民族村实施群防群治，可以设立社区巡逻队，由社区居民自行组织，负责巡逻、巡查等工作，及时发现和制止违法犯罪行为；可以在社区建立邻里互助小组，加强邻里之间的联系和协作，共同维护社区安全和稳定；可以通过宣传海报、宣传视频、宣传讲座等各种形式的宣传活动，增强居民的法律意识和安全防范意识；可以设立社区警务室，由警务人员和社区居民一起管理，加强对乡村治安的监督和管理；可以建立社区调解机制，由社区居民自行组织，处理邻里间的纠纷和矛盾，维护社区和谐稳定等。通过多种方式的组合，能够增强多民族村居民的法律意识和安全防范意识，维护乡村社会治安稳定，推进法治乡村建设。此外，在群防群治工作中，要加强对乡村治安的应急管理工作，在突发事件等紧急情况下，能够快速反应并采取有效措施，保障乡村居民的生命财产安全。同时，要加强对乡村居民的安全教育和防范意识培养，增强他们的自我保护意识和能力。

---

① 杨克举.民族团结示范村的领头雁——记大理州第十四届人大代表、洱源县郑家庄党支部书记何国祥［EB/OL］.（2019-11-14）［2023-09-13］.http://www.dlzrd.gov.cn/index.php?c=show&id=443.

第二节　创新乡村基层法院形式

创新乡村基层法院的形式有多种，如多元法庭、专业法庭、巡回法庭等，可以针对当地的实际情况和需求进行选择和应用。这些创新形式可以将司法服务带到乡村居民身边，实现司法公正和服务的均等化。在乡村地区建立专业化、高效化的基层法庭，可以提高基层法院的审判能力和服务水平，更好地保障乡村居民的合法权益。通过建立专业化、高效化的基层法庭，可以提高基层司法力量的建设水平和质量，提高基层法官的专业素养和审判能力，以更好地服务于乡村居民的司法需求。同时，通过创新基层法庭的形式，可以促进司法体制改革的深入推进。在探索不同的创新形式的过程中，可以发现问题、总结经验，为司法制度的改革和发展提供有益的探索和实践。通过建立多元化的基层法庭形式，也可以加强社会信用体系建设，推动法治乡村建设的实现。

一、多元法庭夯实法治乡村之基

多元法庭是一种由不同领域的专业人士组成的庭审团队，共同审理涉及复杂技术、科学等领域的案件的庭审方式。这种庭审方式是法治乡村建设中的一项重要措施，其作用可以提高司法公正性和公信力。多元法庭将社区组织、调解中心、专业人员等多个方面的力量纳入庭审程序，可以更加全面地了解当事人的情况，更加精准地作出判决，从而提高庭审的公正性和公信力。多元法庭在庭审过程中积极引入社区组织、调解中心等基层机构，可以加强法院与基层社会的联系，增强法院的社会服务功能，更好地服务于当地百姓。

多元法庭不仅可以减轻法院的工作压力，同时也可以提高庭审效率和效果。通过庭前调解、庭外和解等方式，可以尽快解决一些简单的纠纷，节省司法资源，提高诉讼效率。多元法庭的实施，可以推动乡村治理现代化。它可以加强基层社会组织的参与，提高基层治理水平，增强基层自治能力，推进乡村治理现代化。多元法庭的实施，可以增强人民群众的法律意识。通过庭审过程中的宣传教育，可以让人民群众更好地了解法律知识，提高法律素质，增强法律意识。

大理州洱源县邓川镇的多元法庭在实践中取得了显著成效。2021年，该法庭调解结案350件，调解率达到79%。2022年上半年，调解结案数达到203件，调解率为81%。同时，该法庭还指导、参与基层调解组织，成功调处纠纷102起。[①] 这些成绩充分表明，多元法庭作为一种创新的庭审方式，在推动法治乡村建设中具有重要的作用。

邓川镇多元法庭的成功经验主要体现在以下几个方面。首先，建立乡村治理矩阵，筑牢乡村振兴的法治"堡垒"。邓川镇将"党建＋法治"融入乡村治理，实行党员法官包村制度，在辖区村委会设立"法官工作室"，使法庭既掌握村情民意，又融洽干群关系。其次，完善多元解纷体系，让各族群众感受到公平正义就在身边。邓川镇认真落实习近平总书记提出的"坚持把非诉讼纠纷解决机制挺在前面"的要求，推进诉前委派调解工作，与辖区司法所、派出所建立"庭所联动协作"的工作机制，合力共促矛盾纠纷多元化解。此外，邓川镇还创建了"阿鹏解纷""双语服务"特色诉讼服务品牌，利用民族语言传递法治之声，把法律适用、民族习惯有机结合起来，既打开了民族群众"法结"，又解开了民族群众心结。再次，强化乡村诉源治理，为各族群众源头化解矛盾纠纷。邓川镇以"支部＋法官＋综治中心＋村人民调解员"的

---

① 云南网.铸牢中华民族共同体意识看大理I邓川人民法庭：司法保障助力民族团结进步［EB/OL］.（2022-07-06）［2023-09-16］.https://society.yunnan.cn/system/2022/07/06/032173275.shtml.

模式组建解纷组织，为各族群众提供多元、便捷的矛盾纠纷解决方式，确保"小事不出村、大事不出镇、矛盾不上交"。最后，邓川镇多元法庭还强化普法宣传，教育引导各族群众爱法、守法、用法。通过普法宣传，提高群众法律意识，让群众了解自己的权利和义务，从根本上预防和解决矛盾纠纷。

邓川镇多元法庭的成功经验是可以在其他地区推广的，为法治乡村建设提供有益的借鉴。该法庭在解决乡村矛盾纠纷方面，创新性地引入了社区组织、调解中心、专业人员等多个方面的力量，实现了庭审的多元化和社区调解的前端化。

首先，邓川镇多元法庭的建立需要政府部门的支持。政府应该为当地法院提供必要的资源和支持，例如法院的场所、设备、人员等，以保证法院顺利开展工作。同时，政府还应该积极宣传法律知识，提高群众的法律素质，让群众了解多元法庭的作用和意义。其次，多元法庭的成功离不开社区组织的支持。在推广过程中，需要积极引入当地社区组织、调解中心等基层机构，加强法院与基层社会的联系，更好地服务于当地百姓。同时，需要提高社区组织的能力和素质，为调解纠纷提供更加专业的支持。最后，多元法庭的推广需要法院具备足够的专业能力。法院需要拥有足够的法律知识和判断能力，以作出公正、合理的判决。同时，法院还需要有较强的沟通能力，能够与各方当事人进行有效沟通，达成共识。

在推进法治乡村的过程中，多元法庭是一种创新的庭审方式。其主要特点是在传统的法院庭审模式基础上，将多个部门和群众组织纳入庭审程序，形成多元化的庭审模式，以实现更为精准和公正的司法。下面是多元法庭在创新中的几个方面。

一是庭前调解机制的创新。多元法庭在庭前调解机制上进行了创新，引入社会工作者、调解员等多元化的调解力量，以加强调解的时效性和便捷性。这种方式可以更好地解决一些简单的纠纷，节省司法资源，提高效率。

二是多元化的庭审程序。多元法庭不仅在庭前调解机制上进行了创新，还在庭审程序上进行了多元化的创新，如法官和调解员合作庭审、社区代表陪审庭审等。这种方式可以有效地增加庭审的公正性和公信力，提高庭审的效率和效果。在多元法庭中，由法官主持庭审，专家担任陪审员，共同审理案件。专家可以是来自相关行业的技术专家、学者、行业协会代表等，他们可以就案件中涉及的技术、专业知识、行业标准等问题进行解释和说明，为法官提供专业的意见和建议。

三是庭审资源的共享利用。多元法庭还可以通过共享利用庭审资源的方式，实现庭审效率的提高和资源的最大化利用。比如在某些地区，法院可以与社区组织和调解中心合作，共同组织庭审，以最大限度地减少司法资源的浪费。

四是庭外和解机制的创新。多元法庭还可以在庭外和解机制上进行创新，采用多种方式，包括调解、仲裁、调解员、社区代表等多种方式，以帮助当事人尽快解决纠纷，降低诉讼成本，提高诉讼效率。

五是多元法庭的适用问题。多元法庭主要适用于那些技术含量高、专业性强的案件，如知识产权案件、环境污染案件、建筑施工案件等。在这些案件中，专业性和技术含量很高，法官可能无法全面理解和把握案件中的专业知识，容易出现判断上的偏差。而多元法庭的引入，可以弥补法官在专业领域知识方面的不足，提高庭审的专业性和效率。

二、专业法庭提升乡村司法职能

专业法庭是指专门审理某一特定类型案件的法庭，主要适用于那些技术含量高、专业性强的案件。专业法庭可以提高庭审的专业性和效率，加强对当事人权益的保护，同时也可以促进司法公正和司法效率的提高。专业法庭的设立，可以使法官更加专业化，掌握更多的专业知识和技能，提高审判质量和效率。专业法庭还可以加强对当事人权益的保护，因为专业法庭的法官通常对特定类型案件的审理有更多的经验和能力，能够更好地理解案件的本质和特点，判决更公正、更合理。专业法庭还可以促进司法公正和效率。对于一些烦琐、复杂的案件，专业法庭可以提高审理效率，减少审理周期，从而更好地保障当事人的合法权益。另外，专业法庭的设立也可以降低司法成本，提高资源利用效率，促进司法资源的合理配置。

在乡村基层法院的建设中，引入专业法庭的机制，可以提高基层法院的服务水平和审判能力，更好地服务于乡村居民的司法需求。同时，对于一些特定类型的案件，如土地纠纷、劳动争议等，专业法庭的设立可以提高审判质量和效率，使农民群众能够更好地享受到司法服务。大理州洱源县邓川镇在乡村基层法院的建设中就引入了专业法庭的机制。

邓川镇的专业法庭以专业化、类型化为导向，创新法庭"一庭三职"的工作理念，使法庭兼具诉讼服务站、旅游巡回法庭、生态保护法庭三项职能。在辖区共设立 20 个镇村诉讼服务站（点），为各族群众提供"家门口"的司法服务。同时，设立旅游巡回法庭，在景区开展涉旅法律诉讼服务。邓川镇专业法庭还组建了洱海源环境资源案件审判合议庭，开展环境资源案件集中管辖，用最严格的制度、最严密的法治保护洱海生态环境。

邓川镇的专业法庭注重程序规范化建设，让各族群众获得高效便捷的诉讼服务。通过调裁分流和繁简分流，以调减诉，多数简单案件快调速审，少数复杂案件精细化审判，确保案件提速增效。推行快执团队进法庭，对调解案件及时督促自动履行，对需要强制执行的由执行团队及时执行，以确保当事人合法权益及时实现。同时，邓川镇的专业法庭加强智慧法庭建设，利用"云解纷"平台，大力开展线上调解、审判、执行，使大部分矛盾纠纷得以及时化解。

邓川镇的专业法庭还法治护航"三农"发展，让各族群众感受到司法的温度。通过专业化的法庭建设和程序规范化建设，邓川镇的专业法庭为各族群众提供高质量的司法服务，促进当地"三农"事业的发展。

作为法治乡村建设过程中的一种重要的庭审方式，专业法庭需要进行创新，以更好地适应基层法律需求。具体而言，创新的方向可以包括以下几个方面。一是多元化庭审方式。专业法庭需要采用更加多元化的庭审方式，例如调解、协商等，以更好地解决一些基层矛盾纠纷。在庭审过程中，考虑到当事人的实际需求，可以采用非正式的庭审程序，例如现场调解等，以更好地达成和解协议。二是加强社会组织参与。专业法庭需要与当地社会组织、调解中心等基层机构密切合作，以更好地了解当地矛盾纠纷的实际情况，并提供专业化的法律服务。同时，可以引入社会组织的专业人员，例如心理医生、社会工作者等，为当事人提供更加全面的支持。三是提高法官的专业素质。专业法庭的法官需要具备较高的法律素养和判断能力，并具备与基层社区沟通的能力。因此，需要加强法官的培训和教育，提高法官的专业素质，以更好地服务于基层法律需求。四是加强普法宣传。专业法庭需要加强普法宣传，提高广大群众的法律意识和法律素质。在庭审过程中，法官可以向当事人进行法律讲解，让当事人了解他们的权利和义务，提高司法公信力。

三、巡回法庭就地解决乡村法律纠纷

巡回法庭又称为移动法庭，即法院开车到乡村地区进行巡回审判。巡回法庭主要适用于那些设施落后、审判资源短缺的乡村地区。通过设立移动法庭，将审判带到农村居民身边，使当事人能够更加便捷地接受司法服务和维权，解决他们的实际诉求。

巡回法庭可以解决乡村居民的审判难问题，提高乡村居民的司法服务水平，同时也可以促进司法公正和提升社会治理水平。可以加强乡村司法资源

的整合和优化，提高审判效率和质量，从而更好地保障乡村居民的合法权益。通过设立巡回法庭，可以加强当地法治宣传教育，提高农民对司法的信任度和认可度。同时，巡回法庭还可以加强基层法院和政府组织之间的联系，推动社会治理现代化。

大理州剑川县法院成立的速裁团队就是巡回法庭的性质。剑川县法院速裁团队专门审理事实清楚、标的额较小、法律关系明确、争议不大的案件，以"快送""快审""快判"为司法理念，高效为群众化解矛盾，努力为人民群众提供更快捷的司法服务。该团队的高效率得到了当事人的高度评价，让人们重新认识了法院的工作效率，打破了人们对打官司费时费力的看法。2021年，剑川县法院速裁团队共办理案件388件，案件平均审理周期仅为10.9天，极大地提高了办案质效。[①] 2022年初，剑川县人民法院执行局本着"开年即决战"的思路，在院党组的正确领导下全力开展执行工作，扫积案、清旧存，执行工作如火如荼地开展，经过不懈的努力，取得了喜人成绩。

剑川县法院速裁团队对当地的作用和影响是非常显著的。速裁团队能够快速审理一些事实清楚、标的额较小、法律关系明确、争议不大的案件，加速了案件的处理速度，让当事人能够更快地得到司法救济，解决纠纷。这不仅提高了司法效率，也增强了人民群众对司法公正的信任感和满意度，从而促进了社会稳定与和谐发展。速裁团队的高效率工作方式也在一定程度上影响着当地整个司法系统的工作态度和效率。通过示范作用，其他法院可以从速裁团队的工作中吸取经验和方法，提高自身的办案效率和质量，进一步推动司法改革和现代化建设。总之，剑川县法院速裁团队的工作对当地司法工作的改革和发展产生了积极的推动作用，提高了司法公正度和人民群众的满意度，促进了当地社会的和谐稳定。

---

① 张慧云. 简案快审，打造审判"快车道"［EB/OL］.（2022-03-14）［2023-09-17］. http://gw.ynjcxfy.gov.cn/article/detail/2022/03/id/6574112.shtml.

剑川县法院速裁团队的工作方式已经在全国多个地区得到了推广。事实上，近年来，随着司法改革的深入推进，各地法院都在探索和推广各种创新的工作方式和机制，以提高司法效率和质量，加强司法公正，满足人民群众的司法需求。在这个过程中，剑川县法院速裁团队的工作方式成了一个值得借鉴的典型案例。许多地方的法院都开始建立和运行类似的巡回法庭或速裁团队，专门审理一些简单、能快速处理的案件，以提高工作效率和质量，提供更快捷、更便利的司法服务。同时，这些工作方式也在不断地进行改进和创新，以适应不同地区和不同类型的案件需求。剑川县法院速裁团队的工作方式已经成为推动司法改革和现代化建设的一个重要力量。

巡回法庭已经成为一个重要的庭审方式。然而，要使巡回法庭真正发挥出应有的作用，需要不断进行创新和改进，以适应不同地区和不同类型的案件需求，提高司法效率和质量，保障法治乡村建设的顺利进行。首先，巡回法庭可通过运用信息化技术进行创新。信息化技术可以为巡回法庭提供更加高效、智能化的案件管理和审判服务，以实现更快速、更精准的案件解决。例如，可以采用电子立案、在线调解、视频庭审等方式，实现案件的远程审理、快速调解、在线递交诉讼材料等，提高办案效率和质量。此外，也可以通过建设信息共享平台、智能化数据分析等手段，为巡回法庭提供更加精准、全面的信息支持，提高司法公正和便民程度。其次，巡回法庭可通过多元化的庭审方式进行创新。在巡回法庭的庭审中，不一定要采用传统的庭审方式，可以根据不同类型的案件特点和当事人的需求，采用多种庭审方式，如庭外调解、现场调查、网络庭审等，以满足当事人的多样化需求，提高庭审效率和质量。最后，巡回法庭可通过与当地群众和社会组织的合作进行创新。巡回法庭不仅是一个庭审机构，也是一个服务机构。它可以通过与当地群众和社会组织的合作，了解当地的实际情况和需求，提供更加贴近群众、更加精准的司法服务，提高司法公正和人民群众的满意度。

第三节　强化法治乡村宣传教育

法治宣传教育在法治乡村建设中是必要之举。通过对乡村居民进行法治宣传教育，可以让他们更加了解法律法规、制度和程序。这有助于提高乡村居民的法律意识和法律素养，增强他们的法律遵从性，促进法治意识的普及和提高。只有当乡村居民具备了一定的法律素养和法律意识，才能更好地遵守法律、维护自身权益，同时也可以更好地支持和配合基层政府和法律服务机构的工作。

法治乡村宣传教育可以加强乡村居民之间、居民与政府之间的沟通和协作。通过法治宣传教育，乡村居民可以了解自己的权利和义务，以及政府和法律服务机构的职责和责任，这有助于加强居民与政府之间的信任和合作，促进社会和谐稳定。此外，法治宣传教育还可以帮助乡村居民更好地了解社会公德和道德规范，提高他们的文明素质。

法治乡村宣传教育有助于加强基层法律服务机构和律师的法律素养和法律意识，提高他们的法律服务能力。这有助于促进基层法律服务的提高，为乡村居民提供更好的法律服务和保障。同时，法治乡村宣传教育还可以帮助乡村居民了解法律服务机构的服务范围和服务方式，增强他们的法律服务意识，满足他们的法律服务需求，促进基层法律服务的优质发展。

法治乡村宣传教育是推进乡村治理现代化的重要举措。乡村居民的法律素养和法律意识的提高，可以帮助他们更好地了解和支持乡村治理现代化的工作。同时，法治乡村宣传教育可以加强乡村居民和政府组织之间的联系，推动社会治理现代化。只有当乡村居民的法律素养和法律意识得到提高，他们才能更好地参与乡村治理现代化的各项工作，促进乡村治理现代化的全面推进。

　　强化法治乡村宣传教育对于推进乡村振兴和治理现代化具有重要的意义。随着乡村振兴战略的推进和乡村治理现代化的加速，法治乡村宣传教育将成为推进乡村振兴和治理现代化的重要途径。加强法治乡村宣传教育，提高乡村居民的法律素养和法律意识，将有助于推动乡村治理现代化，提高乡村社会的文明程度和治理水平。

一、宣传法律知识，弘扬法治精神

　　乡村居民的法律素养和法律意识，直接关系到他们的法律遵从性。因此，通过开展法律知识宣传、法律讲座、普法演讲比赛等活动，可以让村民包括乡村的孩子们更好地了解法律，增强法律素养和法律意识，提高法律遵从性。

　　2022 年 5 月 5 日，大理州剑川县人民法院向涉及离婚纠纷案件的当事人发出首份《家庭教育责任告知书》，要求双方签署《家庭教育责任承诺书》，充分发挥审判职能来推动未成年人父母履行家庭教育责任。[①] 剑川法院将继续深入贯彻落实家庭教育相关法律，用法治阳光守护未成年人。剑川法院通过开展各种法治宣传活动，宣扬法治精神，为乡村振兴提供法律知识和服务。法院到沙溪镇设立法律咨询台，为群众解答相关法律问题，宣传相关法律规定。活动提高了乡镇群众的法律意识和法治观念。法院还到马登镇中心小学开展"送法进校园"活动，以案释法告诫学生远离犯罪危险，增强自我保护能力。通过这些法治教育，让学生真正做到知法守法。法院组织到老君山镇开展平安建设宣传，普及电信诈骗、家庭纠纷等法律知识，解答群众疑问，增强人民的法治意识和观念。剑川执行局全员调整思路，运用信息化措施进

---

① 马涛 . 剑川法院发出首份《家庭教育责任告知书》《家庭教育责任承诺书》［EB/OL］.（2022-05-11）［2023-09-16］.http://gw.ynjcxfy.gov.cn/article/detail/2022/05/id/6679649.shtml.

行远程执行，做到疫情防控与办案两不误。总之，剑川法院通过各种活动，把法治思维带入社会各领域，促进社会和谐互动。

剑川法院的这些做法，提高了群众的法律意识和法治观念，让群众了解法律知识，养成遵纪守法的习惯，促进社会和谐。减少了案件冲突，维护了社会稳定。特别是介入家庭纠纷案件，明确家庭教育责任，有助于缓解家庭矛盾。向学生普及法律知识，增强自我保护意识，使他们远离犯罪，更好地成长。通过普及法治知识和服务，为乡村经济和社会发展营造法治环境。通过高效的信息化执法和司法救助，充分满足群众的司法需求。把法治思维融入各领域，促进社会各方面互动的有序和平。

在法治乡村过程中，宣传法律知识和弘扬法治精神是非常重要的，因为这有助于提高农村居民的法律意识和法律素养，促进农村社会的和谐稳定发展。那么，在法治乡村过程中，要想宣传法律知识，弘扬法治精神，究竟应该如何做？以下是一些有用的方法。

一是制定并推广易懂的法律宣传资料。制作简明易懂的法律宣传资料，如小册子、宣传画、视频等，以便村民能够轻松理解法律知识。这些资料可以涉及各种法律主题，如婚姻家庭、劳动法、环保法等，以及如何通过法律途径解决问题。这些资料可以在村委会和其他公共场所供免费获取。二是开展法律知识培训和讲座。组织法律专家或律师在村里开展法律知识培训和讲座。这些讲座可以涉及实际问题，如土地承包、房屋买卖、交通事故等。讲座还可以包括如何利用法律途径解决问题、如何保护自己的合法权益等方面的内容。三是利用媒体宣传法律知识。利用当地媒体，如广播电视、报纸和网络媒体等，宣传法律知识和相关政策。这些媒体广泛覆盖农村地区，并且能够快速传播信息。因此，在这些媒体上发布法律知识，可以让更多的人了解到相关信息。四是组织法律服务日和法律援助活动。组织法律服务日和法律援助活动，为村民提供免费的法律咨询和帮助。这些活动可以吸引更多的农村居民参与，同时也为他们提供了解决问题的渠道。在这些活动中，可以邀请现场法律专家，解答村民的疑问，提供帮助和指导。五是建立法律宣传志愿者队伍。建立法律宣传志愿者队伍，由具有法律知识和经验的志愿者为村民提供法律咨询和帮助。这些志愿者可以在村委会和其他公共场所设立咨询站，为村民提供法律帮助。他们还可以定期开展法律知识培训和讲座。

二、法治护航，常态化开展普法宣传教育

乡村治理是一个复杂的系统工程，需要各方面力量的协同合作。在这个过程中，法治宣传教育可以起到保驾护航的重要作用。通过常态化开展普法宣传教育，可以让乡村居民更好地了解法律制度，提高法律素养和法律意识，增强法律遵从性。同时，普法宣传教育还可以加强乡村居民和政府组织之间的联系，从而推动乡村治理的现代化。

大理州祥云县刘厂镇王家庄村在过去的二十余年中，通过积极开展普法宣传教育和常态化开展执法活动，成功构建了全民"学法、懂法、守法、用法"的良好法治局面。该村通过创建"民主法治示范村"，完善基层公共法律服务体系建设，实施农村"法律明白人"工程，培育"法治带头人"，规范村级事务管理制度，将工作引入法治轨道，为社会矛盾综合治理机制构建源头防控、排查梳理、纠纷化解、应急处置的体系。此外，刘厂镇注重法治护航，通过多种形式的宣传培训，让法律知识深入人心，推动基层普法工作从有形到有效。该村制定了矛盾纠纷"八步联调"工作法，深入践行新时代"枫桥经验"，通过组建人民调解委员会、法律诉讼服务站等方式，为社区治理提供法律意见，开展法律咨询、法律服务、法律宣传和法治讲座，参与人民调解工作，引导群众通过法治方式来化解和处理各种矛盾纠纷。王家庄村被省司

法厅、民政厅推荐为云南省第九批"全国民主法治示范村（社区）"，展示了该村在推进法治建设方面的良好表现。

王家庄村通过深入开展法律宣传教育和培训，让法律知识深入人心，使村民逐步形成了遇事要依法解决的意识，提高了他们的法律素养和法律意识。通过完善基层公共法律服务体系建设，实施农村"法律明白人"工程，培育"法治带头人"，规范村级事务管理制度等一系列措施，有效地维护了法律权威，形成了办事依法、遇事找法、解决问题用法、化解矛盾靠法的良好法治环境。通过加强镇村人民调解组织建设，完善乡村人民调解委员会、调解小组、纠纷信息员网络等调解机制，有效地化解了许多社会矛盾，维护了社会稳定。通过严格落实领导责任制，加强监督检查，规范村级事务管理制度等一系列措施，有效地防止和打击了腐败现象，推进了全面从严治党和反腐败斗争。

王家庄村的这些做法值得在其他地方推广。这些做法的核心思想是以法治为基础，以人民为中心，注重基层治理，通过完善基层公共法律服务体系建设、加强镇村人民调解组织建设等措施，推进了社会矛盾的化解和治理，提高了村民的法律意识和法治观念，构建了良好的法治环境，为推进法治建设、促进社会稳定、维护公平正义提供了宝贵的经验。这些做法的推广需要根据不同地方的实际情况进行具体的调整和落实，但其核心思想和方法可以借鉴。例如，在城市和乡村社区可以加强公共法律服务和法律援助，完善社区调解机制，构建良好的法治环境，提高居民的法律意识和法治观念；在学校和企事业单位可以加强法治教育和法律培训，推行依法治校和依法治企，培养法治意识和法治素养。

普法宣传教育是法治乡村建设的一个重要举措，常态化开展普法宣传教育需要注重以下几个方面。

一是确立正确的目标定位。普法宣传教育的目标应该是让农民群众形成法律意识，遵守法律，并积极参与维护法治秩序。二是多渠道开展。可以利用广播、电视、报纸等媒介进行宣传，主题活动和讲座也很有必要。三是方式多样。可以运用图片、广播、文体、新闻报道等多种形式，针对不同对象采用不同的宣传语言。四是与实际生活挂钩。要充分融入生活，挖掘农民日常生活中涉及法律的问题，让普法内容更加生动形象。五是内容及时更新。要跟上社会法律变化的步伐，定期丰富和更新内容，注意新法律新政策的普及。六是有机结合。不要孤立开展，要与其他乡村工作、社会活动有机结合，形成合力。

第四节　建立健全乡村法律服务体系

乡村法律服务体系中，非诉讼纠纷解决机制应该被摆在首要位置，通过建立多元化、灵活性强的解决机制，能够有效化解乡村居民的纠纷，减少因纠纷引发的社会矛盾和不稳定因素。人民法院应深入践行司法为民，完善司法执法体系，积极化解乡村矛盾纠纷，维护社会的安定和谐，为乡村发展提供良好的法治环境和稳定的社会基础。通过这些措施的实施，可以促进法治乡村建设的不断完善和发展，为乡村发展提供强有力的保障和支持。

一、把非诉讼纠纷解决机制挺在前面

仲裁界有一个广为流传的模式，这就是"枫桥经验"，又称为"枫桥模式"[①]。它指的是在 20 世纪 60 年代初期，浙江省诸暨县（现今诸暨市）枫桥

[①]　"枫桥模式"实质就是在改革开放 40 多年来的经济体制改革和社会转型的矛盾凸显、犯罪高发时期重视预防和控制犯罪的战略选择，它是在改革开放过程中逐渐发展起来的一整套应对社会矛盾和犯罪高发的战略和治理模式，或称中国特色整体预防犯罪模式的雏形。

镇的干部和群众共同创立的一种独特方法。枫桥镇减少和避免有人因违法而被拘捕，确保良好的治安环境，积极动员和依靠群众，一旦出现了矛盾纠纷，自己就地解决矛盾。这种做法取得了良好的社会效果，"枫桥模式"在全国政法领域树立了一个标杆。后来，"枫桥模式"不断发展，演变为具有鲜明时代特色的"新枫桥模式"。现在，"枫桥经验"成为一个广义的概念，指的是以调解为主要方式，强调和解、和谐、和睦的社会治理经验和理念。

"枫桥经验"的核心是中华传统文化中"和为贵"的精神理念，即强调和平解决纠纷，维护社会和谐稳定。在新时代下，"新枫桥模式"也应成为坚持和贯彻党的群众路线的典型范例。正如习近平总书记指出的那样，坚持和发展新时代"枫桥经验"，把非诉讼纠纷解决机制挺在前面。这为仲裁事业的高质量发展指明了方向。在法治乡村建设中，人民法院应本着这一精神，为乡村治理发挥出应有的作用。

在法治乡村建设过程中，一定要把非诉讼纠纷解决机制挺在前面。这是因为非诉讼纠纷解决机制能够通过调解、和解等方式，在当事人自愿的基础上，就纷争达成解决方案，避免了诉讼程序中可能出现的对抗、僵持，从而能够更有效地化解矛盾，维护社会稳定；更有利于节约司法资源，提高司法效率。诉讼程序往往耗时耗力，而非诉讼纠纷解决机制则可以通过调解、和解等方式，在较短的时间内就纷争达成解决方案，从而能够节约司法资源，提高司法效率。非诉讼纠纷解决机制能够在当事人自愿的基础上，就纷争达成解决方案，从而能够更好地尊重当事人意愿，保障当事人权利。

近年来，大理州洱源县法院邓川人民法庭积极运用司法职能，大力推进法治乡村建设，助力乡村振兴。一是深入贯彻"双百规划"，构建多元化纠纷解决机制。法院运用"五步调解法"和"五强五带头"等举措，积极开展调解调处，助力化解乡村纠纷，其中"五步调解法"源自当地白族文化，通过融合调解理念创新司法服务，化解社会矛盾。二是强化诉前化解与诉中审判相结合。依托"一二三一工作机制"对纠纷双方进行安抚调解，很多案件在开庭前已经达成协议。法院同时加强诉源治理，指导基层人民调解委员会解决纠纷。三是建立多渠道诉讼服务。法院设立诉讼服务站、工作室（点），聘请群众参与调解，构建覆盖全镇的诉讼服务网格，为群众提供优质高效的司法服务。四是充分运用党建推动司法工作。党支部组建党员先锋队参与乡村执勤，制度化开展"四个有"党建教育，夯实政治保证。五是弘扬白族族风促进和谐发展。法院把审判工作与当地文化景观融入其中，以"道德感化和法律引领"的方式处理纠纷，引导当事人理性诉讼。通过这些多管齐下的措施，邓川法庭正在朝着法治乡村的宏伟目标努力。

邓川法院的这些做法在当地发挥了重要的作用，并且产生了深远的影响。通过多种调解方式和诉前指导，有效减少了当地冲突纠纷，保持了社会稳定。同时，开展的普法教育增强了群众的法律意识，促进了和谐发展。"五步调解法"等创新做法，使得解决纠纷走出了传统套路，效率和成功率有所提高。法院党员先锋队的样板功效，带动更多基层党员参与乡村建设，增强了群众对法治的信心。将法治与当地文化有机融合，更符合群众的认同感，有利于发挥乡土文化的积极作用。构建覆盖全镇的诉讼服务网络，使得群众处理纠纷的门槛降低，取得满意结果更易。党支部严格做好"四个有"党建教育，化解人员少案多等难题，有力保障法院工作开展。总的来说，邓川法院培育创新，整合资源，服务群众需要，办事效率高，取得了良好的社会效果和影响，为稳定本地区社会氛围、推动经济发展和文化建设作出积极贡献。

邓川法院的一些做法确实具有推广价值，可以在其他地区借鉴和推广，主要体现在以下几方面。一是"五步调解法"这种结合传统文化的创新思路值得推广。融合民族特色有利于激发群众的认同感和参与度，提高纠纷解决效率。二是强化诉前化解和诉中审判相结合，采取"一二三一工作机制"的模式也值得推广。新制度更有针对性，能提高诉讼效率和效果。三是充分利用社会力量参与纠纷调处。聘请民间人士组成特色的调解员队伍，发挥他们在基层的影响力和解决纷争的能力，可以在其他地方实施。四是党建推动工作。党员先锋队等制度化很有参考价值，其他地方也可以参照搭建"党建+服务"的工作框架，提升党建工作水平。五是法治与民族文化融合。将法治服务融入当地文化景观，借助族风促进法治，也是能在其他地方复制的好做法。毫无疑问，邓川法院的这些创新措施确实具有推广价值，其他地方可以参考借鉴，结合本地情况进行适当改进后实施，但还需要因地制宜，灵活运用。

大理州剑川县人民法院积极主动推进"把非诉讼纠纷解决机制挺在前面"的新举措，采取措施保障工作效果，为广大群众提供快捷便利的解纷服务。一是积极创新多元解纷。剑川县法院主动应对群众日益增长的解纷需求。2021年5月，成立诉前委派调解服务中心，开通人民调解、电子诉讼等新诉源治理途径。[①] 利用信息化手段，借助"云解纷""人民调解"平台及手机法院，开展视频审理，成功实现远程申请调解、视频审理和司法确认等智慧化模式，有效地弥补了疫情期间的防控限制。同时，推动辖区各村社区积极预防、化解纠纷，提升群众法律素质。二是强化保障推动工作。剑川法院特别强化诉前调解工作的组织保障。院长总负责、分管副院长切实提高重视程度；调解中心主任落实具体要求；指定一名干警监督指导工作。同时加强人才配备，确保专职调解员八人，法官及时通过司法确认保证调解效力。最后，优化流程，实行一站式分流审理，及时递交司法确认，申请执行，保障多元解纷高效均衡。

剑川县法院积极创新多元解纷模式，完善工作保障措施，服务群众需求。运用信息化手段，通过视频审理等方式，实现远程申请调解和司法确认。同

---

① 高增泰.剑川县诉前委派调解服务工作扎实有效开展［EB/OL］.（2021-05-07）［2023-09-13］.http://www.jianchuan.gov.cn/jcxrmzf/c102087/202107/c263fbb4f37c4012818795cc56db7f14.shtml.

时促进各村社区自主化解纠纷。从组织层面高度重视，院长总负责、分管副院长指挥部署。分类管理，确保专职调解员八人，法官及时作出司法确认。完善流程，实现一站式分流审理，及时提交司法确认，申请执行。完善多元解纷质效评估体系，对内提高司法效能，对外提供高效解纷服务。结合考核分项，自上半年起质效分数长期位列大理州前列，促进多元解纷等工作推向高水平。依法严厉打击犯罪，维护社会安定。提供便利诉讼服务，维护群众合法权益。持续加强执行工作，切实解决执行难。不断促进依法行政，深化政府和司法的良性互动。

剑川法院的诉前委派调解与多元解纷模式在一定条件下是可以推广到其他地区的，具体可从以下几个方面考虑。首先，诉前委派调解是一种有效的诉源治理方法，可以很大程度上减轻法院的工作负担，但是否可推广要视具体地区的法律意识水平和群众诉诸司法的习惯。其次，信息化手段的运用，如视频审理、网上调解等，有助于提高效率和覆盖范围，但是否可推广还要看其他地区的信息化基础设施建设程度。再次，社区自主化解纠纷的方式，是性价比很高的诉源治理方式，但要推广时也要考虑法律意识和社区组织程度的差异。从次，组织和人才保障措施是推广的关键，其他地区应当结合自身情况，制定相应的保障措施。最后，完善的流程和质效评估体系有利于工作的推进和监督，但推广时应当结合其他地区的实际情况，优化和完善流程。

在法治乡村建设中，非诉讼纠纷解决机制的具体形式主要有以下几种。一是村民调解委员会。村民调解委员会是村民自治组织中专门负责调解村民内部纠纷的组织。村民调解委员会由村民代表组成，由村民会议或者村民代表会议选举产生，主任由村民会议或者村民代表会议推举产生。村民调解委员会可以调解村民之间因土地、房屋、承包合同、债务、邻里关系等产生的民事纠纷，以及村民之间因村规民约、村民自治条例等村内事务产生的纠纷。

二是人民调解委员会。人民调解委员会是基层人民调解组织，由人民法院、人民政府、村（居）民委员会、工会、妇联、共青团、残联等单位联合组成，由人民法院院长担任主任，人民政府负责人、村（居）民委员会主任、工会、妇联、共青团、残联负责人等为成员。人民调解委员会可以调解邻里纠纷、民间借贷纠纷、合同纠纷、劳动争议、婚姻家庭纠纷等民事纠纷。三是司法调解。司法调解是人民法院通过调解方式解决民事纠纷的活动。人民法院可以根据当事人自愿的原则，对民事案件进行调解。司法调解可以通过当事人直接调解，也可以通过人民调解组织、村民调解委员会等调解组织进行调解。四是行政调解。行政调解是指行政机关在其职权范围内，依照法律法规和政策规定，对行政争议进行调解的活动。行政调解能够及时化解行政争议，维护行政管理秩序。五是仲裁。仲裁是依法设立的仲裁机构根据当事人申请，依据法律规定，对民事纠纷进行裁决的活动。仲裁可以由当事人双方协议选择仲裁机构进行仲裁，也可以由人民法院指定仲裁机构进行仲裁。仲裁机构作出的裁决具有法律效力，当事人应当履行。这些非诉讼纠纷解决机制在法治乡村建设中发挥着重要作用，可以有效化解矛盾，维护社会稳定。

二、人民法院完善司法执法，助力法治乡村

人民法院是法治乡村建设过程中不可或缺的一部分，它可以通过完善司法执法提高司法公正性和司法效率，维护社会公正和稳定，促进法治乡村建设的发展。通过公正高效地审判案件，公正有效的执行生效判决，切实保护乡村居民的财产、人身、劳动等各方面权益，让群众在基层享受到法治保障。通过诉前调解和其他多元化解纠纷模式，尤其是在乡镇（社区）自主解决方面发挥指导作用，有效降低诉讼量，促进乡村社会关系和谐。司法机关特别是法院通过积极主动"走出去"，深入乡村开展巡回审判、现场审理、就地执

行等活动，走近群众、走近案件，带给乡民直接的司法感受，激发其主动争取自身利益的能动性。人民法院通过完善司法咨询等服务，为乡村治理提供司法意见，同时通过诉讼监督等手段促进政府依法行政。人民法院执法活动中的公正廉洁形象，以及关于法律常识的宣传教育，对激发乡村群众法律意识、社会责任感等精神文明建设具有积极影响。这些都体现了人民法院完善乡村司法执法，助力法治乡村的巨大作用和积极意义。它不仅能更好地为乡村居民提供公正便捷的司法服务，而且能促进乡村治理更加法治化，使社会精神面貌更加文明，体现了社会主义法治的使命和担当。

大理州剑川县人民法院服务体系的形成源远流长。自建院以来，剑川县人民法院办案机构不断发展完善。截至 2019 年，共设 15 个内设机构。新一轮改革后，简化为 5 个机构：诉讼服务中心、综合办公室（含法警大队）、综合审判庭、执行局、政治处。剑川法院通过内设机构的优化整合，同时完善人才配备，提高了综合工作效能，从而为群众提供更高效的诉讼服务和案件审理。将少数民族的仁爱和博大精神融入服务理念，利用优秀的双语环境，为群众提供优质的多元化解纠纷方式，带来了更人性化的服务体验。诉前调解、网上调解、社区自主化解等多元化解纠纷模式有效减少了诉讼量，尤其是诉前调解，有效缓解了法院的工作压力。一站式服务、便捷高效的诉讼流程、更高比例的案件调解等，都增强了群众的参与感和获得感，使群众的诉讼体验更好。通过加大执行力度，为政府依法行政提供保障，促进政府与司法的良性互动，共同维护社会的公平正义。整体服务水平的提高、群众满意度的提高、案件调解率的提高等，都增强了群众对法院公正执法的信任，提升了法院的社会形象和公信力。

剑川法院的这些做法在一定条件下是可供其他地区法院借鉴的，但也需要考虑具体情况。主要方面有以下几点：一是内设机构优化整合。其他地区法院可以参照剑川法院根据新任务需求调整内设机构、优化内部职能结构的做法，但需要结合自身情况合理调整。二是人才配备。完善的人才队伍保障是工作成效的重要保证。其他地区法院可参考剑川法院重视人才建设和安排的经验。三是利用少数民族优势。其他多民族地区法院可以借鉴剑川法院利用双语和优秀少数民族文化资源提高服务水平的做法。四是多元化解纠纷。诉前调解等模式如果适应环境，可供其他地区借鉴，但仍需要考量相关地区群众的司法认知和实际诉诸司法的情况。五是服务理念。其他地区法院可以借鉴和参考剑川法院侧重群众需求和体验的服务理念。六是依法行政。完善内部机制，保障依法行政，确保司法权力合理发挥。七是提升影响力。通过优化服务等手段提升民意基础与社会影响力，这也是其他地区法院需要参考的重点。

在法治乡村建设中，人民法院应完善司法执法，加强司法服务，助力法治乡村，为乡村发展提供稳定的法治环境和保障。助力法治乡村具体可以从以下几个方面着手。

第一，抓好机构设置。人民法院要助力法治乡村，一件重要的工作就是优化机构设置和调整部门职责，以便能更好地覆盖并有效服务乡村群众。具体来说，可在以下几方面抓好机构设置。一是设立专门的乡村法治工作机构。例如，成立乡村法治办公室，作为全面负责乡村司法工作的专门部门，组织制定工作计划并督促落实。二是增设乡镇法庭或巡回法庭。设立乡镇或村级的法庭机构，由法官兼任或聘任乡镇或社区的法官，周期性地巡回到乡村中进行审判、调解等工作。三是优化内设机构设置。根据乡村法治工作的需要，调整现有内设机构，需要时加强执行机构力量。四是完善各级法院职责分工。高级法院统筹规划，中级人民法院指导监督，基层法院实施乡村法治任务。五是强化专业人才队伍。培养专业化人才，组建乡村法治专业小组或专班。六是增加乡村法官队伍。优先选拔乡土法官，降低法官资格条件，提供必要的激励。七是推动机构改革。探索建立行政区划与司法管辖相对应的基层法院设置模式。八是改进人员管理。改革乡村法官绩效考核制度，增加乡村工作量和效果的比重。这些方面的措施，就是从优化机构设置开始，为完善乡村司法服务工作提供充分的制度保障。

第二，加强法治宣传。要不断加强对乡村群众的法治宣传，以增强他们的法律意识和法治观念。一是定期开展主题法治宣传活动，每年至少举办 1～2 场，如法治日、司法公开日等。二是建立常态化的法治宣传渠道，利用村委会等社区平台，定期发布法律知识。三是制定法治宣传专题，如婚姻收养、土地确权登记等与乡村直接相关的内容。四是利用多种方式进行宣传，不仅有演讲、传单等，还可以采用网络宣传、短视频等新媒介。五是加强对领导干部的法治教育。通过组织研修班、专题培训等方式，提高领导干部的法治素养。六是精心开展法治宣传课。定期到校园进行法治宣传，普及少儿法律常识，树立法治观。七是制作法治教材。出版适合乡村群众阅读的、简单易懂的法律读物。通过多元化的宣传内容和途径，不断提高乡村群众的法律知识和认知水平，促进乡村社会正向发展。法治宣传工作应该长期坚持，逐渐形成制度化、常态化，才能真正起到助推法治进步的作用。

第三，强化监督预警。为了更好地执行司法权力，人民法院应当加强对乡村状况的监督和预警。可以做以下几个方面的工作：一是加强诉讼监督。通过对乡村诉讼案件的受理和审理，及时了解相关群体的权益侵犯情况，有针对性地开展诉讼事项调查。二是开展专题监督。针对存在争议较多的专题，例如土地、环境问题，定期组织专题调查，督促政府相关部门加以改进。三是建立群众举报渠道。设立公开的电话、信箱、网上平台等接受群众举报和投诉，收集公众对乡村司法的意见和建议。四是加强信息收集。充分利用各种媒体、社会组织等渠道，动态了解乡村权益受损及纠纷情况。五是完善预警制度。积累有关的案例经验，形成相应的预警指标体系，及时发现不利于乡村法治建设的潜在风险。六是加强督促工作。对政府部门违法失职行为，坚决发自内心地提出督促要求。这些举措可从多个方面强化对乡村的监督和预警。通过事前预防和事后审查相结合，为人民法院开展及时有效的司法行政提供依据。强化的监督预警功能将更好地弥补乡村法治建设中的监测"盲点"。

第四，扩大调解权力。扩大乡村调解权有利于及时化解冲突，维护社会稳定。可结合乡村实际采取以下措施：一是积极参与乡镇（社区）自主调解。充分发挥法院的指导作用，辅助社区化解日常纠纷。二是增设诉前调解程序。在乡村建立诉前调解联系机制，主动出面协调和咨询。三是建立诉外化解机制。为常见纠纷案件建立诉外化解办理制度，提供专门的调解窗口。四是完善乡村调解人队伍。优先选派乡务会长或村干部等具有乡土属性的人员。五是多样化采取的化解方式。融合乡土风俗、少数民族文化于调解活动之中，调和矛盾。六是畅通调解渠道。利用现代渠道，如互联网等，便利人口流动大的乡村群众。七是设立奖惩机制。为有效完成调解任务制定相关激励制度。这些措施可从便利群众、增强服务力度、借鉴乡土智慧等方面，逐步扩大乡村人民法庭的调解权限、调解水平和调解效果，助力群众进一步化解纠纷，维护和谐稳定。在协助乡村建设过程中，增加积极的"调解力量"意义深远。

第五，强化执行力度。加快乡村案件执行，重要的是增强执行力度。主要可以从以下方面入手：一是增加执行力量。根据乡村环境，增设专门的执行队伍，并保障其工作和生活费用。二是改革措施方式。结合乡村现状，创新乡村执行方式，比如采取限制消费、冻结账户等形式。三是强化典型案件执行。对存在普遍影响的典型难解案件，予以重视和全力以赴。四是完善执行方式。结合互联网智能化，推进网上执行和信用执行等新型执行形式。五是支持社区执行。鼓励和支持村民组成执行小组，依法协助执行。六是设立激励机制。建立重大和困难执行案件的激励制度。七是重视案件动态。密切关注乡村案件执行过程中的重要时点和节点。八是建立反馈机制。与乡村群众保持通畅联系，解决实际难题，吸取执行经验。九是完善监督检查。定期开展专题检查，督促改进未完成和效果不佳的执行情况。十是惩处滞缓。对拒不履行职责的执法人员，依法严肃问责。这些措施可从组织上、措施上、激励机制上实施，目的在于通过强化执行力度，切实解决乡村群众的执行难问题，更好地维护他们的合法权益，逐渐缩小人民法院和乡村群众之间的"鸿沟"。

第六，扩大法官队伍。要实现乡村法治目标，关键在于强化法官队伍。除一般措施外，还可以采取以下方式：一是优先补缺乡村法官。法官资格条件可相应放宽。二是优先选拔乡土法官。加大重点培训，逐渐提升专业水平。三是调整考核方式。增加乡村工作量和成效的比重。四是改善工作条件。提高待遇，完善保障，减少离村压力。五是设立乡村奖励。特设针对乡村法官的激励机制。六是探索定期轮岗。巡回审判期间提升专业素质和经验。七是重视整体工作。不断改进工作流程、办公环境等方面。八是加强法官教育。加强有关乡村法治的知识和技能培训。以上多种方式，可从方便群众、解决难点、改善环境等方面，逐步扩大和优化乡村法官队伍，培养一支更加专业、更具代表性、更合群的乡村法官队伍，推动人民法院司法服务向更加精深的乡村法治方向发展。

第七，加强司法服务。加强乡村司法服务，重点在于提供便民便利的便捷服务，可采取以下措施：一是设立服务窗口。在村委会等公共场所设置便民服务窗口或咨询点。二是优化服务流程。精简办理环节，简化手续，减少不必要的流程。三是研发服务 App。利用 App 推送法律知识，接受法律咨询与建议。四是推进网上办案。推动网上立案、网上取证等程序。五是发放在线服务码。每个村委会发放专属的二维码，实现移动办案，也可以利用信息技术手段，如网上立案、网上调解等，使司法服务能覆盖到最边远的乡村。六是提供咨询服务。定期或不定期到乡村提供法律咨询，解答群众疑问。七是推行社区诉讼。鼓励村民组成诉讼小组，自主处理矛盾纠纷。八是发放法律扶贫卡。给低保户等困难群体发放优惠法律服务卡。九是组建诉讼队伍。为乡村群众提供法律服务和争取合法权益的辅助力量。十是开设服务热线。开设专门针对乡村群众的法律服务热线电话与微信公众号。人民法院只有提供便民便利的一站式、多渠道的高效服务，才能符合乡村群众的实际需要。有了更加准确体贴的服务理念，司法服务水平才能不断提高。

第八，加强群众工作。加强群众工作是助力乡村法治的必要手段，要做到以下几方面：一是建立工作机制。形成包含"点、面、基础"三位一体的工作体系。二是制定年度计划。每个年度至少在每个乡镇组织一场群众座谈会。三是多渠道接触。广泛听取各种渠道的群众的意见和建议。四是真诚对待。认认真真地处理群众问题，切中要害解决难题。五是积极联系。通过各种途径扩大与群众的接触面。六是注重群众利益。真正把群众利益最大化作为首要考量。七是保障工作条件。确保法院群工部门能事半功倍的办事。八是完善奖惩机制。建立群众满意度考核与奖惩制度。九是认真总结。定期检查总结群众工作经验与教训。只有真正做到群众工作的全过程化、专业化，群众才能成为人民法院助力法治乡村行动的重要推动力。

第九，保障法官队伍。保障乡村法官队伍是一个长期任务，需要做到以下几点：一是充分认可。从政策层面充分肯定其作用和价值。二是改善待遇。提高薪酬与工资，适度提高职称标准。三是增加激励措施。增设乡村奖励与津贴。四是完善保障措施。改善社会保障制度，加强保健与住房等方面的保障。五是改革考核。在绩效考核中增设乡村指标。六是优化条件。办公设备要适应乡土环境。七是有效协助。为他们提供专业技术支持。八是多渠道培训。量身定制乡村法官培训计划。九是实现巡回。倡导定期巡回制，明确权益。十是优先选拔。倾向优先选拔来自乡村的法官人选。这些措施从多个方面保障乡村法官的权益和权威。有了更加完善的保障，法官才能自信淡定地在乡村环境中履行职责，促进法治进步。

第十，完善激励机制。为了完善乡村司法激励机制，可以从以下几个方面着手：一是新增奖项。新增乡村工作先进和典型个人与集体的奖项。二是设立专项。设立专门用于推动乡村法治建设的资金。三是改善待遇。增加法官职称奖金、提成以及专项津贴。四是完善考核。在绩效考核中增加对乡村工作的比重。五是评比竞赛。开展乡村法治工作评比与竞赛。六是奖金晋升。乡村奖金可作为晋升考核的积极因素。七是专享优待。乡村法官可享受更多的假期与休假。八是健全制度。完善激励奖惩、职级晋升等相关制度。九是专设基金。建立乡村法治专项基金。十是调整比例。适当提高法官奖金中乡村工作部分的比例。重视乡村司法激励也是助推乡村法治进步的必要手段。只有有力的激励，才能真正发挥法官的积极性和主动性，为推进人民法院工作与乡村司法改革提供持续动力。

第五节　强化乡村法律监督

强化乡村法律监督是推进乡村治理法治化建设的重要内容。强化乡村法律监督对于保障农民权益、促进乡村治理规范化、防范腐败和权力寻租、增强社会稳定和信任等方面具有重要意义。通过建立健全的法律监督机制，加强对乡村法律执行情况的监督和评估，能够有效推动法治乡村建设，实现农村社会的稳定和可持续发展。推行农村干部"小微权力"清单制度和反陋习、绝贪腐、扫黑除恶则是强化乡村法律监督的重要举措，需要采取多种措施，建立健全相关的制度和机制，确保农村治理的合法性和规范性。

一、推行农村干部"小微权力"清单制度

农村干部"小微权力"是指基层农村干部依据法律法规和职责范围，处理与村民生产生活密切相关的一些小事小情，例如村民身份证的办理、土地流转协议的签订、小额物资采购、农村卫生等事项。这些权力虽然看似微小，但关系到广大农民的切身利益和生产生活，若不依法行使这些权力，将会影响到农民的生产和生活。

推行农村干部"小微权力"清单制度是法治乡村建设中一项重要的改革举措，它旨在规范农村干部的行为，加强对权力的监督和制约，提高农民的满意度和信任度，促进乡村法治建设和社会稳定。制定"小微权力"清单，对农村干部的行为进行规范，明确了干部的权力范围和职责，避免了干部滥用职权的现象。同时，也可以提高干部的工作效率和质量，更好地为农民服务。通过"小微权力"清单制度，可以提高干部服务质量和效率，使农民更加满意和信任，增强农民对党和政府的信心，促进乡村社会和谐稳定。同时，农民可以了解到干部的权力范围和职责，可以对干部的行为进行监督和评价，发现违规行为及时举报，提高了对权力的监督和制约，防止了权力滥用和腐败。

为了规范农村干部行为，目前大理州有许多地方都在探索推行"小微权力"清单制度，明确农村干部的权力范围和职责，避免了干部滥用职权的现象。

大理州鹤庆县为了规范乡村小微权力，各镇街对农村干部权力清单事项实行全程监管，定期评估问题，督促改进。村支部和监委会加强自我监督。镇街层面负责指导和审核，村支部作为主体推进责任，组织部门负总体责任。研究制定工作方案，因地制宜，既保证标准化又考虑差异。加强"村账镇管"，重点监督农村财务热点和难点，以净化农村经济环境。将农村干部权力清单制度

落实情况作为考核的重要内容，区委组织部加大督查力度，还将农村干部"小微权力"落实纳入绩效考核。总的来说，鹤庆县采取全方位方案整体推进"小微权力"规范，重点从监督执行、责任落实、分类指导、审计监管和督查考核等方面入手，有利于克制权力膨胀和权力腐败，保障基层民主管理。

大理州鹤庆县西邑镇通过推行农村干部"小微权力"清单制度，将农村干部的权力事项明细化，制定了具体标准规范其行为，将农村干部常见的党务村务管理事项梳理为10大类39条具体事项，为每项事项制定标准化的办理流程和要求，还将权力清单落实情况纳入考核和奖惩，对问题严肃查处。

这些举措在几个方面发挥了积极作用：防止了权力滥用，排除"办事不公、财务不清、作风不实"等问题；保障了农民合法权益，提升了基层治理水平；巩固了党组织的领导地位，提供了组织条件来支持发展。

严格规范农村干部权力，既调动了工作积极性，又落实了党的群众路线，有利于改善基层治理，促进农村发展。西邑镇的做法值得借鉴，在明晰事权、规范程序、完善问责奖惩等方面，逐步健全完善农村干部"小微权力"管理。这是现代农村党建的必然要求。

从以上鹤庆县和西邑镇的实践来看，规范乡村"小微权力"确实对改善村民生活起到了积极作用。一是减少权力滥用。明晰的权力清单和相关程序有效制约了农村干部的权力行为，减少了权力误用和滥用的现象，减轻了村民的负担。二是更加公正高效。规范权力行使有利于把事情做对，通过正当的程序做好，减少偏见和主观因素的影响，更加公正高效。三是更加公开透明。完善的问责机制可以促进决策过程和有关信息的正当公开，减少"黑箱操作"，增强村民的知情权和参与权。四是权益得到保障。权力清单更多考虑到村民的公平和正义，有助于更好地维护农民的合法权益，如申领农业补贴、低保救助等方面。五是更加活跃的社区氛围。规范的基层治理环境有助于改善村中互动氛围，减少权力滥用导致的猜忌和隔阂，更有成就感和活力。六是更有效的公共服务。由于权力被更好地运用和配置于社区建设和公共事务上，公共服务的水平才得以不断提高。七是更加安稳的生活秩序。有效管控的农村权力有利于维护村中秩序，减少权钱交易导致的社会问题，促进村内稳定。总的来说，制度更好地规范了农村干部的权力行为，弥补了以往的漏洞缺口，有助于改善村民的日常生活。权力应该更多地服务于村民，而不是剥夺他们的利益。这才是"小微权力"制度的意义所在。

而从更广泛的意义上讲，规范乡村"小微权力"的作用在于：通过规范权力的清单和程序，可以有效遏制农村干部权力的无序扩张和滥用；通过详细的权力清单，将农村干部的权力纳入合法监管之中，可以弥补权力漏洞；明晰权力清单和监督机制，有利于降低权力滥用的风险，防止权力腐败；规范"小微权力"有助于农村干部的权力更有效地服务社区建设和社区治理；加强监督和问责，有助于推动村务的日常管理和决策逐渐向公开透明转变；规范程序有利于加快决策速度，减少不必要的重复和调整，提高行政效率；明确权力范围与程序，能够增强农民对农村干部的信任与支持；规范权力实践更多地考虑到公平和正义，维护基层社会的秩序与稳定。管好自己的权力，是农村干部规范自身行为的起点。而权力规范的结果，则是群众和谐生活的基石。这就是规范乡村小微权力的根本出发点和最终归宿。

制定"小微权力"清单可以采取以下步骤。第一步是调研分析，对农村基层工作中常见的权力事项进行调研分析，摸清农村干部的职责和权力范围。然后按照权力范围和职责进行分类整理，分门别类地制定相应的"小微权力"清单。并将制定好的清单进行公示和征求意见，确保其公开透明和合理性。第二步是全面宣传和培训。宣传和培训是做好"小微权力"清单制度的重要保障，可以采取以下措施。利用村务公开、微信群、宣传栏等方式，向广大农民宣传"小微权力"清单的内容、作用和实施程序。通过组织培训班、集中培训或现场指导等方式，加强农村干部的法律意识和职业道德，提高他们对"小微权力"清单的认识和执行能力。第三步是加强监督和评价。制定"小微权力"清单后，需要建立有效的监督和评价机制，具体可采取以下措施。设立村民监督委员会或其他专门机构，负责监督农村干部的权力行使情况，及时发现和纠正存在的问题。将"小微权力"清单制度纳入干部考核评价体系，对干部的权力行使情况进行定期评估和考核，鼓励干部依法行政，规范权力行使。第四步是加强制度落实。要想实现"小微权力"清单制度的有效落实，需要采取以下措施。持续加强对"小微权力"清单制度的宣传和教育，让广大农民深入了解其作用和意义，提高其监督和评价能力。建立科学合理的考核机制，对实施"小微权力"清单制度的情况进行评估和考核，确保制度的落实和执行。加强对"小微权力"清单制度实施情况的监督检查，及时发现和纠正存在的问题，确保制度的有效落实。当然，制度只是第一步。重要的还是如何落实。只有严格执行，村民才能真正体会到制度的进步与成果。

二、多管齐下反陋习、绝贪腐、扫黑除恶

法治乡村建设需要多管齐下反陋习、绝贪腐、扫黑除恶，这是实现乡村法治和社会稳定的重要举措。权力过于集中的农村，容易出现权力滥用和乱用的情况，引发不少帮派性质的权钱交易和权力腐败问题。反陋习、绝贪腐能有效消除这些隐蔽的不法行为，实现公平正义。乡村黑恶势力和不良社会风气严重影响社会氛围和治安秩序。扫黑除恶能有效改善乡村社会环境，促进群众和谐相处。打击侵害农民利益的非法活动，有效保障农民的生产生活。消除各种不法不实之举，有利于维护社会治理的合法性和正当性，增强群众的认同感。

大理州南涧县公郎镇回营村坚持把宗教活动场所的自我管理、民主管理，

同依法管理相结合，抓好教职人员的管理，合法合规开展宗教活动，爱国爱教、教风端正。最近五年来，回营周边村社从未发生过任何一起因生活习俗、信仰差异而引发的纠纷。回营村出台婚丧嫁娶不得大操大办、不得燃放烟花爆竹、不得赌博酗酒、不得参与迷信活动、不得涉嫌违法犯罪、发现有违规现象要向村委会报告的规定，村领导班子成员以签名的方式向全村人民承诺，带头遵守有关规定，争做移风易俗的带头人。为提高干部群众的法律素质，回营村一方面在全村深入开展普法教育活动，引导村民自觉做到学法、用法、遵法、守法；另一方面，坚持依法进行民主选举、突出民主决策、实行民主监督、搞好民主测评，使广大群众充分享受到政治上的民主权利。回营村党总支结合本村实际，广开言路，摸排线索，以零容忍的态度进行扫黑除恶工作。结合扫黑除恶工作，对村内违规停车、乱丢乱放、占道经营等现象进行了整治。

大理州宾川县鸡足山镇规定，禁止违规办理客事，崇尚勤俭节约，反对大操大办。严禁盗砍林木，毁林开荒（违法），坚持"绿水青山就是金山银山"的理念。严禁发放津补贴，正风肃纪、惩戒追究，巩固拓展落实中央八项规定精神成果。维护收入分配秩序，严肃财经纪律等。

除了回营村和鸡足山镇的实践外，大理州鹤庆县西邑镇西邑村开展的扫黑除恶专项斗争，以及大理州剑川县法院与公安、检察机关联合出台的《涉黑涉恶线索研判会商工作机制》等制度，都表明大理州不断深入推进扫黑除恶专项斗争。

建设法治乡村，就要从基层开始，从根本上清除不符合法治要求的社会土壤。而多管齐下打击黑恶势力，正是做到这一点的必经之路。只有消除了非法和不正当的社会因素，农村环境才能逐渐趋向规范和有序。这需要多方面的措施。

第一，强化政治建设。深化全面从严治党教育，增强基层党员干部的觉悟，把反腐倡廉作为政治操守问题。健全党的纪律，严肃查办腐败案件，从严惩处各种违纪违法行为。提升干部队伍建设水平，加强警示教育，完善考核评估机制。

第二，加强法治机制。改进有关制度，建立与时俱进的规范制度，完善反腐制度体系。加大监督力度，开展民主监督，充分依法发挥监察委和群众监督的作用。净化氛围环境，倡导廉洁自律、光明做人的社会氛围。严厉打击腐败行为，对各种腐败行为进行公开处置和严肃处理。奖励善举，树立典型，营造舆论氛围。提高执法能力，健全反腐体系，提高查处案件的效率。加强舆论监督，借助媒体和互联网，扩大监督范围。

第三，加强舆论监督。充分发挥媒体监督作用，科学设计反腐倡廉宣传方案，加强舆论监督。动员社会各界参与监督，加强居民、企业家、专家学者、社会组织等方面的监督力量。建立定期监督的制度化渠道，允许公民举报不正之风，定期听取群众反馈信息。将先进人物的事迹报道进行普及，引导公众形成追逐正能量、反感非法腐败的价值取向。

第四，督促问题整改。制定整改计划，与各相关单位协商，制定解决重点问题的可操作的整改方案。分解难点，将整改任务分解到具体单位和人员，明确责任和要求。按期完成，按照制定的时间表的要求，督促各方按期完成要求。安排监督，安排专门人员对整改工作进行监督检查，及时发现问题。提出整改要求，对存在问题的单位提出整改要求，确保问题得以解决。提高整改力度，对表现不佳的单位，提高整改力度和频率。对症下药，根据不同的问题，采取不同的措施和方法进行整改。分优先级，一方面，对大型整改任务，可以分期分批完成；另一方面，明确问题的优先级，先整改影响最大的问题。及时跟进，定期对整改工作进行跟进，随时统计整改进展；督促落实，督促相关单位严格落实整改要求，切实解决问题。值得注意的是，整改工作需要高度重视，定期推进，不间断的督促和推进才能促使问题真正解决。

关键是制定可操作的要求，进行清晰明确的分工合作，实现预期目标。

第五，健全监察制度。建立民主监督委员会，组建由村民代表等组成的民主监督委员会。建立监督渠道，完善接受举报投诉和监督建议的渠道。制定监督规则，明确监督权力和程序，切实保障合法监督。增强监督能力，加强监督团队建设，提高监督效能。落实监督结果，对监督意见和建议，及时认真落实。建立监督档案，持续监督要求的问题，进行跟踪整改。加强信息公开，公开社区治理信息和决策的相关内容。加强网络监督，充分依托互联网和网上社区，推进监督工作。

第六，完善考核机制。只有完善的监察制度和考核体系，才能持续约束基层干部，彻底消除腐败土壤。将反腐倡廉作为考核要点，在考核指标中体现反腐要求。对违纪违法行为采取处罚，包括党纪、政纪处分或经济处罚。提高考核标准，提高反腐相关考核分值或门槛线。定期开展考核，每年度对农村干部进行年度反腐考核。加强过程考核，不仅考核结果，也重视反腐工作过程。将考核结果挂钩干部处置，良好的反腐成绩有利于晋升和奖励。加强考核有效性，确保考核结果能真正制约干部行为。制定监督考核措施，对考核结果进行监督，防止考核不力等情况。

第七，发挥群众监督作用。倡导群众监督观念，树立监督正气。激发监督积极性，鼓励和奖励群众主动监督。收集群众资讯，加强对传统媒体和社交媒体的监督。公布村务信息，保障群众知情权。完善群众举报渠道，方便群众反馈情况。对群众监督意见予以正面回应，及时解决问题。建立长效机制，使群众监督成为日常。

第八，采取严厉打击。对腐败案件坚持零容忍，及时立案查处。根据不同情况，采取刑事追究、组织处理、经济处分等方式。依法依规严厉惩处腐败分子，对腐败现象多发领域进行专项整治。加大曝光力度，公布处理结果，形成威慑。将打击成果反馈给社会，增强公信力。完善反馈机制，让群众监督看到真正的结果。持续整治，形成长效机制。

第九，倡导企业家精神。支持富裕农民参与多种经营，为农村经济注入新活力和新范例。鼓励农民合作社抓好自身管理，提高社企治理水平。加强精神文明建设，倡导廉洁自律和追求卓越的精神。增强经商操守观念，树立诚信为重的企业文化，加强社企监督，防范社企内部出现私利牟取和腐败现象。

第十，抓紧政策控制。加强风险识别，研究对应政策和措施。加大政策落实力度，完善政策措施并及时出台。改进相关政策，弥补法律空白和监管漏洞。强化政策执行，确保政策落地。制定配套细则和规章制度。不断整改完善，推进政策进化。

第六章　大理州坚持道德润化，培育"三治融合"

　　乡村治理中的道德润化是指通过道德教育和引导，培养和弘扬良好道德观念和行为习惯，提升乡村社会的道德水平和文明程度。它在法治乡村建设中具有重要的补充作用，能够促进社会和谐稳定，推动乡村发展的可持续性。大理州坚持德润人心，培育"三治融合"，弘扬中华传统美德，完善乡村公民道德建设，大力促进民族团结进步和发扬民族文化，注重通过家训家风、村规民约指导修身齐家，突出"三治"结合打造德治乡村，从而使乡村更加和谐稳定。

第一节　弘扬中华传统美德

　　作为中华传统文化的重要组成部分，中华传统美德在乡村德治中具有重要意义。弘扬中华传统美德，有助于提升乡村治理的道德水平和文化内涵，促进乡村社会和谐与发展。中华传统文化源远流长，蕴含着丰富的道德、文化和精神资源。在乡村德治中，可以通过鲜活展现文化古迹遗风，弘扬中华传统美德。中华传统美德是中华文化的精髓，是中华民族的文化基因，对于推进乡村德治、构筑精神家园有着重要的作用，可以提高农民的道德素质和文化水平，促进乡村治理和社会发展。

一、文化古迹遗风的鲜活展现

文化古迹和遗风是中华传统文化的重要组成部分，道德、文化和精神资源丰富。在德治乡村过程中，鲜活展现文化古迹遗风具有重要的作用和意义。展现古迹遗风能弘扬优秀的传统文化，让人们更加珍惜和维护，有助于传承优良的文化底蕴。让人们知道先人有多么热爱这片土地，有多么期许后人能够继承，有利于建立正确认知，坚定民族文化的自信。通过接触古迹遗风，人们能够触动心灵，感悟先人的高尚情怀和品德情操，有助于内化美好的价值观念。让人们明白祖辈那种追求的精神，从中提取重建精神价值的元素。观赏古迹遗风能启迪人们的思想感悟，激发对美好人生和事业追求的思考，有益于德治过程中的思想成长。

以大理州洱源县邓川镇白洁夫人传说为例，可以看出文化古迹遗风对德治的具体作用。白洁夫人的故事记录在邓川的多处碑刻和祠堂之中，记载着她的勇敢刚毅和聪明智慧。她不畏强权，为保护民族和家园而抗争。当人们看到有关白洁夫人的古迹遗风时，会感动于她的优良品德：她勇敢抗争，不惧强权，展现了维护正义的勇气，为德治乡村带来启迪；她面对强权，保持理性、清醒，不屈不挠，激励着人们要求自己有坚韧的精神力量；她采用智取的方法解决艰难任务，表现出德治需要聪明才智；她为保护家园而斗争，展现了热爱家乡的爱乡情怀，影响着人们珍视故里的情感。总的来说，通过观赏与体验有关白洁夫人的古迹遗风，人们能深刻感受到她的优良品性和精神力量，得到启迪和影响。这就是文化古迹遗风对于德治具体作用的体现。

艾氏家训是邓川镇的一个家族足有三百年的家训。它记录了家族早期祖先对后人的教诲，强调用心修身、诚实自守、秉承仁义等。当人们读到艾氏家训时，会感受到其中的美好价值观和修养之道。艾氏家训强调做个诚实正直、怀仁厚泽的人，激励着人们在德治过程中要有守信用和关爱他人的精神；

鼓励多思考、分辨是非，不宜妄自菲薄，有助于提升人们的思辨能力，做出正确的判断；强调自我反省并思考如何改进，遵循自己心中的愿景与良知行事，激发人们主动精进和坚持理想的意志；强调克制和纠正自己的缺点，培养坚强刚毅的精神，激励人们在面对困难时保持毅力和定力。总之，通过亲历邓川古迹遗风，特别是艾氏家训，能激励人们在德治过程中，内化美好的价值观和培养良好的修养。

白洁夫人传说和艾氏家训只是大理州洱源县邓川镇历史文化底蕴的一个缩影。事实上，邓川镇有着众多的历史古迹，因此历来注重继承与弘扬中华传统文化，其典故、人物、遗风被人们津津乐道，至今流传。邓川镇多处古迹、照壁等呈现出丰富的传统文化，有青莲遗风（李氏家风）、清白传家（杨氏家风）等。凤翔书院、文庙等书院建筑反映出当地人尊重教育和重视忠孝的传统。戒赌碑、高节坊碑等建筑物体反映出当地人追求清廉节俭的社会风尚。白洁夫人传说彰显白族妇女的勇敢刚毅、聪明智慧。广泛存在的牌坊、建筑等古迹展现出当地人对建筑美学、自然景观的理解。统乐器白族唢呐及其音乐具有浓厚的地方特色。艾氏家训体现当地人关心修身养性、做人做事的家风。邓川乡贤坊和家庭照壁上的题字反映出人们弘扬儒家思想、道德育人起源。总的来说，邓川镇丰富多彩的传统、文化及各种古迹展示出当地深厚的文化遗风和良好的社会风气，全方位展现出白族民系悠久的历史底蕴与精神世界。

邓川镇历来有不少有抱负的知识分子及革命志士、爱国人士，他们或倡导改革创新、或投身公益事业、或行侠仁厚、或为民请命、或竭尽全力投身革命，为秉承传统文化及建设新社会贡献力量。例如：明代御史杨南金，以毅把持、不苟营私利著称。清代举人杨以和，行事洁身，治学严谨。唐代善人罗时，乐善好施，疏通河道解民困。清代知县高桂枝，为民请命，力行惠政。明代白族诗人何港渐，开启邓川诗坛。清代儒学大师王崧，改革盐政，兴办书院。明代进士赵以康，为官以民为本，视民如子。近代白族爱国诗人赵辉璧，有浓厚的爱国情操。革命先驱杨友棓、马标等，投身革命，追求民主自由。抗日英雄马崟、马镆、马鈐，"三边一家，一门三将"。抗战诗人罗铁鹰，其诗歌爱国情操浓厚。革命烈士张清龙、何保全、杨芬烈、焦镕等，为革命献身。

邓川镇人保有浓郁的乡土情。乡愁，不少诗词描写邓川人的乡思乡情，像"露从今夜白，月是故乡明""心中惦记的不能忘却的前尘旧事"。乡情，人们不忘根本，引以为豪，有"悠悠天宇旷，切切故乡情"之感。心传，将乡里的故事、习俗用心传给下一代，让这些"佳话得以保留，使之历久而弥香"。总的来说，邓川人重视和珍惜乡土情怀，缅怀家乡的美好与故事，铭记在心并积极传承下去。

邓川镇人注重为人处世和传统美德。以一颗公正博大之心为人处世，做有正义感的人。注重传统家风，勾勒美好生活愿景，培养新一代。注重修德善行，内修清心静意，外修怀天地之心。守正直之心，顺应自然生活。崇尚勤劳和事业有成，顺应自然而生活。养成勤学务实、身体劳动与知识追求并重的生活方式。珍惜家乡传统，传承乡风。总的来说，邓川人注重为人的修养，重视德行修养、信守传统、耕读并重的生活理念。这些处世之道构成邓川人的精神状态与肌理。

正是因为有上述这些文化遗存，邓川镇一直提倡做有利于民族团结的事，说有利于民族团结的话。在工作之余或念几句《四书》，或读几句《三字经》《百家姓》《千字文》，或听老人讲讲历史演义，人们就在这样平平常常的生活中，潜移默化地接受着礼教的熏陶和圣哲先贤的教化。邓川镇还强调"三严三实"，即严以修身、严以用权、严于律己，谋事要实、创业要实、做人要实。

在德治乡村实践中，为了充分发挥文化古迹遗风的道德润化作用，可以通过弘扬中华传统美德、建立文化教育机制、加强文化遗产保护和传承文化遗产等措施，促进社会道德和文化素质的提升，推进德治的实现。

从实操层面来说，可以通过以下途径和方式鲜活展现文化古迹遗风：一是实地参观。科普让参观者了解具体背景，从而感受到古迹遗风中的价值意义。可以自由走动来观察、学习和体验。二是历史复原。通过历史重建和科技手段，将古迹复原成百年前的样子，让参观者更接近历史场景，感受氛围。三是资料采集。收集与古迹相关的历史图片、文字资料。书籍、视频等，展示给人们，让人们和理解更多信息。四是亲历感悟。在亲临古迹的环境中，人们可以倾听内心声音，忽略外物，静下心来感悟古迹背后的故事、精神和积淀。五是推出文艺。通过历史小说、话剧、音乐剧、诗词等文艺形式，表达并再创作古迹遗风的精神和含义。六是建立活动。展现古迹遗风的同时，结合传统文化与现代生活，举办有意义的活动，增强互动参与。

尤其需要注意的是，新媒介方式对传统文化的保护和传承具有重要作用。新媒介具有强大的互动性和感官亲身体验能力，可以更有效地与年轻人交流传统文化，扩大传承群体。新媒介能带来包括 VR（虚拟现实）、AR（增强现实）在内的全新沟通方式，提升传承的效率和范围。新媒体相对其他传统方式更具优势。新媒介可以提供全新的展示和体验方式，丰富传统文化的传承模式，激发人们的兴趣。新媒介可以利用数字化、多媒体等方式，展现更多传统文化的方方面面，使内容更加丰富多彩。通过数字化复制等方式，保护真实古迹的同时，仍然可以通过虚拟方式展现古迹，保证文物的安全。新媒介虽然手段前卫，但仍可以延续传统文化的精神和含义，通过新的形式与观众产生共鸣。总的来说，新媒介可以弥补传统传承方式的不足，提供前所未有的互动性体验，扩大传承对象和范围，丰富传承内容，同时保护古迹的安全。新媒介可以与传统相结合，共同促进中华传统文化的繁荣。

二、用优秀传统文化构筑精神家园

德治乡村是指在农村地区推行德治理念，通过道德教育、文化传承等方式，促进社会文明进步和维护社会稳定。在这个过程中，乡村优秀传统文化治理资源是构筑精神家园的重要组成部分。

乡村优秀传统文化治理资源主要包括乡村优秀传统文化和乡贤两大类。乡村优秀传统文化是指在乡村中形成、发展和传承的一种文化资源，包括物质文化、精神文化和制度文化等多个方面。这些文化资源反映了乡村社会的历史、文化和风俗习惯，以及乡村社会的道德、伦理和价值观念。乡村优秀传统文化是乡村社会的文化基础，是乡村社会的精神家园。传承和弘扬乡村优秀传统文化，有助于增强乡村社会凝聚力和认同感。乡村优秀传统文化是乡村社会的历史记忆，记录着乡村社会的发展历程和文化传承。传承和弘扬乡村优秀传统文化，有助于加深乡村居民对自己社区的认知和理解。乡村优秀传统文化是乡村社会的文化品牌，是乡村旅游和文化产业的重要资源。传承和弘扬乡村优秀传统文化，有助于推动乡村旅游和文化产业的发展，促进乡村经济的繁荣。

乡贤是指在乡村生活和工作的有声望、有影响的人士，他们具有很高的社会认同感和责任感。乡贤是乡村社会的精英，是乡村治理的重要资源。乡贤是乡村社会的精英代表，他们具有很高的社会声望和影响力，能够为乡村社会带来正面的影响和推动力。乡贤对当地社区的历史、文化、传统和发展有深刻的了解和认识，能够为乡村治理提供宝贵的智力和经验资源，推动乡村治理的创新和发展。乡贤具有丰富的乡村文化传承经验和资源，能够为乡村文化传承提供有力的支持和帮助，推动乡村文化的繁荣和发展。

乡村优秀传统文化和乡贤是乡村优秀传统文化治理资源中非常重要的两个方面，对于德治乡村具有重要意义。德治乡村是一种以德为基础、以治为手段的乡村治理模式，旨在通过传承和弘扬传统文化、培育乡村精神文明、提高乡村社会文明素质，推动乡村社会的文明进步和发展。在这之中，构筑乡村精神家园是德治乡村的核心内容之一。乡村传统文化资源是民族的精神瑰宝，是中华民族几千年文化传承的精华。通过在德治乡村中弘扬传统文化，可以激发农民的民族自豪感和文化自信心，增强他们对中国传统文化的认同感，促进民族精神的传承和发扬。乡村传统文化资源蕴含着丰富的道德规范和行为准则，如"仁义礼智信""孝悌忠信"等。在德治乡村中，通过传承和弘扬这些传统文化资源，可以引导农民树立正确的价值观和行为准则，从而形成良好的乡风民俗。农村地区的文化传承面临许多挑战，如城市化带来的文化冲击和年轻一代的文化追求等。通过在德治乡村中弘扬传统文化，可以增强农民的文化认同感和文化自信心，激发他们对传统文化的热爱和传承的热情。乡村传统文化是中国文化的重要组成部分，它蕴含着深刻的哲学思想和丰富的历史文化知识。在德治乡村中，通过传承和弘扬传统文化，可以提高农民的综合素质，拓宽他们的知识视野，提高他们的文化素养和思想品质。德治乡村的目的是通过道德教育和文化传承，促进社会和谐。传统文化中强调"和合""和谐"等价值观，弘扬传统文化可以引导农民树立和谐的人际关系和社会关系，从而促进社会和谐的建设。

云南省祥云县刘厂镇具有丰富的历史和深厚的文化底蕴，其中包括"青铜文化""红色文化""民族民俗文化"等多个方面。刘厂镇的大波那社区是千年白子国故都，出土的战国铜棺是云南省博物馆的镇馆之宝。此外，刘厂镇也是中共第一任云南省委书记王德三烈士的故乡，还是云南省红色传承干部教育教学基地。

王德三是一位早期的共产党人，他在参加北大马克思主义研究会后，于1922年加入了中国共产党。他曾担任过黄埔军官学校第三期政治教官和训练班主任等职务，还出席了中国共产党的第六次全国代表大会。王德三对云南地区少数民族工作的贡献主要有以下几方面。他最早认识到云南地处边疆、多民族聚居的特殊性。他在文章和报告中论述云南少数民族工作的特殊性。在党的六大会议上，他结合云南边疆少数民族的实际，对中国革命的理论问题进行了阐述。他主持制定了《少数民族问题大纲》，这是中国共产党对云南少数民族问题的第一个纲领性文件。《少数民族问题大纲》提出少数民族与汉族享有平等的政治经济权利，领导少数民族打倒土司、分配土地等。他搜集了大量少数民族的资料，写出《苗夷三字经》，向少数民族宣传共产主义思想。他组织少数民族问题委员会，深入调研少数民族，制定少数民族工作的方针政策。王德三对中国共产党少数民族工作的理论和实践进行了开创性的探索，对培育和提高党在民族地区的影响力和号召力有显著贡献。总的来说，王德三是一位早期的共产党人和少数民族工作的领导者，他的贡献对于中国共产党的民族工作理论和实践具有重要的意义。

刘厂镇的民族民俗活动也非常丰富多彩，包括各村的"祭祖"、传统节日的歌舞表演、正月十五的"灯瓜会"活动、大波那村的火把节"趴马趟"跑马赛马活动，以及江尾练渡自然村的火把节"打跪"活动等。这些特色文化活动的开展，不仅丰富了广大群众的文化生活，还进一步促进了各民族之间的交往、交流和交融。

刘厂镇的一系列文化活动的成功举办，为当地经济和社会的发展带来积极影响。一方面，文化旅游是当今世界上的一个重要产业，也是德治乡村建设的重要组成部分。刘厂镇的文化底蕴丰富，特色文化活动丰富多彩，有望成为一个重要的文化旅游目的地，吸引更多的游客前来参观、学习和体验当地的文化。这将为当地的旅游业带来巨大的经济效益，带动当地的餐饮、住宿、交通等相关产业的发展，促进当地经济的繁荣。另一方面，文化活动也可以促进当地农村经济的发展。例如，在传统节日举办的歌舞表演中，当地的手工艺品、土特产等也可以得到展示和销售，增加了当地农民的收入。此外，一些特色文化活动如火把节、趴马趟等，也可以吸引更多的游客前来观赏，带动当地的餐饮、住宿、交通等服务业的发展，从而促进当地经济的增长。刘厂镇在推进德治乡村建设方面也有着示范性作用。德治乡村建设是一个综合性的工程，涉及政治、经济、文化、社会等多个方面，需要全社会的共同参与和努力。刘厂镇通过丰富多彩的文化活动，成功地推进了德治乡村建设，为其他地区提供了有益的经验和启示。

通过刘厂镇的案例可以看出，用乡村优秀传统文化治理资源构筑精神家园，能够有效促进当地经济和社会的发展，增强农民的文化自信心和文化认同感，推动社会和谐稳定。

用乡村优秀传统文化治理资源构筑精神家园可以参考以下一些具体的实操路径和方法。一是传承和弘扬优秀的传统文化。传统文化是一个民族的精神财富，是一个国家和民族的根基。在德治过程中，可以通过开展各种文化活动，如民俗展览、传统节日庆祝、非遗保护等，来传承和弘扬传统文化。这不仅有助于加深农民对传统文化的认识和了解，也能够促进传统文化的传承和发展。二是建设文化设施和场馆。在德治过程中，可以建设一些文化设施和场馆，如文化广场、图书馆、博物馆等，为农民提供一个学习和娱乐的场所。三是培育文化人才。在德治过程中，可以通过培育文化人才来推进文化建设。这些文化人才可以是传统文化的传承者，也可以是现代文化的创造者。通过他们的努力，可以让农民更好地了解和接触到优秀文化，增强文化自信心和文化认同感。四是推进文化产业发展。文化产业是一个具有广阔前景的产业，可以为农村经济的发展提供新的动力。在德治过程中，可以通过挖掘和利用当地的文化资源，发展文化创意产业、文化旅游产业等，为当地经济发展注入新的活力。

第二节　突出乡村公民道德建设

乡村公民道德建设是德治乡村的核心内容。在乡村社会中，人们的道德行为对于社会的和谐稳定至关重要。如果乡村居民的道德素质不高，不遵守社会规则，就会产生各种社会问题，破坏社会的和谐稳定。通过加强公民道德建设，可以提高乡村居民的自我修养、文化素质、道德水平，增强他们的社会责任感和社会参与意识。随着乡村振兴战略的深入推进，乡村社会治理和公共服务的建设已经成为重要的议题。加强公民道德建设，可以提高乡村居民的社会参与度和贡献度，强化他们的自我管理和自治能力，推动乡村社会治理和公共服务的建设。乡村是中华优秀传统文化的重要承载地，通过加强公民道德建设，可以传承和弘扬中华优秀传统文化，培养乡村居民的自尊、自信和自强精神，推动中华文明的发展和繁荣。由此可见，突出乡村公民道德建设对于德治乡村和乡村振兴具有十分重要的作用和意义。

一、以群众为核心，夯实德治自治的基础

乡村德治自治是指以群众为核心，依靠基层社会的自我管理和自治能力，推动乡村社会的道德建设和社会治理的一种方式，而要实现乡村德治自治，必须以群众为核心。乡村德治自治的主体是乡村社会的广大居民，因此以群众为核心是符合乡村德治自治的本质要求的。乡村德治自治的目标是实现乡村社会的文明进步和发展，而这一目标的实现必须依靠广大居民的积极参与和支持。乡村社会的广大居民具有德治自治的主体意识，他们重视传统文化、注重乡土文化和乡村道德规范的传承和发展。因此，将群众作为乡村德治自

治的核心，有利于发挥乡村社会的主体作用，形成广泛的参与和共同治理的局面。乡村德治自治需要广大群众的参与和支持，只有广泛动员群众参与，才能形成乡村德治自治的强大合力。因此，以群众为核心，积极引导和鼓励广大居民参与乡村德治自治，是实现乡村德治自治的必要条件。广泛动员群众参与乡村德治自治，能够促进居民的道德修养和文化素质的提高，进而提高乡村社会的文明水平和发展质量。由此可见，以群众为核心是乡村德治自治的基础，也是促进乡村发展和社会治理现代化的重要保障。

大理州宾川县鸡足山镇将群众作为基层治理的关键，着力在推动自治和德治上下功夫，推动民事民办、民事民治。鸡足山镇全面推进"三日合一"的工作机制，将敬亲孝老、爱国卫生运动日和各党支部每月的主题党日结合起来，大力弘扬中华民族尊老敬老的传统美德。深入挖掘白族、彝族、傈僳族等少数民族特色文化，开展群众文化活动，申报非遗项目和非遗传承人，建成鸡足山镇洞经音乐传习所。在全镇实施党员管理，重点推进"红黑榜"公示制度，以"红榜"扬善举，以"黑榜"批陋习。建立红白理事会、乡贤理事会等群众自治组织，建立村规民约，解决民情民愿，调解信访矛盾纠纷，劝退大操大办。在全镇开设"爱心超市+"，根据积分兑换等值生活用品，实现以"德"换分，以分换"得"。

鸡足山镇的这些做法体现了基层治理中将群众作为核心的理念，具有很强的实践意义和启示意义。在基层治理工作中，必须注重发挥群众的主观能动性和自治潜力，从而形成广泛参与和共同治理的局面。同时，也必须注重文化建设和乡村组织建设等方面的工作，完善基层治理的体制机制和组织体系，推动基层治理向民主化、法治化和德治化发展。

以群众为核心的乡村德治自治，需要发挥乡村群众的主体作用，让他们通过自我管理、自我服务、自我教育、自我监督，推动乡村的治理和发展。以下是一些具体的路径和方法：一是培养乡村公民意识。要以群众为核心开展乡村德治自治，首先需要培养乡村群众的公民意识。通过教育和实践，让乡村群众明确自己是乡村治理的主体，有权、有责参与乡村的决策和管理。二是建立民主决策机制。民主决策是乡村德治自治的重要手段。可以通过召开乡村大会、设立乡村委员会等方式，让群众参与乡村的重大决策，实现民主治理。三是依法治乡。法治是乡村治理的基石。要加强乡村法治建设，制定和完善乡村规章制度，保证乡村治理的公正公平。四是推动乡风文明建设。道德和文化是乡村治理的软力量。要通过宣传教育、公共活动等方式，传承和弘扬良好的乡风文化，提升乡村群众的道德素质和文化素养。五是实施乡村能力建设。要提高乡村群众的自治能力，需要进行能力建设。如提供相关的培训和教育，提高群众的知识水平和技能。六是建立健全监督机制。乡村德治自治需要有效的监督机制。可以通过设立监察组织，或者利用现代科技手段，如网络平台等，增强监督的透明度和有效性。

二、常抓道德建设，树立文明村风

道德建设是德治乡村建设的重要内容。加强道德教育，培养乡村居民的良好道德情操和道德观念，可以提升乡村居民的道德素质；也可以强化乡村居民的自我管理和自治能力，提高乡村社区的整体素质和治理水平，为乡村经济发展提供有力的支持。这有利于培养乡村居民的公民意识、社会责任感和爱国精神，推动德治乡村建设。文明村风是德治乡村建设的重要内容。健康文明的村风，有利于吸引投资和人才，促进乡村经济的发展。通过倡导文明村风，弘扬中华传统文化，可以提升乡村居民的文化素质和道德水平。总的来说，道德建设和文明村风的推进，可以改善乡村社会治理环境。

大理州南涧县公郎镇回营村在道德建设和文明村建设方面进行了积极探索，取得了一系列的成果和经验。这些探索包括引导宗教教职人员和信教群众、抓融合、抓感恩、保护传统红色文化、强化思想教育、提高文明素质等方面。

回营村引导宗教教职人员和信教群众,以"共同团结奋斗、共同繁荣发展"为主题,开展民族团结进步创建工作。这种做法既充分尊重了宗教信仰,又注重了民族团结,从而增强了村民的道德观念和社会责任感。在日常生活中,清真寺教长还会将宗教教义与时事政治相结合,对中央民族工作会议精神、全国宗教工作会议精神、习近平总书记系列重要讲话精神、社会主义核心价值观等进行生动解读。这既有助于提高村民的道德素质,又有助于增强村民的民族认同感和归属感。

回营村注重把宗教教义同中华文化相融合,引导群众自觉将中华文化融入理想信念和价值追求。同时,该村还加强各民族之间的文化交流,每年的开斋节,回营清真寺都会邀请其他民族群众到清真寺一同欢度节日,他们也会积极参与其他民族的一些文化活动。这种做法促进了各民族之间的交流与融合,形成了一个互相学习、互相尊重的文明村风。

回营村组织号召信教群众致力于社会公益事业,特别是在疫情期间,动员管委会班子和信教群众捐款 3 万余元,展现了村民的家国情怀和民族团结进步创建的强大合力。这种做法既有助于提高村民的社会责任感,又有助于增强村民的爱国情怀和民族团结意识。

回营村注重保护传统红色文化,如茶马古道和滇缅公路遗址等。通过这些文化遗产的保护,不仅展示了村庄的历史文化底蕴,也为村庄的文明村建设提供了坚实的基础。回营居民都是回族,先民是在元朝忽必烈南征大理时迁入的,现在公郎镇回营村后面还有一块 600 多年前回民定居时的碑文,记录着当时的情况。2020 年 6 月底,回营村人口 422 户 1753 人。2021 年 11 月29 日,大理州南涧县公郎镇回营村被列为"云南省历史文化名村"。

回营村强化思想教育,提高村民群众的整体素质,为推进精神文明建设奠定坚定的思想基础。通过进行爱国主义、集体主义和社会主义教育，引导群众正确处理国家、集体和个人三者的关系，进一步提高村民的文明素质和社会责任感。该村还积极组织文明村志愿者服务队、红色文化志愿者服务队等，参与各种文明创建和志愿服务活动，如卫生清理、环境整治、义务植树、扶贫帮困等，增强村民的社会责任感和奉献精神。

通过上述举措，我们可以看到南涧县公郎镇回营村在道德建设和文明村建设方面进行了多方面的探索和实践。这些举措增强了村民的道德观念和社会责任感，促进了各民族之间的交流与融合，展示了村庄的历史文化底蕴，提高了村民的文明素质，树立了文明村风，为全国其他村庄提供了可借鉴的经验。

在德治乡村建设中，常抓道德建设和树立文明村风是德治乡村建设的重要内容。要加强思想引领，加强制度建设，强化宣传教育，强化文化建设，加强志愿服务，形成长效机制，全面提高村民的道德素质和文明素质，打造和谐、文明、进步的乡村社会。下面的路径和方法可作参考。

一是加强思想引领，树立正确的价值观念。道德建设和文明村风的根本在于人的思想观念，因此，加强思想引领是常抓道德建设和树立文明村风的关键。要通过开展各类主题教育学习和宣传活动，引导村民树立正确的价值观念，增强村民的爱国主义、集体主义和社会主义意识，弘扬中华优秀传统文化，树立文明、和谐、进步的村风。二是加强制度建设，形成长效机制。制度建设是常抓道德建设和树立文明村风的重要保障。要制定和完善各项规章制度，如村规民约、村民自治章程、村民议事规则等，建立健全村级管理机构和各类志愿者服务队伍，形成长效机制，为道德建设和文明村风的常抓常新提供制度保障。三是强化宣传教育，营造浓厚的文化氛围。宣传教育是常抓道德建设和树立文明村风的重要手段。要通过多种途径，如广播、电视、报纸、网络等多种媒介，宣传道德、法律、文化、科技等知识，营造浓厚的文化氛围，引导村民树立正确的世界观、人生观和价值观。四是强化文化建设，传承优秀传统文化。文化建设是常抓道德建设和树立文明村风的重要内容。要传承和弘扬优秀传统文化，如传统节日、传统手工艺等，加强文化设施建设，如文化广场、文化中心、图书馆等，丰富村民文化生活，增强村民文化自信和文化素养。五是加强志愿服务，提高社会责任感。志愿服务是常抓道德建设和树立文明村风的重要形式。要加强志愿服务队伍建设，引导村民积极参与各类志愿服务活动，如环境保护、文明交通、扶贫帮困等，提高村民的社会责任感和奉献精神，推动德治乡村建设不断向前发展。

三、通过文化涵养铸就乡村振兴时代新风

乡村文化涵养是指在乡村地区通过各种方式，提高乡村居民的文化素养，传承和弘扬乡土文化，促进乡村社会的文明进步和社会发展。乡村文化涵养的一个重要方面是传承和弘扬乡土文化。乡土文化是指在农村地区形成的、具有地方特色的文化形态和文化遗产，它是农村文化的重要组成部分。通过传承和弘扬乡土文化，可以促进乡村居民对自身文化传统的认同和了解，激发他们的文化自信心和文化创造力。乡村文化涵养的另一个重要方面是提高乡村居民的文化素养。文化素养是指一个人在文化方面的修养和素质，包括文化知识、文化技能、文化意识等方面。通过提高乡村居民的文化素养，可以增强他们的文化认知能力、文化表达能力和文化适应能力，更好地适应社会发展和变化。乡村文化涵养可以促进农村社会的文明进步。文明进步是指社会、文化、道德等方面的进步和提高。通过乡村文化涵养，可以促进农村社会的文明进步，提高乡村居民的文明素质，培养他们的文明习惯和良好的社会行为习惯，推动乡村社会的和谐发展。乡村文化涵养还可以推动乡村经济的发展。文化是经济的重要组成部分，通过乡村文化涵养，可以提高乡村

居民的文化素质和文化创造力，促进乡村产业的转型升级和乡村经济的发展，推动乡村经济的可持续发展。

乡村文化涵养是乡村环境中独特的文化资源，也是乡村治理和乡村振兴的重要支撑和动力。在坚持本土性和特色性的前提下，在注重乡村居民的参与和主体地位的前提下，通过文化涵养打造乡村振兴的时代新风，就是培养乡村居民的文化自信和文化素养，增强乡村居民的文化认同感和自豪感，营造和谐美好的乡村生态环境，促进乡村经济的发展和乡村文化的繁荣，推动乡村文化的发展和传承，从而为乡村治理和乡村振兴提供坚实的文化支撑。

近年来，大理州在乡村振兴方面取得了不小的成果，而文化涵养则是其中重要的一环。通过挖掘和传承本土文化，打造具有特色的文旅产业，培养乡村文化人才，以及营造和谐美好的乡村生态环境等措施，为乡村振兴注入新的动力。在此议题下，著者对大理州一些地方的实践做出分析。

大理州法院党组在南涧县乐秋乡米家禄村开展了多方面的实践。首先，大理州法院党组将村规民约制度化，并将其呈现在墙上板上，让乡村文化深入人心，进一步提升村民的文化自信和认同感。这种方式将乡村文化融入基础建设，让文化成为人们生活的一部分，而不是被孤立地呈现。其次，大理州法院党组通过梳理乐秋乡米家禄村的风土人情、脱贫攻坚故事等资源，对本土产品进行设计和包装，提升产品的附加值和市场竞争力。这种方式也是通过文化涵养来增强乡村文化软实力的重要手段。另外，在培养和传承乡村文化人才方面，大理州法院党组设置非物质文化遗产手工艺培训基地，由云南艺术学院聘请省级非物质文化遗产传承人进行扎染、竹器、农民画、编织、刺绣等教授活动。这种方式不仅能够传承乡村文化，还可以为乡村振兴提供人才支持和智力支持。最后，在营造和谐美好的乡村生态环境方面，大理州法院党组通过实景展示、农民画创作，将自治法治德治"三治融合"理念引入乡村文化建设，规划乡愁、乡情、乡规步道，同步推进乡村精神文明、生态文明建设。这种方式可以增强乡村居民的环保意识和生态文明素养，推动乡村生态文明建设。

通过文化涵养，可以让乡村文化深入人心，增强乡村文化软实力，培养乡村文化人才，营造和谐美好的乡村生态环境，为乡村振兴注入新的动力。大理州法院党组在南涧县乐秋乡米家禄村的实践，为在乡村振兴中发挥文化作用提供了有益的经验和启示。

在当前乡村振兴的时代背景下，文化涵养和传承变得至关重要。而大理州洱源县三营镇郑家庄的案例为我们提供了一个很好的实践范例。该村遵循了"六个相互"和"四个与共"的理念，并以"铸牢中华民族共同体意识"为主线，通过文化涵养，铸就了乡村振兴时代新风。首先，通过"六个相互"理念，郑家庄村民之间建立了相互了解、尊重、包容、欣赏、学习和帮助的关系。这种相互关系促进了村民之间的交流与沟通，并且让村民更加了解和尊重彼此的文化、信仰和习俗，从而增强了乡村共同体的凝聚力。其次，郑家庄村落实了"四个与共"的理念，即休戚与共、荣辱与共、生死与共、命运与共。这种理念不仅体现了村民之间的相互关系，也体现了村民与乡村、村民与国家之间的关系。村民的生活和命运与乡村、与国家息息相关，因此，郑家庄村民以共同的利益和目标为出发点，共同推进乡村振兴，让自身的命运和发展与乡村、与国家的发展紧密相连。最后，郑家庄村围绕"铸牢中华民族共同体意识"这一主线，通过文化涵养，让村民更加深入地了解中华民族的文化和传统，增强了中华民族的凝聚力和认同感。这种意识和认同感也促进了村民们对于乡村振兴的认同和支持，让他们更加积极地参与到乡村振兴的建设中。

郑家庄的案例给我们提供了一个很好的实践范例，展示了文化涵养在乡村振兴中的重要作用。通过"六个相互"和"四个与共"的理念，以"铸牢中华民族共同体意识"为主线，让文化成为乡村振兴的重要支撑，铸就了乡村振兴时代新风。

在乡村振兴的时代背景下，通过文化涵养可以铸就乡村振兴时代新风。大理州洱源县三营镇郑家庄的案例，展现了一个充满活力的乡村社区，郑家庄村容整洁、家园宜居、民风质朴、乡俗淳朴，而文化艺术的传承和发展也为乡村振兴提供了强大支撑。

郑家庄通过文化传承和宣传，注重村民的文化素养和道德观念的培养。例如，郑家庄的"文明七字歌"道："不搞迷信讲科学，厉行节约反浪费，家里办理红白事，请找红白理事会，婚事新办都点赞，大操大办惹人厌，不讲排场不攀比，喜事小办人人喜，丧葬简办不铺张，多省金钱孝爹娘，垃圾污水全收集，爱护环境讲'三清'，人人都要讲卫生，户户都来比清洁，尊老爱幼民族魂，孝老爱亲德流芳，离家在外常问候，忙里偷闲常回家，助人为乐成习惯，积善成德有雅量，礼仪传家严教子，同创家业福泽绵，左右亲戚常照应，尽力而为解急难，通情达理诚相待，近邻对门皆是缘，乡风文明总动员，共建文明郑家庄，全村上下齐努力，共享幸福大家园。"这首歌引导村民树立正确的价值观，传承优秀文化传统，倡导文明健康的生活方式。

郑家庄注重村容整洁和环境保护。通过开展各种文化活动和宣传，增强村民的环保意识，提高文明素养，使得全村环境清新宜居。村民在日常生活中，积极参与垃圾分类、废水处理等环保工作，为环境保护贡献力量。这种注重环境保护的做法，不仅提升了乡村的整体形象，也为乡村的可持续发展打下了坚实的基础。

郑家庄注重文艺传承和发展。文艺队的建设为村民提供了一个展示自己文化才华的平台，同时也培养了村民的文化素养和审美能力。此外，文艺队还能够丰富全村的文化生活，增强乡村凝聚力和向心力。

郑家庄通过注重文化传承和宣传、环境保护和文艺传承和发展，让乡村焕发出勃勃生机。这种做法不仅让村民享受到了更加美好的生活，也为乡村振兴提供了强大的支撑，为其他乡村提供了可借鉴的经验和启示。因此，在乡村振兴的过程中，注重文化涵养是非常重要的一环，它可以让乡村更加美好、更加宜居，也可以让乡村文化更加丰富、更加有特色，为乡村振兴注入新的动力和活力。

通过文化涵养铸就乡村振兴时代新风的方式可能因地区、文化背景、乡村现状等因素而有所不同，因此要结合乡村的实际情况和需要，注重发挥乡村自身的文化特色和优势，通过多种途径和手段，提升乡村的文化素质和美誉度。这里提供一些可能适用于大部分乡村的具体途径和方法。一是注重文化传承和宣传。通过举办文化活动、文艺演出、传统节日庆祝等方式，加强对本地文化传统的传承和宣传。同时，也要注重文化素养和道德观念的培养，引导村民树立正确的价值观。二是发展文化艺术。通过建设文艺队、乐团、舞蹈团等，为村民提供展示自己文化才华的平台。三是改善村容村貌。注重村容整洁和环境保护，增强村民的环境保护意识，提高文明素质。通过整治垃圾、污水、破旧房屋等，改善整个乡村的环境面貌，增强乡村的美感和吸引力。四是培养乡村文化创意产业。通过挖掘本地特色文化资源，开发文化创意产品和旅游景点，培育乡村文化创意产业，促进乡村经济发展和社会进步。

四、家庭和谐、邻里和谐，推动文明进步

实现家庭和睦、邻里和谐是乡村文化进步的重要标志。家庭是乡村文化传承的基本单位，家庭和睦可以增强乡村居民对家庭文化的认同感和归属感。邻里关系是乡村社会和谐的重要组成部分，邻里和谐可以促进邻里之间的文化交流和互动，增强乡村居民的文化素养和自信心。在德治乡村的建设中，必须注重家庭和邻里的文化建设，推动乡村文化的发展和进步，营造和谐美好的乡村环境。

家庭是社会的基本单位，邻里是社区的基本组织形式。如果家庭和邻里之间存在矛盾和冲突，就会影响整个社会的凝聚力和稳定性。因此，注重家庭和邻里的文化建设，推动家庭和邻里的和谐，可以增强社会凝聚力，促进社会和谐稳定。家庭和邻里的和谐关系是培养优良家风的基础。通过推动家庭和邻里的文化建设，加强家庭成员之间的沟通和理解，培养互帮互助、团结友爱、诚实守信等优良家风，有利于推动乡村文明进步。邻里之间的和谐关系是建立和谐社区的基础。通过邻里之间的交流和合作，建立和谐的社区关系，有利于推动社区共同发展和进步。同时，建立和谐社区也有利于促进社会的和谐发展。家庭和邻里的和谐关系是德治乡村建设的重要基础。推动家庭和邻里的文化建设，培养家庭成员和邻里之间的和谐关系，有利于推动德治乡村建设，营造和谐美好的乡村环境。

大理州鹤庆县西邑镇西邑村在德治乡村建设中，注重家庭和邻里的文化建设，积极营造家庭和睦、和谐邻里的良好关系，推动了乡村文明进步。

西邑村注重家庭和邻里的文化建设，加强矛盾纠纷调解队的宣传教育和普法宣传教育，增强群众诚信友善、敬业团结、守望相助的意识，打牢群众团结互助的基础。同时，西邑村要求村民平等互助、团结邻里、和睦相处、尊老爱幼、培养教育好下一代，绝对不允许出现虐待老年人、妇女、儿童的行为。这些举措有利于推动家庭和邻里的和谐，培养优良家风，建立和谐社区，增强社会凝聚力，推动德治乡村建设。

西邑村通过提倡勤俭节约移风易俗，推进全村文明进步。通过村规民约的制定、勤俭办理红白事和对各种庆典活动客事办理的严格控制，西邑村有效地遏制了大操大办、攀比浪费之风，为群众减轻了负担，勤俭节约的风尚在农村逐步形成，有效弘扬了传统美德，提升了乡风文明。

此外，西邑村还持续提升医疗保障水平，实现农村人口合作医疗覆盖率100%。全面提升村民文化素质教育，全村儿童入学率为100%，义务教育阶段辍学率为"0"。加强农村文化阵地建设，提倡健康向上的文化活动。投入资金修建乔仁甸法治文化广场和民族团结示范村广场，组织村民文艺表演队，丰富村民生活。深入开展"美丽庭院""平安家庭""美丽乡村建设""文明村"创建工作，严格落实村庄卫生"三包"制度和卫生巡查制度，确保美丽村庄建设治理取得实效，有助于提高群众文化素质和审美水平，营造和谐稳定的发展环境。

西西邑村的这些措施可以为其他乡村提供借鉴。虽然每个乡村的文化背景、社会经济情况、人口结构等都不尽相同，但西邑村注重家庭和邻里的文化建设，推动乡村文明进步的措施具有一定的普遍性和可复制性，可以在其他乡村中借鉴和推广。

家庭和睦的建设可以通过家庭教育、善待老幼等方式来实现，增强乡村居民对家庭文化的认同和传承。邻里和谐的建设可以通过化解邻里纠纷、邻里交流与互助等方式来实现，促进邻里之间的文化交流和共同进步。具体可以采取以下方式方法。

一是加强家庭教育，培养良好的家庭文化和家风。乡村家庭教育的内容应包括尊敬长辈、关心弱势群体、勤俭节约、诚实守信等方面。村委会可以组织家庭教育讲座、家庭文化节等活动，引导家长关注孩子的成长和发展，增强家庭的凝聚力和归属感。同时，要通过宣传教育，让乡村居民认识到良好的家庭文化和家风对于推动文明进步的重要性。二是加强邻里之间的交流与合作，促进邻里和谐。村委会可以组织邻里之间的文化交流活动，如庙会、文艺演出、比赛等，加强邻里之间的交流与合作。同时，要加强邻里之间的互助，如帮助老人、照顾儿童、关心邻居等，增强邻里之间的感情。通过这样的方式，可以提高乡村居民的文化素养和自信心，促进乡村文明进步。三是加强矛盾纠纷调解工作，化解邻里之间的矛盾纷争。村委会可以成立矛盾纠纷调解队，加强对矛盾纷争的调解和处理，让邻里之间的矛盾纷争得到有效解决。同时，要在处理矛盾纷争的过程中，注重宣传教育和普法宣传，增强乡村居民的法律意识和法治观念。四是倡导乡村居民勤俭节约、移风易俗。村委会可以组织各种勤俭节约和移风易俗的宣传活动，如"节约用水、光盘行动"等，引导乡村居民树立绿色低碳、文明健康的生活方式，增强文明意识和文明素养。

当然，推动乡村文明进步，需要让更多的乡村居民参与到家庭和谐、邻里和谐的活动中来。为此，要加强宣传教育，增强群众参与的意识。村委会可以通过电视、广播、报纸、微信、宣传栏等途径，广泛宣传家庭和谐、邻里和谐的意义和重要性，让更多的乡村居民认识到参与这些活动的必要性和意义。要发挥先锋模范作用，引领群众参与。村委会可以选派一些具有先进性和示范性的家庭或个人，组织他们开展家庭和谐、邻里和谐的活动，让他们成为乡村居民的榜样，引领群众积极参与。要制定奖励政策，激励群众参与。村委会可以制定一些奖励政策，如表彰优秀家庭、评选好邻居、设立文明村庄等，激励乡村居民积极参与家庭和谐、邻里和谐的活动。要组织多样化的活动，满足不同群体的需求。村委会可以根据不同群体的需求和兴趣，组织多样化的活动，如文艺演出、运动会、手工制作、农村旅游等，让乡村居民在参与活动的过程中感受到家庭和邻里之间的温暖和和谐。要建立长效机制，持续推进家庭和谐、邻里和谐的活动。村委会要建立长效机制，制定相关的规章制度，明确责任分工，保证家庭和邻里之间的和谐不断深入发展，让更多的乡村居民参与到家庭和谐、邻里和谐的活动中来。

第三节　注重民族团结，发扬民族文化

乡村德治必须尊重民族团结。民族团结可以促进乡村社会和谐稳定。在一个多民族的乡村社区中，不同民族之间的和谐相处和互相尊重，可以避免矛盾和冲突的发生，维护乡村社会的和谐稳定。民族团结可以促进乡村多元文化的发展。不同民族之间的文化交流和互动，可以丰富乡村文化内涵，促进乡村文化的发展和进步。民族团结可以推进乡村经济发展和乡村振兴。不同民族之间的经济交流和合作，可以促进乡村经济的发展和壮大，推进乡村振兴。民族团结可以加强乡村基层治理。在乡村社区中，不同民族之间的和谐相处和互相尊重，可以促进社区居民的团结和互助，提高乡村基层治理的效能。

乡村德治必须发扬民族文化。民族文化是乡村文化的重要组成部分，通过发扬民族文化，增强乡村居民的文化认同感和民族自豪感，提高乡村居民的文化素养和文化自信心，促进不同民族之间的和谐相处，减少矛盾和冲突。

因此，乡村德治过程中必须注重民族团结和发扬民族文化。一方面，可以通过举办各种文化活动、庆祝传统节日等方式，弘扬本地区的民族文化，增强乡村居民的文化认同感和民族自豪感。另一方面，可以通过宣传教育、法治宣传等方式，增强民族团结和社会和谐的意识，引导乡村居民理解、尊重和包容不同的民族，共同维护社会和谐稳定。

一、注重民族团结，增强各族群众的凝聚力和向心力

在乡村德治的过程中，必须注重民族团结，以增强各族群众的凝聚力和向心力。为此，要将党建、经济建设、传统文化和乡风文明等融入民族团结的实践中，以促进乡村社会的和谐稳定和发展。在这方面，大理州永平县龙街镇做得很到位。

党建是维护民族团结的重要保障。在党的坚强领导下，引导各族群众增强对祖国的认同和对社会主义的信仰，增强民族团结的意识和自觉性，推进各族群众共同进步。龙街镇抓实党建统领，为民族团结进步筑牢战斗堡垒。龙街镇党委围绕"共同团结奋斗，共同繁荣发展"的民族工作主题，健全完善"党委领导、政府负责、村级组织协同配合、全社会通力合作"的工作格局，把党建引领作为推动民族团结进步的重要抓手，充分发挥党员的先锋模范作用和群众的主体作用，扎实开展移风易俗、人居环境提升、公共设施建设管理等。大力开展"党建＋民族团结进步"的工作，实施羊街米路、普渡十字口沪滇合作项目和羊街箐口、安吉阴阳山、古富迤古等民族团结进步示范项目，创建古富和安吉两个省级民族团结进步示范村，龙街村龙街五组被评为"中国少数民族特色村寨"，古富村迤古自然村被评为"云南省少数民族特色村寨"。

经济建设是促进民族团结的重要条件。通过发展乡村经济，不同民族之间的经济利益得到保障和提高，从而促进各族群众的共同发展和繁荣，增强民族团结的基础。龙街镇创建森林龙街，为民族团结进步筑牢发展根基。全面启动美丽公路绿色长廊建设工作，种植雪松 1.5 万株、柏树 1.2 万株、樱花 2100株、叶子花 1200 株，绿化公路 14 条 56 公里。[①]人工抚育云南松 50 余亩，完

---

① 大理日报新闻网.永平龙街镇:民族团结进步之花绚丽绽放［EB/OL］.（2020–05–12）［2023–09–13］.
https://www.dalidaily.com/content/2020-05/12/content_2574.html.

成 8 个永久性河流湿地申报工作。扎实开展河库综合集中整治，深入开展清河行动，系统推进辖区内河库保护，水生态环境得到整体改善。普渡村十字口村民小组 88 棵古核桃树群得到挂牌保护，被列为大理州乡村振兴的试点。

传统文化是增强民族团结的重要纽带。传统文化是各民族的精神财富，通过传承和弘扬传统文化，可以增强各族群众的文化认同感和自豪感，增强民族团结的意识和自觉性。龙街镇传承优秀传统文化，为民族团结进步筑牢共同精神家园。龙街镇结合镇情实际，坚持把民族团结进步作为生命线来守护，加强社会主义核心价值观教育，抓实民族文化保护传承，把少数民族文化保护传承和开发利用有机结合起来，与现代生活融合交织，在保护中发展、在发展中保护，在传承的基础上创新民族服饰、工艺、建筑等。截至目前，安吉村被命名为"大理州苗族歌舞之乡"，嘎蒙卡兜舞[①] 被列为云南非物质文化遗产并荣获第十届中国文化节"群星奖"。

乡风文明是促进民族团结的重要因素。乡风文明是社会道德风尚的体现，通过弘扬良好的乡风文明，可以促进各族群众之间的互相尊重与和谐相处，增强民族团结的基础。龙街镇推动乡风文明建设，养成文明的风俗习惯。建立文明的风俗秩序，深入推进移风易俗。针对部分村大操大办、人情攀比、厚葬薄养等陋习，党总支组织村民集体讨论研究，以制定村规民约为基本抓手，建立道德激励约束机制，树立正确的价值观，形成群众自己的"规矩"，下大力气整治陈规陋习，培育文明乡风、良好家风、淳朴民风，引导群众向上向善。同时，重点整治年猪宰杀和农村客事办理铺张浪费的不良风气，严格规范客事办理，带领群众"变相增收"，以文明乡风助力乡村振兴。

大理州永平县龙街镇的做法给了我们重要的启示。首先，党建引领为民

---

① 嘎蒙卡兜舞是集歌、舞、芦笙吹奏等为一体的苗族传统舞蹈，主要流传于大理州永平县龙街镇安吉村。安吉苗族在明朝中叶迁徙而来，没有文字，歌舞主要依靠长辈的言传身教、师傅带徒等方式传承。嘎蒙卡兜舞被称为"蚩尤之舞""葛天舞"，约有 400 多年的历史，具有广泛的群众基础。

族团结进步筑牢战斗堡垒。龙街镇党委围绕"共同团结奋斗，共同繁荣发展"的民族工作主题，健全完善"党委领导、政府负责、村级组织协同配合、全社会通力合作"的工作格局，把党建引领作为推动民族团结进步的重要抓手。这种做法非常重要，因为党建作为一种全面系统的思想体系和组织体系，在推动各族群众共同进步、增强民族团结意识和自觉性方面具有不可替代的作用。其次，经济建设是促进民族团结的重要条件。通过发展乡村经济，不同民族之间的经济利益得到保障和提高，从而促进各族群众的共同发展和繁荣。龙街镇在经济建设方面采取了一系列措施，如创建森林龙街、启动美丽公路绿色长廊建设工作等，这些做法既有助于保护生态环境，又有助于推动乡村经济发展，从而促进各民族之间的经济交流和合作。再次，传统文化是增强民族团结的重要纽带。通过传承和弘扬传统文化，可以增强各族群众的文化认同感和自豪感，增强民族团结的意识和自觉性。龙街镇在传承优秀传统文化方面采取了多种措施，如加强社会主义核心价值观教育，抓实民族文化保护传承，创新民族服饰、工艺、建筑等。这些做法有助于促进各族群众之间的文化交流和融合，增强民族团结的基础。最后，乡风文明是促进民族团结的重要因素。通过弘扬良好的乡风文明，可以促进各族群众之间的互相尊重与和谐相处。龙街镇在推动乡风文明建设方面采取了多种措施，如建立文明的风俗秩序、深入推进移风易俗、整治陈规陋习等。这些做法有助于促进各族群众之间的和谐相处，增强民族团结意识和自觉性。

根据大理州永平县龙街镇在促进民族团结方面的做法，针对本部分"注重民族团结，增强各族群众的凝聚力和向心力"这个议题，在实操层面我们可以采取以下方式方法。在加强党建工作方面，要加强党员教育，特别是针对民族工作的理论和实践知识进行培训，提高党员对于民族团结工作的认识和能力；要加强党组织建设，建立健全党员发展和管理机制，培养和选拔有战斗力的党员干部，保证党组织对于民族团结工作的领导和推动作用；要强化党员的先锋模范作用，鼓励党员在各自的工作岗位上发挥先锋模范作用，带动和激励其他群众积极参与民族团结工作。在推动乡村经济发展方面，要加强产业扶贫，通过发展农业、林业、畜牧业等产业，提高各族群众的收入水平；要加强基础设施建设，建设交通、水利、电力等基础设施，为各族群众提供更好的生产和生活条件；要加强旅游业的发展，通过开发旅游资源，提高乡村经济的收益，增加各族群众的就业机会，促进各族群众之间的经济交流和合作。在加强传统文化保护和传承工作方面，要弘扬文化传统，通过开展文化活动、传统文化教育等方式，让各族群众更好地了解和继承传统文化，增强彼此之间的文化认同感和自豪感；要加强文化交流和融合，通过开展文化交流活动、建设文化交流平台等方式，促进各族群众之间的文化交流和融合，增强民族团结的基础；要加强文化创新，通过创新民族服饰、工艺、建筑等方面，让传统文化更好地适应现代社会的需求和发展。在推动乡风文明建设方面，要加强文明宣传，通过开展文明理念、文明礼仪等方面的宣传教育，提高各族群众的文明素质，增强彼此之间的尊重和和谐相处的能力；要加强移风易俗工作，通过开展各种形式的活动，引导各族群众摒弃陋习，树立新时代的文明风尚；要加强公德教育，通过开展公益活动、强化垃圾分类等方式，引导各族群众树立公德意识，加强彼此之间的责任和义务意识，促进和谐相处和社会稳定。

二、发扬民族特色文化，营造民族一家亲

发扬民族文化特色，营造民族一家亲的氛围，可以增强地方特色和吸引力，提高当地文化产业的发展水平，吸引更多的游客和投资者；同时可以促进文化多样性的发展，让各种文化在交流中相互借鉴、融合，形成更加丰富多彩的文化景观。这有助于各民族之间的文化交流和相互理解，增进彼此之

间的友谊和感情，也有助于提高当地经济和文化发展水平，增加民众的就业机会和收入来源，提高民众的获得感和幸福感，从而促进乡村社会和谐稳定，使德治乡村不断深化。

大理州永平县龙街镇古富村的民族文化特色浓厚，是德治乡村的宝贵资源。为了更好地发扬民族特色文化，营造民族一家亲的氛围，古富村采取了多种措施。首先，古富村注重传承和发扬彝族文化。万宝寺、火把节等具有浓郁民族文化特色的活动在村里延续至今。古富村还依托民族团结进步示范创建工作，修缮民族文化陈列馆，组建彝族文化传承队伍等，加强对彝族文化的保护和传承。其次，古富村注重发展乡村经济，推动民族团结。古富村的彝族饮食文化因为有特别的民族习惯，更具有山里的芬芳。村里的美食吸引了众多游客前来品尝，促进了各族群众之间的经济交流和合作。再次，古富村注重乡风文明建设，倡导移风易俗。村里推广自助餐待客模式，提倡婚事新办，丧事俭办，树立厚养薄葬的新观念，以理性设宴、勤俭节约的方式替代大操大办，营造文明和谐的社会氛围。最后，古富村重视党建工作，加强党员干部队伍建设。村里加强党员教育，培养和选拔有战斗力的党员干部，引领村民树立正确的价值观和信仰，增强民族团结和社会稳定的基础。

古富村的案例充分说明了通过发扬民族文化、促进经济交流和合作、加强乡风文明建设和党建工作等方面的努力，可以促进各族群众之间的团结和谐，实现民族一家亲的目标。同时，古富村注重移风易俗，倡导文明健康的生活方式，也为其他地方提供了可借鉴的经验。

大理州洱源县三营镇郑家庄是一个多民族聚居村，有傣族、纳西族、傈僳族、彝族等七个民族的人们在这里共同生活。村里的民族间通婚占到了六成以上，长期以来，不同民族之间的习俗、文化互相交流融合，形成了独特的民族文化特色。在这个村子里，不同民族之间的相互尊重和融合已经成为一种生活方式。

郑家庄的民族团结之道，不仅仅表现在日常生活中，也在乡村的发展和建设上得到了体现。乡村的各族群众紧紧抓住了乡村振兴的机遇，发展产业，实现了经济上的共同繁荣。同时，还创新了"党员来挂钩，帮扶贫困户"的扶贫助困制度，让更多人共享发展成果，共同谋求美好生活。

郑家庄的经验告诉我们，民族团结是不同民族之间相互尊重、相互理解、相互包容的结果。只有在彼此尊重、平等相待的基础上，不同民族之间才能互相交流、互相融合，形成和谐共生的局面。在这个过程中，要注重发扬民族特色文化，让不同民族之间的文化得到保护和传承，同时也要推动经济交流和合作，让各族群众共享发展成果。

在德治乡村过程中，实现民族团结、营造民族一家亲的目标，需要我们不断加强党建工作，引导各族群众树立正确的价值观和信仰，同时也需要加强乡风文明建设，倡导文明健康的生活方式，让传统的互助行为得到创新和发展。只有在各方面的共同努力下，才能让民族团结成为我们共同的追求和目标，让我们的祖国更加和谐、美好。具体的路径和方式方法如下。

一是加强民族文化的保护和传承。不同民族之间的文化和传统是实现民族团结的重要基础。要加强对民族文化的保护和传承，让各族群众了解和尊重彼此的文化，推动各族文化的交流和融合。可以通过修缮民族文化陈列馆、举办民族文化活动、组建文化传承队伍等方式，加强对民族文化的保护和传承。二是倡导和推广文明健康的生活方式。文明健康的生活方式是实现民族团结和谐的重要保障。要倡导移风易俗，推广理性设宴、勤俭节约的生活方式，让各族群众共同营造文明和谐的社会氛围。三是加强民族经济交流和合作。经济交流和合作是促进不同民族之间相互了解和相互信任的重要途径。要加强民族经济交流和合作，鼓励各族群众共同参与乡村振兴，共享发展成果，推动各族经济共同繁荣。四是引导各族群众树立正确的价值观和信仰。正确的价值观和信仰是实现民族团结和谐的重要保障。要加强党建工作，引导各族群众树立正确的价值观和信仰，培养和选拔有战斗力的党员干部，引领各族群众走向文明和谐的发展道路。五是推动民族团结进步示范创建工作。民族团结进步示范创建工作是营造民族一家亲氛围的重要举措。要加强对民族团结进步示范创建工作的支持，培育和发展民族团结进步的典型村镇和先进个人，推动各族群众共同建设和谐美好家园。

第四节 家训、村规民约，指导修身齐家

家训和村规民约是中国传统文化中的重要组成部分，是乡村德治的基础，它们能够指导村民修身齐家，维护社会秩序和稳定。家训中的道德准则和处世哲学，能够教育人们如何做人做事，如何与人相处，让人们明白什么是真正的人生价值。村规民约中的行为规范和社会公德，让村民了解自己的权利和义务，增强社会责任感和公民意识，从而促进社会和谐稳定。通过制定和传承家训、落实村规民约，可以规范乡村居民的行为准则，塑造良好社会风尚，还可以传承和弘扬传统文化。

总的来说，家训和村规民约可以提高乡村居民的文化素养和道德水平，培养良好的家风、乡风、民风，增强家训、村规民约的执行力和实效性，从而推动德治乡村建设。

一、家训永流传，德治润人心

在中国传统文化中，家庭是社会的基本单元，家风家训的传承和弘扬对于社会的安定、和谐至关重要。家训是家庭长辈对晚辈的口头或书面传承，包含家族的价值观、行为准则、处世哲学等内容。家训作为传统文化的重要组成部分，具有较高的历史、文化和道德价值。家庭不只是人们身体的住处，

更是人们心灵的归宿。

在德治乡村建设中，弘扬传统文化是非常重要的一项工作。家训的传承，可以让乡村居民了解传统文化的内涵和精髓，增强文化自信，提高民族认同感和凝聚力。家训作为家庭、家族的道德准则，可以规范乡村居民的行为准则，明确社会道德标准，塑造良好的社会风尚。家训中蕴含着深厚的人文精神和道德理念，可以引导乡村居民践行传统美德，树立正确的人生观和价值观，从而提高社会治理水平和乡村文明程度。在家训的影响下，乡村居民可以形成良好的家风、乡风、民风，增强社会凝聚力和向心力，促进社会和谐稳定。同时，家训的传承也可以引导乡村居民树立绿色发展、可持续发展的理念，推动乡村经济的发展和乡村治理的提升。家训的传承和践行，也可以促进社会教育的发展。通过家训的传承，可以开展多种形式的社会教育活动，提高乡村居民的文化素质和道德水平。

大理州祥云县刘厂镇注重发挥德治"软治理"作用，让家训家风润物细无声地渗透到基层社会治理中。如实施"道德积分"制度，开展"道德讲堂"，发挥典型人物和先进事迹的引领作用，开展"家风家训"试点建设等。①该镇的家训还有"敬天爱民、尊老爱幼、勤俭持家、诚实守信、和睦相处、崇文尚武、谦虚谨慎、团结奋斗"等。这些家训的传承使得该镇的居民更加自觉地遵守规矩、尊重他人、勤俭节约、讲诚信、和睦相处、崇尚文化和奋斗拼搏，从而推动了乡村治理的发展。除此之外，刘厂镇还积极弘扬红色文化和革命精神，发挥其对民族团结进步的激励作用。如利用红色文化资源开展红色教育，评选民族团结进步示范户，讲述民族团结故事等。运用自治、约束与德治相结合的办法治理村务。如规范农村宴请习俗，自治与德治双管齐下结果显著。建立以群众为主体的道德激励和约束机制。开展道德评选表彰，发挥典型先进的示范引领作用等。德润人心是乡村治理的价值所在。刘厂镇的德治"软治理"模式，为村民提供了更好的生活环境和发展机会，从

---

① 中共大理州委宣传部.全面建成小康大理研究 [M].昆明：云南人民出版社，2021:35.

而让德治润物无声。

在大理州祥云县刘厂镇的王家庄，四个姓氏的家训代表了该地区历史上注重家风家教的传统，其中张氏家训强调"耕读传家和气致祥，孝忍明德忠义常念"，朱氏家训则注重"忠义孝悌和家睦族，自奉俭约忍让恭谦"，胡氏家训认为"融入相关利害相及，忠义为重财帛为轻"，而王氏家训则强调"修齐治平忠孝睦姻，读书明道立身报国"。这些家训不仅是王家庄历史文化的重要组成部分，也是传承和发扬中华民族传统美德的重要途径。

王家庄是一个有着悠久历史和文化底蕴的地方。在明朝洪武年间，王氏家族的始祖随军平定滇西有功，被朝廷封赏为世袭武烈将军，并携家眷定居在当时的县城东门外。明清时期，王家庄以兴学重教、耕读传家而闻名，温泉土碱制作曾是王家庄支柱产业之一，土碱曾是茶马古道上走俏一时的"抢手货"。1949 年后，村名经历多次更改，但是王家庄的人们一直注重家风家教的传承和弘扬，这也使得王家庄成为一个团结和谐、勤劳善良的社区。王德三是王家庄的杰出代表之一。他在《母亲墓志》中写到，母亲是一个聪明勤苦而好强的人，一生劳苦，一生焦愁。即使家中经济困难，母亲仍然不忘培养子女，让他们成为有用之才。在《狱中遗书》中，王德三也谈到了王家庄的家风家训，他认为家庭成员应该和和气气地相处，没有一个游手好闲的人，没有一个偷盗好讼的人。全家七十余口，分家的时候，还是和和气气地分开，这是古典社会中的模范。这些言论充分说明了王家庄注重家风家教的传承和弘扬，以及这种传统对于社会的和谐和稳定所起到的作用。

刘厂镇王家庄的故事说明，家庭是社会的基本细胞，是人生的第一所学校。在当今社会，家庭的作用更加重要。家庭是一个孩子成长的第一所学校，也是一个人品德养成的重要环境。因此，注重家风家教的传承和弘扬是非常必要的。同时，家庭是社会的基本单位，家风家训的传承和弘扬也是社会和谐稳定的重要保障。家庭教育对于培养孩子的良好品德、道德修养和社会责任感等方面有着不可替代的作用。因此，政府和社会应该加强对家庭教育的支持和引导，帮助更多家庭培养出优秀的子女，为社会的发展和进步作出贡献。

通过家庭教育和家族文化的传承，让家庭成员养成良好的品德和道德修养，从而推动整个社会的和谐稳定。在实践中，具体可以从以下几个方面展开。一是强调家庭教育的重要性。家庭教育是培养孩子品德和道德修养的重要途径。家长应该在日常生活中注重培养孩子的道德观念，教育孩子要遵守法律法规，尊重他人，有责任心和公德心等。同时，家长还应该注重孩子的学习和成长，鼓励他们勤奋学习，努力进取，培养他们的职业操守和社会责任感，为将来的发展做好准备。二是建立家族文化。家族文化是家训永流传的重要保障之一。通过家族文化的传承，可以让家庭成员了解家族历史和传统，增强家族凝聚力和认同感。家族文化可以包括家族的起源和发展历程、家族的信仰和价值观、家族的习俗和传统等。建立和弘扬家族文化，可以帮助家庭成员更好地认识自己和家族。三是传承和弘扬家训。家训是家族文化中的重要组成部分，是家庭成员道德观念和行为准则的集合。家训的传承和弘扬需要从家长开始，让家庭成员了解家训的内容和意义，以及如何在实际生活中贯彻执行。家训可以包括家族的传统美德、家庭的行为规范、家庭的生活方式和生活态度等。通过家训的传承和弘扬，可以让家庭成员养成良好的品德和道德修养，从而推动整个社会的和谐稳定。四是加强家庭沟通。家庭沟通是家庭教育和家族文化传承的重要环节之一。家长应该注重与孩子的沟通，了解他们的想法和需求，尊重他们的个性和特点，帮助他们解决问题和困难。家庭成员之间也应该加强沟通，了解彼此的想法和感受，增进彼此的感情和信任。通过家庭沟通，可以促进家庭成员之间的相互理解和支持，推动家族文化和家训的传承和弘扬。

二、通过村规民约，推动乡村德治

村规是指在村庄中制定的一些简单而具体的规定，通常是针对村庄中的一些日常问题，如生活垃圾的处理、交通安全等问题，旨在维护村民共同利益，促进社会和谐稳定。村规民约一般包括村民的行为准则、行为规范、社会公德等内容，是一种自我管理和自我约束的方式。

村规看似微小，但却是推动乡村治理的重要手段，可以起到推动整个社会治理的作用。一方面，村规可以促进村民之间的互动和沟通。制定村规的过程中，需要广泛征求村民的意见和建议，让村民参与其中，增强民主意识和自治精神。制定出符合村民利益和需求的村规后，村民之间可以通过遵守规定来规范自己的行为，避免产生矛盾和纠纷，增进互信和团结。另一方面，村规也可以促进村庄的文明建设和社会治理的提升。村规可以规范村民的日常行为，提高村民的文明素质和社会责任感，增强村庄的文明形象和社会治理效益。通过制定村规，可以引导村民养成良好的生活习惯和公民意识，让整个村庄的社会治理水平得到提升。同时，村规也可以在一定程度上带动整个地区的治理。村规的实施需要得到政府和公共服务机构的支持和配合，需要建立完善的监督机制和执法机制。政府和公共服务机构可以借鉴村规的经验和做法，推动整个地区社会治理水平的提升。

大理州祥云县禾甸镇新兴苴村和宾川县鸡足山镇是两个不同的案例，它们都在乡村治理方面取得了一定的成就。这些案例表明，通过制定村规民约、组织评选活动、坚持认同等方式，可以激励群众积极参与乡村治理，促进文明和谐乡村建设。

新兴苴村在村规民约的激励和约束下，不断进步，成为全镇乡村治理的典范村。该村通过召开院坝会、群众大会、党员大会等方式，组织评选活动，激励群众以户带组以组带村，比学赶超，共同推动文明和谐乡村建设。这些评选活动包括美丽家园、美丽庭院、星级文明示范户、最美家庭、好婆婆、好儿媳等，旨在激发群众的自我管理、自我约束和自我提升的积极性，使乡村治理更加民主、法治和有效。家训作为家庭道德和行为规范的传承，对于乡村治理和社会发展具有重要意义。新兴苴村的评选活动，就是通过"最美家庭"等形式，弘扬家庭美德和家训传统，推动文明乡风的建设。

鸡足山镇的村规民约更加全面，从政治、生态、经济、文化、社会等多个方面规范了村民行为，以促进社会和谐。鸡足山镇的村规民约，就是通过规范村民行为和引导村民做出正确的选择，构建了一种以德治村的治理模式。此外，鸡足山镇还坚持奉行"五个认同"，即对中国特色社会主义道路的认同，对中国共产党的认同，对中华文化的认同，对中华民族的认同和对伟大祖国的认同。

以上两个例子都展示了我国乡村治理的特点和优势，即依托村规民约等制度建设，激发村民参与治理的积极性和创造性；注重生态环境保护和文化传承，推动乡村的可持续发展；倡导道德建设和文明乡风，提升乡村的整体素质和形象。这些做法不仅有助于解决乡村治理中存在的问题，也为乡村振兴提供了有益的探索和实践经验。

第五节　"三治"有机结合，深化德治乡村建设

"三治"有机结合指的是自治、法治和德治三个方面协同发力，为乡村治理建设工作提供有力的支撑。自治能够增强乡村居民的自治意识和自治能力，法治能够保障乡村社会稳定，德治能够提升乡村社会文明水平，三个方面相互配合、相互支持，可以共同推动乡村治理建设工作的深入发展。实践中，要注重德治和法治的结合，并充分发挥自治、法治、德治的各自优势。

一、德法结合，推进乡村善治

德治和法治的结合可以使乡村治理更加全面、科学、系统，从而提高治理效果和社会满意度。此外，德治和法治的结合还可以促进村民自治和参与，强化村民的自我管理和增强村民的自治意识，推动乡村社会文明的进步和发展。

德治与法治的结合，主要体现在加强乡村法治建设和法律服务上，以保障乡村居民的合法权益和利益，维护社会稳定。当地司法执法部门应该积极挖掘和充分利用本地传统文化资源，结合法律援助和法律培训等服务，让乡村居民了解相关法律、规章制度，增强法律意识。当地党组织应该加强乡村法治建设，建立健全乡村法律服务体系，使法治在乡村得到更好的落实，从而推进乡村善治。

在实践中，德治和法治的结合使大理州的乡村治理更加全高效。在大理州洱源县三营镇郑家庄，支部书记和村民小组通过在节日特别是中秋节将村民聚在一起过节的方式，营造团结氛围，共同感受乡愁，增强了村民的凝聚力和向心力，对于防范和处理各种社会问题，如矛盾纠纷、治安问题等，起到了重要的预防和化解作用。同时，也注重发挥法治的作用，建立了村民调解委员会和矛盾纠纷调解机构，为村庄的和谐稳定提供了法律支持。在洱源县邓川人民法庭的工作中，注重文化法庭引领，拓展乡村振兴善治之力，通过将审判实践融入当地历史文化、民族文化、人文景观中，提炼出"一二三一"工作机制，引导当事人理性诉讼，较好地做到了"有矛盾纠纷、到法庭解决、得公正处理、案结人和顺"的良性循环。另外，也做到了审判工作与生态保护、文化建设、民族团结及模范引领的有机融合，成为云南法院文化建设中的一张亮丽名片。

综上所述，郑家庄和邓川法院都采取了一些措施来推进乡村善治。在郑家庄，通过聚集村民庆祝节日，营造团结氛围，增强村民之间的感情，让村民理解乡村和睦相处的重要性。在邓川人民法院，通过建设面向社会的普法宣传教育阵地和文化诉讼服务中心，将法律和文化相结合，营造便民亲民的法庭氛围，让各族群众感受到公平正义就在身边，从而推进乡村善治。此外，邓川人民法院还将法治文化建设拓展到法庭围墙之外，融入基层社会治理工作中，积极推进移法于俗，引导村民订立新村规民约、整治旧陈规陋习，把公序良俗立起来，让村民崇尚法治，让"村民外墙、房屋照壁"会说话。这样的做法有助于形成良好的法治文化氛围，推进乡村善治。

德治和法治的结合可以提高乡村治理的效率和公正性，为实现乡村治理现代化提供有力支撑。在实际的乡村治理中，需要加强德治和法治的结合，构建起德法合一、民主法治、自治法治的乡村治理新格局。具体而言，需要进一步深化文化建设，拓展基层社会治理工作，加强法治文化建设，营造良好的法治文化氛围，推进乡村治理现代化。在文化建设方面，需要深入挖掘乡村文化资源，宣传和弘扬中华优秀文化，推动乡村文化创新，借助文化元素和文化符号，增强乡村治理的文化内涵和文化影响力。在基层社会治理方面，需要加强社区和村级自治机构的建设，提升民主参与和社会协同治理水平，增强社会组织的作用和功能。在法治文化建设方面，需要加强法律宣传和普法教育，提高村民的法律意识和法治信仰。

二、法治德治自治的有机结合

自治是基层社会治理的基本形式，是社会成员自主管理、自我服务、自我教育、自我监督的有效方式。自治能够增强社会成员的主体意识和责任意识，激发社会活力，促进社会和谐稳定。法治是规范社会行为、维护社会秩序的基本准则。法治能够为自治提供制度保障，防止自治走向无序。德治是社会治理的价值基础和道德规范。德治能够引导社会成员自觉遵守法律法规，形成良好的社会风尚。自治、法治、德治既有区别又有联系。自治是目的，法治是手段，德治是基础。自治是基层社会治理的目标，法治为实现自治提供规则保障，德治提供价值引领和基础支撑。三者相互促进、相互作用，共同推动基层社会治理水平的提高。

在基层社会治理中，要充分发挥自治、法治、德治的各自优势，实现三者的有机结合。要用好法治这一"利器"，建立健全相关法律法规，明确自治的范围和程序，完善法治保障机制，为自治提供制度保障。要积极开展道德建设，弘扬社会主义核心价值观，增强公民道德修养和社会责任感，使德治内化为社会成员的自觉行为规范。要运用信息技术手段，建立自治、法治、德治融合的社会治理体系，发挥基层组织和社会组织的作用，广泛调动民众参与社会治理的积极性。要加强协商配合，形成治理合力，同时广泛动员社会力量，使之在法治轨道上发挥自治功能和德治作用。要总结自治、法治、德治相结合的实践经验，推广典型模式，及时发现问题并改进，使三者良性互动、协同发展。

大理州永平县龙街镇古富村通过成立民族团结进步理事会、设置议事小组、监督小组等方式，实现了法治、德治和自治的有机结合，取得了显著成效。在古富村，民族团结进步理事会是村民自治的重要组织，通过"党支部研究，理事会议事，村民代表大会决定"的方式，决定全村重大事项。同时，村民也通过组建理事会、群防群治小分队等自治组织，加强村规法治建设，提升了村民自治的能力和水平。这些措施既保障了法治，又实现了德治和自治的有机结合。在环境治理方面，古富村也采取了一系列措施，组建了党员人居环境提升先锋队，每月开展"十星评比"创先争优活动，按照"三洁一绿一规范"的标准，提升了村庄环境的整体水平。这些环境治理措施的实施充分体现了德治的作用，同时也实现了法治和自治的有机结合。

古富村的做法为其他地方提供了宝贵的经验。通过成立自治组织、强化村规法治建设、加强环境治理等措施，古富村实现了法治、德治和自治的有机结合，取得了良好的治理效果。这种做法不仅有利于提升基层社会治理的现代化和规范化，而且有助于提升群众自治的能力和水平，促进社会和谐稳定。

自治、法治和德治是基层社会治理的三驾马车，缺一不可，需要协调发展，共同推动基层社会治理自治水平的提高。为此，需要深入理解和贯彻落实自治、法治和德治的定位和作用，同时采取有效措施实现三者的有机融合。具体而言，需要把握以下几点。

一是明确三者的定位。自治、法治和德治是基层社会治理的三个方面，各自有其独特的作用和定位。自治是基层社会治理的目标和最高境界，体现了群众的自我管理能力和自治意识。法治是实现自治的重要手段，通过建立健全的法律法规和法律制度来规范社会行为，保障群众的合法权益。德治是基础，是社会主义核心价值观的引领和塑造，是人们道德观念和行为规范的基础。

二是用好法治这一"利器"。法治是实现自治的重要手段，需要建立健全相关法律法规，明确自治的范围和程序，完善法治保障机制，为自治提供制度保障。同时，要加强对法律法规的宣传和普及，提高群众的法律意识和法律素养，使他们能够自觉遵守法律法规，提升自治的能力和水平。

三是积极开展道德建设。道德建设是实现德治的重要手段，需要弘扬社会主义核心价值观，增强公民道德修养和社会责任感，使德治内化为社会成员的自觉行为规范。同时，要深入开展道德模范评选表彰活动，宣传先进典型，引导广大群众崇德向善，形成崇德向善的社会风尚。

四是运用信息技术手段。信息技术是推动基层社会治理现代化和规范化的重要手段，需要建立自治、法治、德治融合的社会治理体系，发挥基层组织和社会组织的作用，广泛调动民众参与社会治理的积极性。同时，要推动信息技术在基层社会治理中的应用，发挥信息技术在社会治理中的重要作用，提高社会治理的效率和水平。

五是各级政府部门要加强协商配合。自治、法治、德治的实现需要各级政府部门的协作配合，形成治理合力。同时，要广泛动员社会力量，使之在法治轨道上发挥自治功能和德治作用。政府应该依法依规开展社会管理工作，同时积极引导社会组织和志愿者参与基层社会治理工作，发挥他们在社会治理中的作用。

六是总结自治、法治、德治相结合的实践经验。在实践中，自治、法治、德治是相互联系、相互促进的，需要总结和推广典型模式，及时发现问题并改进，使三者良性互动、协同发展。同时，要不断加强基层社会治理的能力和水平，推动自治、法治、德治的有机融合，实现基层社会治理的现代化和规范化。

第七章 数字赋能，大理州"三治融合"跑出加速度

数字赋能可以在"三治融合"中发挥重要作用，能有效促进自治、法治和德治的有机结合。它可以促进数据共享与治理，提供智能决策支持，促进公众参与和监督，加强信息传播与教育。通过数字赋能，可以更好地推动社会治理的创新和发展。大理州作为全国第一批市域社会治理现代化试点创建城市，积极探索推进社会智慧化治理，让"三治融合"跑出了加速度。全州致力于以现代技术手段提升社会治理智能化管理水平，科技赋能乡村治理，创新乡村治理模式，通过平台整合破解社会治理难题，运用数字化技术构建乡村善治体系等，有力地推进了市域社会治理现代化进程。

第一节 提升社会治理智能化管理水平

社会治理智能化管理水平指的是在社会治理过程中，运用智能化技术和手段，提升管理效能和管理水平。提升社会治理智能化管理水平是一个重要的问题。通过提升社会治理智能化管理水平，可以更加科学、高效地推进社会治理工作，提升治理效能和社会发展水平。大理州从高位推动试点创建工作、强基固本夯实基层基础、全力防范化解重大风险、凝聚活力助推试点创建四个方面夯实基层社会治理工作基础，全面提升社会治理能力和水平。

一、高位推动试点创建工作

大理州是全国第一批市域社会治理现代化试点创建城市。在推进社会治理现代化、深化市域社会治理现代化试点创建城市的工作中，大理州委采取了高位推动的方式，从领导层面落实责任，确保试点工作取得实效。具体来说，采取了以下四项措施。一是坚持党委领导高位推动，加强组织领导，明确时间表和路线图。二是坚持整体联动高效推进，成立州委平安大理建设领导小组，组建工作专班实体化运作，实现"一个机构抓统筹"。三是坚持责任压实深入推进，全州 12 个县市均成立市域社会治理现代化试点工作领导小组，112 个乡镇（街道）成立党委政法工作领导小组和平安建设领导小组，配齐配强政法委员，确保试点各项工作任务落实到位。四是州委州政府召开加强基层社会治理体系和治理能力建设现场办公会暨市域社会治理现代化试点工作推进会，做到全州统一部署、统筹推进，确保试点工作的全面推进。

二、强基固本夯实基层基础

为了强化基层社会治理体系建设，大理州采取了一系列措施，其中包括三个方面的工程。一是积极落实机构、编制、人员、建设场地、建设经费等基础保障工作，成立大理州综治服务中心（大理州网格化综合服务中心）、大理州政法融媒体中心，加强对县（市）、乡镇（街道）、村（社区）三级综治服务中心（网格化综合服务中心）、政法融媒体中心建设的指导督促。同时，借助数字大理建设中的苍洱云、大数据等智能化技术支撑，进一步整合资源，提升数字赋能社会治理水平。二是大理州制定了《大理州命案防控工作十大机制》《大理州公安机关深化命案侦防工作 15 条措施》，压紧压实部门主体责任和属地管理责任，落实命案责任督导和追究制度，以此提升社会安全感和满意度。三是大力推行"互联网＋政务服务"工作模式，借助"一部手机办事通"等线上平台，加快推进"马上办、网上办、就近办、一次办"等智慧化治理模式的步伐。大理州把"雪亮工程"建设作为提升社会治理智能化的龙头工程，以公共安全视频监控的规模化、集约化、智能化、共享化建设助推全州立体化社会治安防控体系建设。

三、全力防范化解重大风险

为了全力防范化解重大风险，大理州采取了一系列措施，旨在提升市域社会稳定、公共安全和政治安全风险防范化解水平。一是注重将新时代"枫桥经验"与本地实际相结合，努力将各类社会矛盾风险解决在市域范围。在邻里纠纷风险指数较高的问题上，大理州开展全州邻里矛盾纠纷专项治理工作，致力于扭转邻里纠纷高发态势，全力提升市域社会稳定风险防范化解水平。二是聚焦市域范围内群众反映强烈的突出治安问题，建立完善扫黑除恶长效常治机制，健全命案防控工作体系、网络社会综合防控体系和公共安全隐患排查和安全预防控制体系。这些措施旨在提高对新型风险的识别、预警和防控能力，全力提升市域公共安全风险防范化解水平。三是健全市域维护国家政治安全工作体系，完善对敌斗争策略。大理州加强国家安全人民防线建设，强化境外非政府组织在市域内的活动管理，严密防范境外宗教渗透活动，深挖打击邪教违法犯罪活动，全力防范化解重大风险，维护市域政治安全。

四、凝聚活力助推试点创建

为了凝聚活力助推试点创建，大理州在借助高校科研院所、彰显文化特色、积极探索创新、拓展教育培训广度和深度、弘扬英模精神等方面采取措施，提升市域社会治理试点的高质量创建。一是借力高校科研院所，深入开展"院地合作"。大理州积极探索具有大理特色、市域特点、时代特征的社会治理新模式，为市域社会治理注入新动力、增添新活力。二是深入挖掘民族文化蕴含的治理理念，发挥民族文化在基层自治、德治、法治中的积极促进作用，提升基层社会治理能力和工作水平。大理州努力打造民族地区社会治理新模式，彰显文化特色。三是不断探索创新，健全完善制度机制，提升社会治理能力。以洱海保护治理为核心，制定具有地方民族特色的地方性法规，充分发挥法治保障作用。四是通过整合教育培训资源、创新教育培训方式，多维度开展政法队伍教育培训，为全州政法干警搭建学习交流和教育培训的平台，进一步提升政法队伍工作实效，强化政法队伍教育管理和政法干部队伍建设，不断提升基层社会治理能力和水平。五是通过认真开展政法英模先进事迹报告会和英模教育主题活动等工作，宣传讴歌政法系统中涌现出的英雄模范和优秀党员干警，充分发挥英模引领示范作用，提振政法队伍精气神。

第二节　智治提效，科技赋能乡村治理

大理州祥云县刘厂镇在提高乡村治理现代化水平方面取得了显著的成果。为了加强便民服务，创新治理模式，刘厂镇建立了便民服务中心，还建立了"综合窗口一站式""特需服务代办制"的标准化办事体系，推广"办事通"App及"云南省政府救助平台"移动端应用，构建线上线下相结合的乡村便民服务体系。这些措施有效地缩短了办事时间，提高了办事效率，让群众享受到更加便捷的服务。

为了推进"智能政务"建设，刘厂镇政府和各村委会建立了"钉钉"协同办公系统，实现了远程会议、公务在线办理等功能，大幅提升了办公效率。同时，充分利用"智慧党建"应用平台，为广大党员群众提供在线学习、反

映问题的渠道。值得一提的是，刘厂镇打造了王家庄游客服务中心导览一体化智能平台，有效提高了旅游业服务水平。

为了加强治安防控工作，刘厂镇投资 15 万元安装监控探头 50 组，覆盖主要道路节点、古建筑、人员密集场所等重点区域和路段。[①] 在党群服务中心的指挥平台、综治信息化的支撑下，刘厂镇建立了以网格化管理为基础、以公共安全视频监控联网应用为重点的"群众性治安防控工程"。通过平台实时了解监控信息，值班人员能够发现问题并及时处理，处理不了的问题通过手机 App 向社区上报。此外，广泛发动社会力量，邀请村民代表轮流监看视频监控，共同参与治安防范，实现治安防范全覆盖和无死角。

综合来看，刘厂镇通过推广信息化技术和创新治理模式，有效提高了乡村治理现代化水平。从科技赋能乡村治理的角度来看，刘厂镇的做法充分利用了现代信息技术的优势，将线上线下相结合，打造了乡村便民服务体系，同时通过智能化手段推动治理创新，提升了治理效率和治理水平。特别是在治安防控方面，刘厂镇采用了视频监控技术和网格化管理模式，将社会力量和技术手段结合起来，进一步扩大了治安防范的覆盖面，提高了治安防控工作的效率和质量。这些做法不仅为乡村振兴注入了新的动力，也为其他地区提供了有益的借鉴。

科技赋能乡村治理，可以帮助乡村实现快速发展和现代化转型。通过推广信息化技术，可以实现线上线下相结合的服务模式，提高服务质量和效率；通过扩大治安防范的覆盖面，可以有效提升治安防控工作的效果；通过运用先进技术和智能化手段，可以推动治理创新，提高治理水平和效率。因此，科技赋能乡村治理是当前乡村振兴战略的一个重要方向，需要在政策和实践层面上加强支持和推动，以促进乡村经济和社会的可持续发展。

---

① 祥云县人民政府.王家庄：遍吹法治文明风［EB/OL］.（2023-04-24）［2023-09-19］.http://www.xiangyun.gov.cn/xyxrmzf/c102086/202304/581d2e058e1348f69f9185546c798e72.shtml.

事实证明，科技赋能可以让乡村治理实现智慧治理，提高治理效率、质量和可持续性，推动乡村振兴。大理州是一个美丽的地方，也是一个具有丰富多彩的乡村资源的地方。要实现乡村治理智慧化，建议从以下几个方面着手。

一、大力建设数字乡村基础设施

建设数字化基础设施可以形成一个智能化的网络，实现资源共享、信息交换、智能化管理和优化运营。通过物联网、云计算、大数据等技术建设数字乡村基础设施，是大理州"三治融合"推动乡村治理的关键。以下是对大理州建设数字乡村基础设施的建议。

（一）建设数字化通信网络

建设数字化通信网络为农村地区带来了许多机遇和福利，促进了农村经济的发展和社会的进步。这些网络基础设施为农民提供了更多的选择和便利，有助于农村与城市的数字鸿沟的缩小，推动整个社会的数字化进程。建设数字化通信网络需要在乡村地区建设高速宽带网络和移动通信网络，以实现数字信息的快速传输和共享。

大理州在"实施数字乡村建设发展工程"中提出了许多具体措施，其中，加快农村地区5G网络建设和补齐偏远山区通信网络设施短板是重要举措之一。《关于加快5G通信基础设施建设发展的实施意见》中指出，为深入实施大数据战略行动，进一步推进大理州5G网络部署、营造5G建设良好的行业及社会环境，实现大数据与信息基础设施深度融合，推动数字大理建设。这将有助于提高农村地区的通信网络覆盖率和网络速度，为数字化乡村治理提供更好的技术支持。

自 2019 年底以来，大理铁塔公司一直在加快推进 5G 网络建设，并制定了《大理州 5G 基站专项规划》，为大理州的 5G 网络建设规划了发展路线。目前，在大理州的全州行政村、学校和卫生室已经实现了光纤网络的覆盖率和 4G 网络的覆盖率达到 100% 的目标。此外，自然村的宽带覆盖率和 4G 信号覆盖率也有了显著提升，大部分乡镇已经开通了 5G 信号。① 可以毫无疑问地说，以 5G 为代表的 ICT 技术是乡村数字基础设施升级的重要技术基础。为了深入推进数字乡村的建设，大理州正在不断采用低成本高效率的 ICT 解决方案，将农村地区纳入数字世界，促进农业农村领域新技术的创新和推广，使农业农村的数字化变得更加简单。

（二）建设数据中心和云计算平台

在大理州农村地区推进 5G 网络建设的同时，建设数据中心和云计算平台是一个重要的补充措施。通过建设数据中心和云计算平台，可以为农村地区提供更强大的计算和存储能力，促进数字化转型和信息化发展。

在宾川鸡足山镇，利用空中无人机、红色小广播和平安乡村视频监控等技术支持，建立了立体化的"数字政务"治理模式。政府工作人员可以通过手机实时指挥全镇的应急抢险救灾等工作，随时查看视频监控并召开视频会议。这些技术为社会治理提供了智能化的支持，打造了优质、简洁、高效的政府，建设了稳定、团结、和谐的乡镇。在大理市大理镇下兑村，通过建设数字乡村平台，实现了乡村治理的高效化。中国电信利用天翼大喇叭和数字乡村平台，提升了农村的信息化水平。通过整合网络、平台和技术优势，中国电信以天翼看家为基础，辅助天翼大喇叭为村民提供一体化的服务。天翼

---

① 云南省农业农村厅官网 . 大理州"五个持续"扮靓美丽乡村［EB/OL］.（2022-02-17）［2023-09-13］. https://nync.yn.gov.cn/html/2022/zhoushilianbo-new_0217/383455.html.

大喇叭及时播报最新信息，为村民了解党和国家的最新政策提供了窗口。而天翼看家摄像头构建了村级区域监控网，为村民提供看家护院和关心老幼的功能。这种科技手段助力治安联防，成为广大农民和农村建设者的"千里眼"。

综上所述，在乡村地区建设数据中心和云计算平台，可以实现数据的集中存储和管理、数据共享和数据分析等功能。同时，应该加强数据安全保护措施，确保数据的安全性和保密性。

（三）建设物联网和传感器系统

物联网指的是通过互联网将各种智能设备、传感器和物体连接在一起，实现数据的收集、传输和分析。传感器系统是物联网的关键组成部分，它由各种传感器设备、数据采集装置和通信网络组成。传感器可以感知和测量环境中的各种物理量，如温度、湿度、光照强度、土壤湿度等。传感器系统通过将这些感知到的数据采集并传输到中央处理单元或云平台，实现对环境和设备状态的实时监测和控制。建设物联网和传感器系统是数字乡村建设的重要组成部分，它们可以实现物理设备和传感器之间的连接和数据交互。

在农村地区建设物联网和传感器系统，可以实现对农业生产、环境监测、水资源管理等方面的智能化监测和管理。为此，大理州将大力发展物联网，同步加大物联网建设力度，按需新建物联网基站，加快在高标准农田、工业园区、城市路网、社区街道、水库、湖泊、水电站、自然保护区等布设低成本、低功耗、高精度、高可靠的智能传感器。到2023年，实现全州县级以上城市主城区普遍覆盖、重点区域深度覆盖，在网终端设备达40万台。①

---

① 大理州政府研究室.大理白族自治州人民政府办公室关于印发大理州加快信创产业和数字经济发展三年行动计划（2021—2023年）的通知［EB/OL］.（2021-05-12）［2023-09-16］.https://www.dali.gov.cn/dlrmzf/zfgbml/202106/f244511b9bf949388e4ff318c0b16a2b.shtml.

（四）建设数字化服务平台

数字化服务平台作为一个集成的信息和服务中心，通过整合各类数字技术和资源，为农村居民和农业生产提供全方位的支持和便利，可以提供数字化服务，包括电商、教育、医疗、金融等方面的服务。建设数字化服务平台是大理州实现数字化乡村发展的关键。通过数字化服务平台，农村居民可以获得信息、教育、金融、市场和管理等多方面的支持，推动农村经济的发展，改善农民生活质量，实现农村与城市的互联互通。

在 2022 年的《政府工作报告》中，大理州人民政府在今后五年经济社会发展的主要任务中提出，要建立健全数据标准规范和基础数据资源目录，建设大理州农业农村基础数据库，建设农业农村大数据平台，搭建数据共享交换网络通道，提升网络和数据安全管理能力；提升农业生产服务水平，持续推进益农信息社作用发挥，推进"互联网＋"农产品出村进城工程实施，提升产销数字化服务水平。同时还提出提升管理数字化水平、打造一批数字化应用场景、培养一批数字化人才等。

（五）智慧交通、智慧医疗的建设

数字乡村建设需要加强智慧交通、智慧医疗等方面的建设。通过智慧交通的应用，可以提高农村交通运输的效率和安全性，满足农村居民出行的需求。智慧医疗则可以提高农村医疗服务的质量和效率，满足农村居民的健康需求。

大理是云南重要的交通枢纽，其交通的顺畅与便捷，对大理的城市经济发展和城市品牌提升发挥着至关重要的作用。大理州智慧城市建设为市民和游客的生活提供了广阔的应用场景和创新空间，智慧交通正是典型体现。如今，当驾车行驶在已部署智慧交通的交通网络中，不用担心车辆较少的道路上，红灯会持续闪耀，造成无效等待。随着智慧交通网络的进一步完善，未来，出行者将不用担心交警会误判因为别人的无故变道造成的追尾事故；不用担心因为不明晰节假日或上下班高峰期的道路状况，而没有提前避免拥堵……

在信息化时代的浪潮下，电子签名技术的引入为大理白族自治州中医医院带来了革命性的变化。传统的纸质文书在医疗过程中存在管理烦琐、易丢失、难以追溯等问题，给医生和患者带来了许多不便。为了解决这些问题，大理白族自治州中医医院建设了一套全院移动电子签名服务平台，实现了医生诊疗与患者就医的全程无纸化。通过电子签名技术，医院成功实现了电子病历、电子处方、会诊报告等文书的合规、可信的电子化签署。医生可以通过移动设备进行电子签名，无需纸质文书和手写签名，大大提高了工作效率。同时，患者也可以通过手机扫一扫等方式进行电子签名，使就医过程更加便捷和高效。移动电子签名服务平台不仅实现了安全、可靠的移动身份认证，还支持移动登录认证、批量电子签名等应用。通过这些功能的结合，医院实现了安全高效的无纸化操作，推进了医院的智慧化建设进程。医生可以随时随地进行电子签名，不再受传统纸质文书的限制，大幅提升了工作效率和工作质量。此外，电子签名技术的应用也为医院带来了其他诸多好处。首先，电子签名技术提高了信息的安全性和可靠性，有效防止了文书被篡改或丢失的风险。其次，全程无纸化的医疗服务减少了纸张的使用，有利于环境保护和资源节约。最重要的是，这项技术为患者提供了更加人性化的医疗服务，减少了烦琐的手续和等待时间，提高了患者的整体就医体验。

二、建立智能化的农村安全监管系统

农村安全监管系统是一种用于监测和管理农村安全状况的综合性系统。它利用现代信息技术和通信技术，整合多种数据源和监测手段，实时获取、处理和分析与农村安全相关的信息，为政府和相关部门提供决策支持和监管手段，其主要目标是保障农村地区的安全和稳定。在建立智能化农村安全监管系统的过程中，大理州应加强政府引导和支持，通过政策和经济手段，鼓励企业和社会组织参与数字化技术与安全管理相结合的治理模式，提高农村安全治理的现代化水平。

通过应用物联网、视频监控、人工智能等技术手段，可以建立智能化的农村安全监管系统，实现对农村安全的全方位监控和管理。比如，可以通过视频监控系统对农村道路、水库、安全生产等进行实时监测，及时发现安全隐患并进行处置。以下是几点建议。

（一）建立数字化基础设施

随着科技的快速发展，数字化基础设施在现代社会的各个领域发挥着重要的作用。在农村安全监管领域，建立数字化基础设施成为实现智能化农村安全监管系统的基石。这些设施包括数字化通信网络、数据中心、存储设备、传感器等，从而实现全面的信息化和数字化管理。它们为农村安全监管系统的智能化建设提供了坚实的基础。基于数字化基础设施，农村安全监管系统可以实现各种数据的快速采集、传输、存储、分析和管理，提供准确、及时的监管信息，为政府部门制定决策和推动农村安全治理提供有力支持。

为了提升农村安全监管的能力和水平，大理州积极推进数字化基础设施的建设，并取得了显著成效。在数字化通信网络方面，大理州实施了全面的网络覆盖和升级计划。通过建设高速、稳定的通信网络，实现了农村各个监测点位与监管中心之间的实时数据传输和共享。农村安全监管人员可以通过网络远程监控和管理各个监测点位，及时获取农村安全相关的数据和信息，提高了决策的科学性和时效性。在数据中心和存储设备方面，大理州建设了先进的数据中心和存储设备，实现了大规模数据的存储和管理。这些设施具备高效的数据存储、备份和检索能力，为农村安全监管系统提供了可靠的数据支持。农村安全监管人员可以通过数据中心快速查询和分析历史数据，为决策和风险评估提供准确的依据。此外，大理州还广泛应用传感器技术，实现了农村安全监测的智能化和精细化。通过在农田、农村道路、农产品储存等关键区域部署传感器，实时监测农村环境、设施的安全状况。例如，通过空气传感器监测农村地区的空气质量，水质传感器监测农村水源的水质情况，温湿度传感器监测农产品的存储环境等。这些传感器通过数字化基础设施实时采集数据，为农村安全监管提供全面的监测和评估，及时预警和防控潜在的安全风险。

（二）建立智能化监控系统

在数字化基础设施的基础上，建立智能化监控系统。通过安装视频监控设备、气象监测设备、水质监测设备等，对农村地区的自然灾害、公共安全和食品安全等方面进行全面的监测和预警，及时发现和处理各种安全风险。

大理州建立的智能化监控系统，实现了对农村安全状况的实时监测、预警和管理。该系统能够实时监测和预警农村安全状况，有效减少事故发生的可能性，提高了农村安全的防控能力。同时，通过数字化基础设施的支持，系统能够快速获取、传输和处理大量的监测数据，为决策者提供准确和及时的信息，为农村安全管理提供有力支持。通过智能化监控系统的建设，大理州农村安全监管实现了从被动式的反应监管向主动式的预警和管理转变，提升了农村安全监管的效能和智能化水平，为保障农村地区的安全稳定作出了重要贡献。

三、推进数字乡村治理进程

大理州在乡村治理过程中，推进数字乡村治理进程是非常重要的，而制定数字乡村发展规划和推广数字化技术是推进数字乡村治理进程的关键举措。它因为能够现代化农村治理、提升公共服务水平、优化资源配置和决策支持、推动农业现代化和农村经济发展，并推动乡村信息化建设。通过推进数字乡村治理进程，有助于实现农村地区的可持续发展，缩小城乡差距，改善农民生活质量，实现数字乡村的繁荣与进步。

大理州在推进数字乡村治理进程中，要注重制定发展规划、推广数字化技术、培育数字化人才，以实现数字化乡村发展的目标，促进城乡社会治理现代化和规范化的发展。

（一）制定数字乡村发展规划

数字乡村发展规划是一种针对农村地区制定的战略性规划，旨在推动数字化技术在农村发展中的应用，促进农村地区的现代化转型和可持续发展。该规划应以数字化技术为核心，结合农村地区的实际情况和发展需求，制定具体的发展目标、政策导向和实施路径，为数字乡村发展提供指导和支持，并确保数字乡村治理进程的顺利推进。

《大理州推进乡村建设行动实施方案》将"实施数字乡村建设发展工程"作为重点任务之一，提出"以数字技术赋能生产管理、流通营销、公共服务、乡村治理等领域，推动'互联网＋'服务向农村延伸覆盖"。这是大理州推进数字乡村建设的重要举措。不仅政府出台政策和措施推动数字乡村发展，现实中也有许多成功案例。例如，大理州鹤庆县草海镇新华村是全国知名、产量较大的银器手工艺品加工地和集散地，中国电信大理分公司在鹤庆新华银器小镇通过运用5G、云计算、大数据、物联网、人工智能等新技术实现小镇数据分析和数据可视化。通过光纤网络、5G智能宽带打包整体入村，使村民和商铺享受到了低时延、高带宽、广连接、安全可靠的高速网络，实现了"5G＋直播带货""5G+VR""5G+Wi-Fi""5G＋智慧文旅"等应用场景。

（二）推广数字化技术

推广数字化技术是实现数字乡村治理进程的关键。数字化技术包括物联网、大数据、人工智能、云计算等技术。数字化技术在乡村治理中有广泛的应用，如电子政务、农业信息化、电子商务、教育与培训、社区管理与服务、农村电子支付、互联网＋农业服务等，可以帮助改善农村社区的管理和服务，提升农民的生活质量。

推广数字化技术需要有稳定的网络基础设施支持。大理州投资建设高速互联网网络，并扩大覆盖范围，以确保各地区都能够顺畅地使用数字化技术。例如，大理铁塔公司目前已经在大理州全州实现了光纤网络的覆盖率和4G网络的覆盖率达到100%的目标。此外，大理州还为大理州的企业家、员工和居民提供数字化技术的培训和教育，鼓励和支持本地企业进行数字化创新和创业，为企业和居民提供各种数字化服务等。大理州还制定了一系列支持数字化技术发展的政策和法规，鼓励投资，减少创业壁垒，并确保数字化技术的安全和隐私保护。

（三）培育数字化人才

数字化人才包括数据分析师、网络安全专家、人工智能和机器学习专家、软件开发工程师、数字营销专家、用户体验设计师等。但这些只是一些常见的数字化人才类型，实际上数字化领域涉及的人才类型非常广泛。随着技术的不断发展，新的数字化人才需求也会不断涌现。培育数字化人才是推进数字乡村治理进程的重要保障。他们能够应用数字化技术，提供数据分析、网络安全、人工智能、软件开发等专业能力，帮助改善农村社区的管理与服务，推动农业现代化和农村发展。通过他们的努力，可以实现电子政务、农业信息化、电子商务、教育培训、社区管理与服务等数字化应用，提升农民的生活水平、农业生产效益和社区治理效能，推动乡村振兴战略的顺利实施，实现乡村全面复兴的目标。

乡村治理过程中，要加强数字化人才的培训和引进，提高数字化人才的技能和素质，以确保数字化乡村治理进程的顺利推进。大理州注重加强农民数字素养与技能培训，发展壮大乡村数字经济，加快实现传统产业数字化改造升级。这也是数字乡村治理的重要内容。《大理州贯彻落实"技能云南"行动任务分工方案》的工作目标是：大力实施"技能云南"行动，带动技能人才队伍梯次发展，形成一支规模宏大、结构合理、技能精湛、素质优良，基本满足全州经济社会高质量发展需要的技能人才队伍。到 2025 年，全州职业培训累计 12 万人次以上，技工院校新增招生 1 万人以上，全州技能人才总量达到 29 万人以上，其中高技能人才总量达到 5.5 万人以上。该方案还为此提出了具体的保障措施等。①

---

① 剑川县人民政府. 大理州贯彻落实"技能云南"行动任务分工方案［EB/OL］.（2022-07-27）［2023-09-16］.http://www.jianchuan.gov.cn/jcxrmzf/c107517/202207/10ec300ed5534d358e203519019c0243.shtml.

四、建立智慧农村公共服务系统

智慧农村公共服务系统是指利用信息技术和智能化手段，提升农村公共服务水平和效率的一种综合性平台或系统。它通过整合和应用现代科技，为农村地区提供高效、便捷、智能的公共服务，涵盖农业、教育、医疗、交通、环境保护等多个领域。建立智慧农村公共服务系统是实现智慧农村发展的重要举措。通过应用移动互联网、云计算等技术手段，可以建立智慧农村公共服务系统，为农民提供便捷、高效的公共服务。比如，可以通过移动互联网提供农村电商、在线教育、在线医疗等服务，满足农民的生产、生活和文化需求。大理州在这一过程中，应加强政府引导和支持，加强平台化建设以及推广智能化应用，促进社会治理现代化和规范化的发展。

（一）建立智慧农村公共服务平台

智慧农村公共服务平台是一个基于数字化技术的综合平台，旨在提供智慧化的公共服务和管理，促进农村地区的发展和改善农民生活质量。该平台应该整合各种数字化工具和应用，能够提供政务服务、农业服务、教育培训、健康医疗、电子商务、社区管理与服务、数字支付等方面的功能和服务。通过智慧农村公共服务平台的建设和运营，乡村治理可以更加高效、便捷和智能化。

智慧农村公共服务平台是建立智慧农村公共服务系统的基础。需要建立智慧农村公共服务平台，以整合农村公共服务资源，并提供数字化服务，包括农村电商、智能农业、智慧旅游、智能物流等方面的服务。例如，在发展农村电商方面，大理州政府办公室印发的《大理州推进农村电子商务提质增效促进农产品上行三年行动计划（2020—2022年）》的通知中，要求在推广打造电商发展新平台、创新电商业态模式、拓展电商营销渠道、优化电商公共服务、补齐城乡物流短板、强化特色品牌培育等方面加强平台化建设，来推进农村电子商务提质增效，促进农产品上行。①

（二）推广智能化应用

推广智能化应用是建立智慧农村公共服务系统的关键举措，通过智能化技术的运用，可以提高公共服务的效率、品质和均等性，促进农村现代化进程，实现农村地区的可持续发展。

在大理镇阳和村南五里桥自然村，已经实现了天网、地网、人网的全覆盖。天网方面，全村安装了20多组摄像头，实现了全天候、无死角的监控，而且村口主要道路还安装了人脸识别系统，进出村口的人员可以被准确识别。地网和人网方面，将整个村庄划分为7个网格，每个网格由支委委员兼任网格长，党员兼任网格员，实现了网格内有责、责任有人。这种网格化管理模式使得许多矛盾纠纷能够在当地解决，无法解决的问题可以通过平台向上级反映。②

这种智慧化管理模式给南五里桥村带来了许多好处。首先，通过天网系统和人脸识别技术，村庄的安全得到了有效保障，犯罪行为可以得到及时防范和打击。其次，通过网格化管理，每个网格的党员和支委委员能够更好地了解群众的需求和问题，及时解决矛盾纠纷，提高了基层治理的效率。同时，这种管理模式还促进了群众自治的发展，激发了村民参与社区事务的积极性和主动性。

---

① 云南省人民政府.省商务厅解读农村电商和消费新政策［EB/OL］.（2020–07–19）［2023–09–16］.
https://www.yn.gov.cn/ywdt/bmdt/202007/t20200719_207755.html.
② 云南省人民政府.大理州打造市域社会治理智慧中心——"一网通用"提升社会治理能力［EB/OL］.
（2022–10–07）［2023–09–16］.https://www.dali.gov.cn/dlrmzf/c101532/202210/82e746cc397243e7a6d5110cf
18ec21d.shtml.

第三节　用数字化技术创新乡村治理模式

近年来，随着乡村振兴战略的不断推进，数字化技术在大理州乡村治理中的应用越来越广泛。大理州宾川县鸡足山镇就是这方面的一个典型案例。该镇以乡村振兴数字化项目为抓手，通过开发乡村 App、建立微信群、安装摄像头等一系列措施，建立了"防控、应急、服务、宣传、政务"五大体系，全面提升了乡村治理的信息化、智能化、精细化水平。

鸡足山镇与电信公司合作，开发了"美丽乡村"App，为乡村居民提供了丰富的便民服务，如天气预报、交通信息、医院预约等。同时，该 App 还为村民提供了在线学习、在线购物等功能，促进了乡村经济的发展。此外，该镇还通过安装远程智能广播系统"红色小广播"、建立微信群等方式，加强了党员及群众教育，提高了群众的参与度和获得感。鸡足山镇还探索使用华为视频会议系统，实现了一部手机参会，建立了对讲机应急指挥系统，配备了全网对讲机，让指挥人员能够第一时间分析研判。此外，该镇还购买了一架无人机用于开展森林防火等工作，搭建了无人机巡护体系，搭配了空中喊话和实时视频功能，提高了应急处置效率和防范能力。鸡足山镇还在全镇公共场所安装了300多个高清夜视摄像头，近2000户群众主动安装摄像头，通过手机进行实时监控，也可接入全镇指挥系统，实现了"大家"＋"小家"安全大融合格局，有效提升了治安防范的效果和质量。

鸡足山镇的做法充分利用了现代信息技术的优势，实现了线上线下相结合的服务模式，提高了服务质量和效率。同时采用视频会议系统等智能化手段，推动治理创新。特别是在治安防范方面，鸡足山镇采用了摄像头监控技术和无人机巡护体系，将社会力量和技术手段结合起来，进一步扩大了治安防范的覆盖面，提高了治安防控工作的效率和质量。

由此可见，数字化技术为乡村治理提供了新的能力和手段。用数字化技术创新乡村治理模式，可以实现对乡村治理的全方位、高效、精准管理。通过数字化技术，可以实现信息的科学分析和客观判断，提高乡村治理的公正性和精确度。同时，可以通过人工智能技术对农村矛盾纠纷进行调解，提高农村纠纷调解的效率和公正性。数字化技术的应用，还可以带来新的治理思路和方法，从而推动乡村治理的创新。比如，可以通过大数据分析预测农产品的市场需求，引导农民科学种植、合理销售，提高农产品的附加值，推动农村经济的可持续发展。同时，可以通过数字化技术构建智慧农村公共服务系统，提供便捷、高效的公共服务，满足群众需求。应用数字化技术还可实现对农村资源的科学利用和管理。比如，可以通过大数据分析农村产业结构，引导农民发展适合本地的特色产业，提高农民收入和生活质量。大理州可以从以下两个方面，致力于用数字化技术创新乡村治理模式。

一、乡村治理中的数字化创新模式

数字化创新模式是指利用信息和通信技术，以数字化手段改进和优化乡村治理方式的一种方法。在乡村治理中，它通过应用先进的技术和创新的思维，推动乡村发展，提升治理效能，并为乡村居民提供更好的公共服务和社会福利。用数字化技术创新乡村治理模式，可以创造出多种模式，如农产品电商模式、数字化乡村旅游模式、智能化农业模式等。对于大理州来说，这些数字化创新模式可以提升乡村治理的效率、公平性和可持续性，促进乡村的发展和改善居民生活质量。

（一）农产品电商模式

农产品电商模式是指通过电子商务平台进行农产品的销售和交易的商业模式。它将农产品生产者、供应商和消费者连接在一起，通过互联网和在线平台实现农产品的展示、订购、支付和配送等环节，为农产品的交易提供便利和效率。

农产品电商模式的优势在于它能够打破地理限制，让农产品的销售渠道更加广阔，提高农产品的市场覆盖率。同时，它也为农产品生产者提供了更多的销售机会，直接面向消费者销售产品，减少了中间环节，提高了利润空间。然而，农产品电商模式也面临一些挑战，比如农产品的保鲜和配送问题、消费者对农产品质量和安全的担忧、农产品认证和标准化等。因此，农产品电商模式的成功实施需要充分考虑这些问题，相关部门、农产品生产者和消费者共同努力，促进农产品电商的可持续发展。

（二）数字化乡村旅游模式

数字化乡村旅游模式是指利用数字化技术和互联网平台，推动乡村旅游的发展和提升旅游体验的商业模式。它通过数字化手段，为游客提供在线预订、导览、推广、互动和服务等功能，同时记录和传承乡村的历史文化遗产，促进乡村旅游的可持续发展。比如，通过数字化平台提供在线旅游预订、导游服务、景区管理等服务，提高乡村旅游的服务质量和体验。

在大理数字农文旅科技有限公司于 2022 年 9 月 27 日在大理举办的数字农文旅产业互联网平台发布会上，全国首个以农文旅产业供应链为核心的互联网平台——"大理包"正式发布。该平台由大理州委州政府支持，由大理数字农文旅科技有限公司投资、建设与运营，旨在服务于滇西地区，辐射云南，为涉农文旅中小企业及个体商户提供全方位的数字工具与运营服务。"大理包"采用产业互联网模式，为大理州的涉农文旅中小微企业提供"云库+云店+云支付+云服务+云生态"等数字化工具和运营服务。这一平台的目标是帮助农文旅商家降低成本、增加收入，并助力规范诚信的文旅市场秩序，为游客提供更美好、更优质的旅行体验。同时，"大理包"致力于构建可靠的农文旅产业供应链，推动农文旅产业的融合创新发展，并实现政府产业资源、数据的汇聚和利用。这一创新型农文旅产业互联网平台的发布具有重要的意义。首先，"大理包"将通过数字化工具和服务的提供，为涉农文旅中小企业提供更多发展机会，提升其市场竞争力。其次，该平台的推出将带来文旅市场秩序的规范和提升，建立起可靠的合作关系和信任机制，促进行业的健康发展。同时，"大理包"的运营将为游客提供更便捷、更个性化的旅行体验，提升大理作为旅游目的地的吸引力和竞争力。最重要的是，该平台将构建可靠的农文旅产业供应链，促进产业链各环节的协同和优化，提高农产品的质量和供应效率。

"大理包"的发布充分展示了数字化乡村旅游模式的应用。通过数字化技术和互联网平台，"大理包"实现了农产品的在线展示和销售，提供了可靠的供应链服务，并为游客提供了便捷的预订和导览功能。这一模式的推广和应用将有助于促进大理乡村旅游的发展，提升乡村的经济收入和居民的生活水平。

（三）智能化农业模式

智能化农业模式是指应用先进的信息技术、物联网、人工智能等技术手段，对农业生产、管理和决策进行智能化改造和升级的模式。其在乡村治理数字化创新中发挥着重要的作用。智能化农业模式通过传感器、监测设备和数据分析，实现对农业生产环境、农作物生长状态等的实时监测和数据收集。这些数据可以为乡村治理者提供决策支持，帮助他们了解农村资源利用情况、农业生产状况等，从而制定更科学、更有效的乡村发展规划和政策。同时，通过建立农业大数据平台、农村信息服务系统等，将农村的各类信息进行整合和共享，提供农业技术咨询、市场信息、政策指导等服务，提高农民获取信息的便利性和准确性，加速农村社会的数字化进程。这种模式也将推动农业产业的升级和融合，为乡村治理数字化创新提供了新的发展机遇。例如，通过智能化技术的应用，农业生产能够实现精细化管理、高效化运营，提高产出和质量；通过农旅融合、农业与电商的结合等，推动乡村产业的多元化发展，为乡村经济发展注入新动力。此外，通过智能化农业技术，可以提供农村教育、医疗、环境监测等公共服务，满足农村居民的基本需求。同时，智能化农业模式也可以提供农村电子商务、在线支付等服务，促进农村商业发展和乡村电商的兴起。

大理州具有丰富的农业资源和特色农产品。在大理州的智能化农业模式中，应注重农业物联网应用、农业大数据分析、智能化设备应用、建立农产品追溯系统及农业信息服务平台等。这不仅有助于提高农业生产效率、资源利用效率和产品质量，促进农村经济的发展和农民收入的增加，推动大理州农业的现代化和可持续发展，还可以为乡村治理数字化创新提供实践和经验。

二、数字化乡村治理模式的适用因素

数字化模式在不同地区的适用性受多种因素影响。在经济发展水平上，不同地区的经济发展水平不同，可以考虑将数字化模式应用于经济发展程度较高的地区。例如，经济发展水平高的城市周边地区可能更适合数字化乡村旅游和农产品电商模式。在产业结构上，不同地区的产业结构也不同，需要根据当地的特点和资源分布，选择合适的数字化模式。例如，农业产业发达的地区可能更适合智能化农业模式。在地理环境上，不同地区的地理环境也不同，需要根据当地的自然条件和气候特点，选择适合的数字化模式。例如，气候条件适宜的地区更适合智能化农业模式的应用，而地理环境复杂的地区可能需要更多的数字化基础设施建设。在文化传统上，不同地区的文化传统也不同，需要考虑当地的习俗和文化，选择可以融合当地文化的数字化模式。例如，数字化乡村旅游模式需要考虑当地的文化资源和旅游特色，以便更好地满足游客需求。在政策支持上，政策支持是数字化模式在不同地区推广和应用的重要因素之一。政府在政策层面出台相关支持政策，可以促进数字化模式的应用和推广。在市场需求上，数字化模式的应用需要考虑当地的市场需求，以便更好地满足消费者的需求。例如，数字化乡村旅游模式的应用需要考虑游客对旅游体验的需求，从而提供更好的旅游服务。在技术基础上，数字化模式的应用需要具备基础的技术条件和支持，包括网络基础设施、数据采集与处理平台、智能化设备等。不同地区的技术基础水平不同，也会影响数字化模式的应用和推广。在人才支持上，数字化模式的应用需要具备相关的技术人才和管理人才。不同地区的人才资源也会影响数字化模式的应用和推广。

需要注意的是，尽管数字化模式在不同地区的适用性存在差异，但随着技术的不断进步和成本的降低，数字化模式的普及和应用范围正在逐步扩大。同时，根据不同地区的特点和需求，可以灵活调整和定制数字化模式，以实现最佳效果和适应性。

第四节　搭建平台，全方位统揽基层治理

大理市喜洲镇位于大理古城以北 18 公里处，是重要的白族聚居的城镇。喜洲镇利用互联网信息技术构建平台，全面推进基层治理工作，成效显著。该镇综治服务中心通过五大板块同时运行、综合联动，实现对镇辖区内基层智慧党建、综合治理、智慧环卫、治安防控、快警处置等网格化管理，形成了一站式解决基层治理问题的模式，实现了一屏统揽基层治理全要素、全链

条、全过程。

智慧党建平台通过党支部的网上监管，切实解决了喜洲镇党员党组织量大面广而镇级党务工作者人力精力有限的问题，有效提升了党支部基础党务规范化水平，实现了党支部规范化建设达标创建实时监测、动态评价、巩固提升。

智慧环卫平台通过有效统筹各方力量，以网格化思维，形成"人人有责、人人都管"的氛围，实现了减员增效扩容、管干分离提质、资金整合高效，破解了乡镇在综合管理过程中人少、钱少、事多的困境，构建了喜洲乡村治理新格局。

在疫情防控期间，喜洲镇对13个村委会实行网格化管理，以乡镇挂钩领导作为乡镇网格管理指导员，村委会主任为网格长，再有医务人员、社区民警和志愿者为网格员。结合基层党组织设置和治理体系需求，选配了88名网格长，537名网格员，全面参与网格化分区管理工作。通过联合"雪亮工程"第三方资源力量，新安装户用监控摄像头1133个，形成横向网格到底、纵向调度到位的工作模式，全面掌握社情民意，有效化解矛盾隐患。

通过数据线上集成、问题线下解决，喜洲镇依托537名网格员、14个调解委员会、177名村级调解治保员及金花调解员，及时调处、解决、反馈群众急难愁盼问题，使矛盾在基层化解，实现小事不出村、大事不出镇、矛盾不上交。综治服务中心成为喜洲镇矛盾纠纷隐患的"集散器"，化解调解问题的"指挥所"，是新时代"枫桥经验"在喜洲的生动写照。

喜洲镇的做法是在互联网信息技术的支持下，通过构建多功能平台，实现了基层治理的全面覆盖、全要素管理和高效运行。通过开展乡村党建、环卫考评、疫情防控、调解纠纷等多个方面的工作，实现了治理体系和治理能力的现代化。同时，喜洲镇的做法也展示了互联网信息技术在基层治理中的重要作用，将传统的基层治理与现代科技有机结合，实现了治理效率和效果的双重提升。喜洲镇的做法也体现了网格化管理的重要性。通过将镇辖区划分成88个全科网格和537个精细网格，喜洲镇实现了对基层治理的全面覆盖和精细化管理，有效地解决了基层治理中信息不畅、资源不足等问题。同时，通过网格化管理加强了基层党组织和群众之间的联系，增强了党组织的组织力和凝聚力，为基层治理提供了坚实的组织保障。

喜洲镇通过搭建平台、实现网格化管理等多种措施，实现了全方位统揽基层治理的目标，为基层治理提供了新的思路和实践经验。这种做法不仅可以在喜洲镇得到成功实践，也可以为其他地区提供参考和借鉴，推动基层治理现代化进程。

利用互联网信息技术构建平台，可以一屏统揽基层治理全要素、全链条、全过程，这在乡村治理中具有重要意义。大理州乡村治理中应通过自建平台的方式整合各方资源，实现信息共享和协同工作，提高乡村治理的效率和质量。自建平台可以为大理州乡村治理建立数字化基础设施，推广数字化模式，如智慧农村、数字化乡村旅游等，促进数字化技术在乡村治理中的应用；还可以为乡村居民提供更便捷、更高效的服务，提高居民生活质量，为乡村提供更多的发展机遇和资源，推动乡村振兴。

一、乡村治理中自建平台的方式

自建平台可以为乡村治理提供一套一站式解决方案，解决基层问题。以下是自建平台一些可能的方式。一是整合资源的平台。自建平台可以整合当地政府、企业、社会组织等各方资源，实现信息共享和协同工作。通过平台，可以实现政府部门、企业和社会组织之间的信息互通，提高乡村治理的效率和质量。二是建立信息库。通过建立乡村治理信息库，集中收集和管理乡村的基本信息、资源信息、政策法规等，为决策者提供参考。信息库还可以为乡村治理提供数据支持，实现科学化决策。三是提供服务支持。可以提供多种服务支持，包括政务服务、教育服务、医疗服务、社区服务等。通过平台，可以为乡村居民提供更便捷、更高效的服务，提高居民生活质量。四是推广数字化模式。利用自建平台可以推广数字化模式，如数字化乡村旅游等，促进数字化技术在乡村治理中的应用。通过数字化模式的应用，可以提高乡村治理的效率和质量，促进乡村振兴。五是加强宣传教育。利用自建平台可以加强宣传教育工作，提高乡村居民的素质和文化水平，促进社会和谐稳定。通过平台，可以为乡村居民提供各种教育资源和文化活动，培养居民的文化素质。

二、自建平台的安全性和可靠性

确保自建平台的安全性和可靠性需要一系列的措施和机制，进行全面的规划和实施。同时，要定期进行评估和测试，不断完善和优化系统的安全性和可靠性。具体建议如下：一是保障系统安全。对自建平台的系统进行安全加固，包括采用安全的操作系统和数据库，配置防火墙、入侵检测和防病毒软件等，以防止黑客攻击、病毒感染等安全问题。二是加强数据保护。加密敏感数据，例如个人隐私、财务信息等，以保护数据安全。同时备份数据，以防止数据丢失或损坏。三是控制权限。对于系统的用户权限进行严格控制，确保不同用户只能访问其需要的信息和功能，防止数据泄露和滥用。四是定期更新。对于自建平台的软件和硬件设备，定期更新补丁程序和系统版本，以确保系统的稳定性和安全性。五是建立监控机制。建立系统监控和日志记录机制，对系统的访问、操作和异常行为进行监控，及时发现并处理问题。六是建立应急机制。建立应急响应机制，制定应急预案，对系统遭受攻击、数据泄露等事件进行及时处理和恢复。

第五节　运用数字化技术构建乡村善治体系

大理州洱源县三营镇郑家庄村通过党建引领，成功探索出一条"三治融合"的乡村善治之路，为该县乡村振兴提供了新的治理路径。

在自治方面，郑家庄村充分发挥党支部和党员的作用，组织全体村民积极参与基层社会治理，并创新实行"1+2+7"村民议事制度。此外，他们还结合村庄治理实际，创建了"民族同心议事制度"，形成了集村民提议、支部商议、党员审议和民族代表决议为一体的治理机制，提升了共建、共治、共享的水平。同时，制定了自治规约和"多民族"制度，实现民主议事和阳光操作。这些措施激发了村民公共参与的主动性、积极性和创造性，为构建良好的乡村秩序奠定了扎实的基础。

在德治方面，郑家庄村强化了"以治成善"的硬实力，始终坚持依法治村、群防群治，制定了以"民族代表议事"和"治安联防轮守"为特色的村治制度。通过加强法治宣传教育培训，治安联防队走上了法治化、规范化轨道。组建调解小组，调解矛盾纠纷，让村民在"闲话家常"中化解纠纷，实现"四有七无"和谐村。这些措施使得郑家庄村20多年来未发生过一起治安和刑事案件，成为依法治村的典型代表。

可以看出，郑家庄村充分利用数字化技术，建立起了科学、高效、便捷的信息化平台，使得村民参与治理更加方便，也提高了治理的效率。例如，可以通过建立网站或社交媒体平台，进行信息发布和交流，让村民了解村务动态，提出意见和建议。数字化技术还可以用于村务管理和数据分析，帮助村干部更好地了解村庄的情况和问题，制定更科学的治理策略。

一、运用信息技术实施村民自治

运用信息技术实施村民自治是构建乡村善治体系的重要组成部分。通过信息技术的运用，可以提高村民自治的效率和质量，实现村民在决策、监督和服务过程中的全面参与。一是建立在线决策平台。通过搭建在线决策平台，可以让村民在网上就村庄的重大事项进行讨论和投票，提高决策的公开性和民主性。二是智能监督与管理。运用物联网技术和大数据分析，对村庄内的公共资源、环境保护等方面进行实时监控，提高村庄管理水平。三是线上服务平台。通过建立线上服务平台，提供各种便民服务，如社保查询、办理证件、缴费等，方便村民办理相关手续，提高公共服务效率。

二、通过新媒体整合公共法律服务信息

通过新媒体整合公共法律服务信息，可以让乡村居民更加方便地了解法律知识，增强法治意识，进一步促进乡村善治体系的建设。一是宣传普法知识。通过微信公众号、抖音等新媒体平台，发布法律知识科普文章和视频，帮助乡村居民了解法律法规，增强法治意识。二是提供法律咨询服务。在新媒体平台上设立法律咨询栏目，邀请专业律师为乡村居民解答法律问题，提供法律援助。三是线上法律教育。通过搭建线上法律教育平台，开设法治课程，让乡村居民可以随时随地学习法律知识，提高法治素养。

三、建立好人好事数据库，发挥德治力量

通过建立好人好事数据库、建立电子功德银行等，弘扬社会正能量，树立道德标杆，发挥乡村德治力量，培育乡村善治文化。一是记录好人好事。在乡村建立好人好事数据库，记录乡村居民的先进事迹和道德行为，为乡村

善治树立典范。二是宣传与表彰。通过新媒体平台、乡村广播电台等渠道，广泛宣传好人好事，表彰道德模范，激发乡村居民的道德自觉。三是倡导道德自律。通过举办道德讲堂、德育培训等活动，提高乡村居民的道德素养，倡导道德自律，营造良好的乡村道德风尚。

综上所述，运用数字化技术构建乡村善治体系，可以通过信息技术实施村民自治、新媒体整合公共法律服务信息以及建立好人好事数据库等多种途径，提高乡村治理水平，实现乡村社会的和谐稳定。

第八章　大理州乡村治理的未来展望

本章是对大理州乡村治理的未来展望，具体包括五个方面：大理州乡村治理的现状分析；大理州乡村治理的未来发展趋势；大理州乡村治理的未来发展方向；大理州乡村治理的未来实施策略；大理州乡村治理的未来展望与发展建议。

第一节　大理州乡村治理的现状分析

分析大理州乡村治理现状涉及多方面的因素，主要是大理州乡村基本情况、乡村治理现状及乡村治理存在的问题。在当前背景下，大理州乡村治理面临着一些共性问题，如农民收入不稳定、公共服务跟不上、生态环境保护措施不到位、农村土地制度改革还不彻底等。同时，各县镇村的乡村治理现状也存在差异，有些乡村治理相对完善，有些则存在一些问题。因此，针对不同的情况，需要制定相应的治理策略和措施，加强政策支持、人才培养、资源整合等方面的工作，以推动大理州乡村治理水平的不断提升。

一、大理州乡村基本情况

大理州位于云南省西北部，是中国南方的著名旅游区之一，拥有得天独厚的山水资源和丰富的民族文化。大理州下辖 12 个县市区，涵盖了多个少数民族聚居区，其中以白族最为集中，还有黎族、傣族等少数民族。大理州乡村区域广阔，拥有丰富的矿产资源和特色农产品，旅游资源丰富，是全国闻名的乡村旅游基地之一。然而，在乡村治理方面仍存在一些问题，需要进一步加强治理能力和提升治理效果。

二、大理州乡村治理现状

大理州乡村治理面临的主要问题包括生态环境保护不力、基础设施建设滞后、农村经济发展不平衡、民族文化保护不足等。为此，政府加大了对乡村治理的投入，加强了基础设施建设，推进了生态环境保护和民族文化保护，提高了农民收入水平，改善了乡村居民的生活质量，促进了乡村经济的发展。但与此同时，一些问题仍需要解决，如农村土地制度改革、公共服务不足等，需要进一步深化改革和完善治理机制，推进乡村治理现代化。

三、大理州乡村治理存在的问题

大理州乡村治理仍存在一些问题，主要包括：一是农民收入不稳定，农业生产效益有待提高，农村经济发展不够平衡和可持续；二是公共服务跟不上，基础设施建设不够完善，公共事务管理存在滞后；三是生态环境保护措施不到位，地方政府和居民的环保意识有待提高；四是农村土地制度改革还不彻底，土地流转、承包等农村土地制度仍待完善。这些问题都需要政府进一步加强乡村治理，深化改革，完善公共服务，增强生态环境保护意识，加强农村土地制度改革，提高居民收入水平，推进乡村治理现代化。

第二节　大理州乡村治理的未来发展趋势

一个地方乡村治理的发展未来对于该地方的经济、文化、环境和社会等方面都具有重要的意义和价值，把握国家对乡村治理的政策导向及该地乡村发展的特点也是重要的影响因素。在此基础上判断大理州乡村治理的未来发展趋势，著者认为将会从生态、产业、文化和民生等方面进行全面推进，以实现可持续的发展。

一、国家对乡村治理的政策导向

当前国家对乡村治理的政策导向主要包括三个方面：一是推进乡村振兴战略，加快乡村旅游、特色农业等产业发展，提高乡村地区基础设施建设水平，提高农民收入水平；二是推行乡村治理现代化，通过建立信息化、科技化的乡村治理网络，提升乡村社会管理和公共服务水平，加强社会管理和各项社会治理工作；三是加强农村土地制度改革，完善农村土地流转、承包等制度，确保农民土地权益，调动农村土地资源的潜力，从而促进农村经济和社会发展。这些政策导向旨在全面提升乡村治理的水平和质量，推动中国乡村全面振兴。

二、大理州乡村发展的特点

大理州乡村发展的特点主要表现在以下几个方面。一是多元化的产业发展。因地制宜发展云南特色农业及旅游业，整合文化、科技、教育、民生等资源，多领域开展经济活动。二是乡村居民生活环境不断改善。实施美丽乡村建设，加强农村公共设施建设和民生保障，提高乡民生活质量，促进农村社会稳定。三是文化资源优势得到充分利用。保护和推广当地民俗文化，开展文艺、体育、户外活动等丰富多彩的乡村文化活动，增强乡村文化和旅游产业相互融合发展的活力和魅力。四是美丽风景成为重要的吸引因素。在保护生态、发展旅游的前提下，大力推广乡村旅游，吸引越来越多的游客前来体验丰富多彩的乡野生活。这些特点共同形成了以创新、发展、文化、生态为核心的大理州乡村发展的特色。

三、未来发展趋势

大理州乡村治理的未来发展趋势将会是以生态保护、产业振兴、文化传承和民生改善为主线，推进全面、协调、可持续的发展。具体而言，一是加强生态保护，实施生态恢复和水土保持工程，建设美丽乡村，打造宜居宜业的良好环境；二是坚持农业供给侧结构性改革，推进以产业发展为核心的乡村振兴战略，培育特色农业、乡村旅游等新兴产业，促进经济稳定增长；三是重视文化传承，保护和挖掘乡村特有的文化资源，以文化旅游为首要方向，培育乡村文化产业；四是深化民生改善，加强基础设施建设、教育卫生和社会保障等方面，提高农民收入，改善民生状况。综合而言，未来大理州乡村治理的趋势将秉持"合理发展，和谐生存"的理念，实现经济、生态、文化和社会协调发展，推进可持续的乡村发展。

第三节　大理州乡村治理的未来发展方向

大理州乡村治理的未来发展方向应包括以下几个方面：一是加强政府引导和指导，二是提升社会组织的参与度，三是推动科技创新与应用，四是发展乡村旅游和特色产业。

一、加强政府引导和指导

为了加强引导和指导大理州乡村治理的未来发展方向，需要采取一系列措施：一是建立健全引导机制和政策体系，制定相关政策、规划和标准，明确乡村治理的发展方向。二是加强乡村治理的组织领导，通过成立专门机构或乡村治理委员会，完善组织机制，形成完整的协作机制。三是推动乡村治理创新，积极推行试点工作，借鉴国内外成功经验，加强乡村治理的实践探索。四是加强乡村干部队伍和农民素质培养，提高乡村治理人员的专业素质和乡村居民的自我管理能力。五是积极开展宣传教育，对乡村居民进行宣传教育，增强其对乡村治理的理解和认同。通过以上措施，可以更加有效地加强对大理州乡村治理未来发展方向的引导和指导，从而实现乡村治理的科学规划、有效落实。

二、提升社会组织的参与度

为了让社会组织更多地参与大理州的乡村治理工作，需要采取一系列措施。一是完善有关社会组织的法律法规，加强社会组织的合法地位和权利保障，尽可能消除其参与乡村治理的各种障碍。二是建立健全协同机制，积极促进政府与社会组织的联动合作，加强沟通协调，共同为乡村治理的发展方向提供指导和支持。三是加强社会组织的培育，注重提升社会组织的素质和水平，加强其技术能力和应变能力，使其更好地参与乡村治理。四是发挥社会组织的优势，充分发挥其在信息收集、社区服务和社会监督等方面的作用。五是加强宣传和教育，加强对社会组织参与乡村治理的宣传和教育，提高乡村居民对社会组织的认识和接受程度，增强对社会组织的信任。通过以上措施，可以进一步提升社会组织在大理州乡村治理过程中的参与度，实现政府与社会组织合作共赢，保障乡村治理的科学规划和有效实施，为乡村振兴做出更大的贡献。

三、推动科技创新与应用

大理州未来将通过以下方面推动科技创新与应用的深度融合，加快推进乡村治理的数字化、智能化、现代化和可持续发展，实现农业生产全程的现代化、自动化和数据化，提高农产品生产效率和乡村居民的生活品质。一是引入先进科技。大理州将引入先进科技，如人工智能、物联网等，用于农业生产、乡村治理等方面，实现智能化、自动化和数据化，提高工作效率和生产效益。二是信息化建设与科技创新引导。大理州将加强信息化建设和科技创新引导，建立健全信息化平台和科技创新服务体系，为农业生产、乡村治理等提供技术支持和服务。三是营造良好的科技创新环境。大理州将营造良好的科技创新环境，加强政策引导和资金支持，吸引和培育高水平的科技人才和创新企业，推动科技创新和应用的快速发展。四是促进智能化服务。大理州将促进智能化服务，通过建设智慧农村、智慧乡村等项目，提供更加便捷、高效、智能的服务。五是实现农业生产全程的现代化、自动化和数据化。大理州将实现农业生产全程的现代化、自动化和数据化，通过推广现代农业技术、建设智能化农业装备、建立农业生产数据平台等，提高农业生产效率和质量。

四、发展乡村旅游和特色产业

大理州是一个拥有丰富自然和人文资源的地区，具有非常好的乡村旅游和特色产业发展潜力。针对乡村旅游的发展，大理州可以加强对村庄和景点的保护和改善。同时，可以发展以农家乐、民宿、文化体验等为主的乡村旅游业，提高当地居民的收入水平。此外，大理州的文化资源丰富，可以打造具有特色的旅游目的地和旅游产品。另外，大理州还可以积极推动当地特色产业的发展，通过加强技术研发和市场营销等手段，提高产品的质量和竞争力，带动当地经济的发展和居民生活的改善。例如，大理州的花卉、水果、茶叶等农产品具有很高的品质，可以打造品牌，吸引更多消费者，并且增加农民的收入。此外，大理州的旅游业可以与当地的传统手工艺品、民族音乐舞蹈等产业结合，推出融合旅游和文化体验的活动和产品，为游客提供更加综合和丰富的旅游体验。

第四节　大理州乡村治理的未来实施策略

大理州乡村治理的未来实施策略应该是多方面的，包括治理体系、治理机制、基础设施、政策支持等，要建立健全农村治理体系，创新社会治理机制，强化农村基础设施建设，推动新型农业经营模式。这将有助于推动和实现大理州乡村治理现代化。

一、建立健全农村治理体系

未来，大理州可以通过建立健全乡村治理体系，实现对农村社会的全面、协调、可持续的管理和发展。具体来说，可以从以下几个方面入手。一是大力推进乡村治理机制的创新，加强乡村自治、群众自治和法治建设。通过市场机制和民主决策等手段，扩大村民的参与度，维护村民的权益，协调解决村内矛盾，为村民提供更优质、更高效的公共服务。二是加强乡村基础设施建设，保障村民的生产和生活需求。在新农村建设中，注重实现基础设施的完善和公共服务的均衡，为贫困村民提供必要的扶持和帮助，提高农村基础设施的水平和村民的幸福指数。三是创新乡村经济发展模式，培育和壮大特色乡村产业，并鼓励农民参与现代农业生产。在实际操作中，可以加强对农村经济发展优势、资源禀赋、市场需求等因素的研究和分析，因地制宜开展有针对性的产业和农业技术培训，提高村民的科技素质和操作能力，推动农业现代化和农村产业发展。四是加强社会管理和公共安全建设，加强农村安全防范。通过实施农村安全、环境保护、森林防火等各项举措，有效维护公共治安和社会稳定，提高农村社区服务和管理水平，构建稳定、和谐、安全的农村社会结构。

二、创新社会治理机制

大理州未来可以通过建立创新的社会治理机制，提升乡村治理能力。一是加强政府引导和市场化运作，探索建立政府主导、市场化运作、社会参与、法律保障相结合的多元化乡村治理模式。在这个模式下，政府主导推动市场化发展，并支持社会力量参与共治，保障法律权益的平等、公平和公正。二是发挥村民自治组织的作用，引导村民创新自治经验。在村民自治组织中，加强民主决策和参与意识，尊重群众发言权，发挥村民集体智慧，推动村级民主管理，并针对不同村庄实现差异化的自治创新。三是建设信息化平台，提高农村社会治理信息化水平。在信息化支持之下，建立便捷的社会管理服务网络，加强对农村基层组织的网络建设和管理，优化政府部门、企业和社会组织的运作机制。四是加强宣传和思想教育，提升村民的意识和素质。通过宣传教育和培训，增强村民的政治意识，提高村民的文化素质，推动村民参与社区建设和治理事务，为建立创新社会治理机制奠定坚实基础。

三、强化农村基础设施建设

大理州未来计划加强农村基础设施建设，以提升农村生产生活条件和促进农村经济社会发展。具体措施包括：一是扩大农村水利基础设施建设。大理州将加大对农田水利基础设施改造、升级和维修的力度，改善农田灌溉条件，提高灌溉效率，加强农田防洪和水资源管理，推动农业生产水平的提高。二是加强农村交通基础设施建设。大理州将加强农村交通基础设施建设，提高村级公路等的通达性和便捷性，加快农村公路网的建设，改善农民出行条件，促进农村地区的经济发展和交流。三是优化农村电力基础设施。大理州将优化农村电力基础设施，全面建设智能电网和光伏发电项目，提高电网可靠性和供电品质，满足农村生产和生活的用电需求，促进农村电商和智能化农业的发展。四是推进农村信息化建设。大理州将加强农村信息化建设，提高信息网络覆盖率和农村信息化水平，推动信息技术与农业生产和服务的深度融合，促进农村经济社会发展和现代化建设。

四、推动新型农业经营模式

大理州未来计划推动新型农业经营模式，以提高农业生产效益和农民收入水平。具体措施包括：一是加强对新型经营主体的扶持。大理州将加强对农业产业化龙头企业、农民专业合作社等新型经营主体的扶持，推动农业生产组织和经营模式的转变，促进农民参与农业产业链的各个环节。二是推动现代农业科技的研发和应用。大理州将大力推动现代农业科技的研发和应用，支持发展种植业、养殖业、渔业等产业的高效、绿色、智能化生产模式，提高农业生产效益和质量。三是加强对农业产业化服务体系、农业物流等配套产业的支持。大理州将加强对农业产业化服务体系、农业物流等配套产业的支持，构建现代农业产业链，提高农产品的附加值和市场竞争力。四是注重保护农业生态环境。大理州将注重保护农业生态环境，积极推进农村生态文明建设，推动农业生产绿色化、生态化，实现农业、农村、农民的现代化和可持续发展。

第五节　大理州乡村治理的未来展望与发展建议

大理州乡村治理水平和乡村经济发展水平未来将不断提升，乡村文化和生态环境得到保护和发展，村民自治组织和社会力量的作用得到充分发挥，实现城乡一体化发展，促进社会和谐稳定。为了实现这一目标，大理州将大力推动社会经济发展，推进环境保护和生态修复，着力提高居民生活水平，保护和传承乡村文化，从而促进乡村治理现代化和乡村经济的可持续发展。

一、社会经济发展

大理州未来将通过大力推进城乡一体化发展和实施创新驱动发展战略，加强区域内和跨区域合作，推动社会经济发展。具体措施包括：一是加快高新技术产业发展。大理州将加快新一代信息技术、智能制造、生物医药等高新技术产业发展，培育和支持具有核心竞争力的优势企业，推动经济转型升级，增强区域竞争力。二是促进文化创意、旅游业、体育健康等产业的发展和繁荣。大理州将促进文化创意、旅游业、体育健康等产业的发展和繁荣，打造特色品牌，提高产品质量和服务水平，推动文化旅游产业与其他产业融合发展。三是推进绿色发展。大理州将大力推进农业资源节约集约利用、还林还湖还草、生态修复等绿色发展举措，加强生态保护和环境治理，提高区域生态品质和可持续发展水平。四是加快基础设施建设。大理州将加快建设交通基础设施，提高农村基础设施薄弱地区和民族地区的发展水平，促进城乡一体化发展。五是改善营商环境。大理州将持续改善企业和民众的营商环境，优化资源配置，营造公平竞争的市场秩序，创设市场化、法治化、国际化的营商环境，吸引更多的投资和人才，推动社会经济发展。

二、生态文明建设

为了实现生态文明建设的目标，大理州需要采取多种措施。一是加强保护生态环境的法律法规的建设和执法力度。大理州需要通过制定严格的环保政策和标准来规范企业行为和市民生活，加大环境监测和执法力度，坚决打击环境违法行为，切实保护生态环境。二是采用可持续发展的方式，坚持生态优先。大理州需要采用可持续发展的方式，坚持生态优先，遵循绿色低碳的发展模式，鼓励新能源和清洁能源的使用，发展绿色经济，加强资源的循环利用和废物的治理，推进绿色供应链建设，促进绿色生产和消费。三是推动生态城市和生态农业建设。大理州需要积极推进建设生态城市和生态农业，通过城市生态修复和建设，推动城乡环境卫生的全面提升，提高居民生活质量。通过生态农业的发展，促进农业的生态化、绿色化和高效化，实现农业可持续发展。四是加强宣传和教育。大理州需要加强生态文明的宣传和教育，增强公众的环保意识和责任意识，推动各行各业的绿色转型，培养绿色消费观和良好的生活习惯。

三、居民生活水平提高

为了提高居民生活水平，大理州需要采取多种措施。一是加强教育、医疗等公共服务设施建设。大理州需要加强教育、医疗等公共服务设施建设，提高服务水平和质量，让居民能够享受到更好的教育和医疗保障，提高居民的健康和教育水平。二是提高居民收入水平。大理州需要通过发展新经济、新产业、新业态来增加就业机会，促进居民收入的增长。同时也要加强社会保障体系建设，为居民提供稳定的就业和社会保障。三是加强城市基础设施建设。大理州需要加强城市基础设施建设，如交通、水电、通信等，提高城市的运行效率和服务水平，方便居民出行和生活。四是注重文化旅游和生态旅游的发展。大理州需要注重文化旅游和生态旅游的发展，提高居民的生活品质和文化修养，通过发展旅游业带动当地经济的发展，增加居民的收入。五是加强社区建设。大理州需要加强社区建设，鼓励社区居民参与社区建设和管理，提高社区服务水平，为居民提供更加便利的生活服务。

四、乡村文化保护与传承

为了保护和传承乡村文化，大理州需要采取多种措施，具体包括：一是加强乡村文化的保护和传承。大理州需要加强乡村文化的保护和传承，通过建设文化广场、乡村博物馆等设施，弘扬乡村文化传统和风俗习惯，让新一代了解乡村文化的历史和内涵，增强文化自信。二是注重乡村文化的挖掘和创新。大理州需要注重乡村文化的挖掘和创新，加强文化遗产的保护和传承工作，挖掘乡村文化内涵，推广具有代表性的乡村文化元素，促进乡村文化的创新和发展，让乡村文化更具有时代性和生命力。三是培养乡村文化传承人才。大理州需要注重培养乡村文化传承人才，通过专业培训、实践活动等方式，提高乡村文化传承人才的专业能力和文化素养，让他们能够更好地传承和发展乡村文化。四是注重乡村旅游和乡村教育的发展。大理州需要注重乡村旅游和乡村教育的发展，把乡村文化融入旅游和教育中，让游客和学生更好地了解和感受乡村文化。

参考文献

一、专著

［1］邓小平 . 邓小平文选（第 3 卷）［M］. 北京：人民出版社，1993：355.

［2］贺雪峰 . 最后一公里村庄［M］. 北京：中信出版社，2017：305-309.

［3］徐勇 . 乡村治理的中国根基与变迁［M］. 北京：中国社会科学出版社，
    2018：96.

［4］薛暮桥 . 中国社会主义经济问题研究［M］. 北京：人民出版社，2009：56.

［5］周长康，金伯中 . 走向二十一世纪的"枫桥经验"：预防犯罪实证研究
    ［M］. 北京：群众出版社，2000：16.

［6］中共中央马克思恩格斯列宁斯大林著作编译局 . 马克思恩格斯选集（第 1
    卷）［M］. 北京：人民出版社，1972：10.

二、期刊

［1］陈丹，张越 . 乡村振兴战略下城乡融合的逻辑、关键与路径［J］. 宏观经
    济管理，2019（1）：57-64.

［2］蔡伟峰 . 让乡贤为乡村治理注入活力［J］. 人民论坛，2018（24）：2.

［3］付春 . 软治理：国家治理中的文化功能［J］. 中国行政管理，2009（3）：
    122-125.

［4］郭星华，任建通. 基层纠纷社会治理的探索：从"枫桥经验"引发的思考［J］. 山东社会科学，2015（1）：65-69.

［5］贺丹. 新时代乡村人口流动规律与社会治理的路径选择［J］. 国家行政学院学报，2018（3）：26-31.

［6］胡新艳. "公司＋农户"：交易特性、治理机制与合作绩效［J］. 农业经济问题，2013（10）：83-89.

［7］刘俊杰，朱新华. 基于"要素－结构－功能"视角的乡村振兴实施路径研究［J］. 经济体制改革，2020（6）：79-85.

［8］刘合光. 乡村振兴战略的关键点、发展路径与风险规避［J］. 新疆师范大学学报（哲学社会科学版），2018（3）：25-33.

［9］吕德文. 乡村治理 70 年：国家治理现代化的视角［J］. 南京农业大学学报（社会科学版），2019（4）：57-58.

［10］李亚冬. 新时代"三治结合"乡村治理体系研究回顾与期待［J］. 学术交流，2018，297（12）：81-88.

［11］闵学勤. 激活与赋能：从乡村治理走向乡村振兴［J］. 江苏行政学院学报，2020（6）：45-52.

［12］马华，马池春. 乡村振兴战略与国家治理能力现代化的耦合机理［J］. 江苏行政学院学报，2018（6）：63-70.

［13］宋才发，许威. 传统文化在乡村治理中的法治功能［J］. 中南民族大学学报（人文社会科学版），2020（4）：168-174.

［14］沈费伟，叶温馨. 数字乡村建设：实现高质量乡村振兴的策略选择［J］. 南京农业大学学报（社会科学版），2021（5）：41-53.

［15］沈费伟. 传统国家乡村治理的历史脉络与运作逻辑［J］. 华南农业大学学报（社会科学版），2017，16（1）：9.

［16］魏后凯. 如何走好新时代乡村振兴之路［J］. 人民论坛·学术前沿，

2018（3）：14–18.

［17］吴家庆，苏海新.论我国乡村治理结构的现代化［J］.湘潭大学学报（哲
　　　学社会科学版），2015（2）：7.

［18］王文龙.新乡贤与乡村治理：地区差异、治理模式选择与目标耦合［J］.
　　　农业经济问题，2018（10）：7.

［19］王春光.乡村振兴背景下农村"民主"与"有效"治理的匹配问题［J］.
　　　社会学评论，2020（6）：34–45.

［20］王晓娜.乡村治理秩序：历史梳理与现代构建［J］.中共福建省委党校
　　　学报，2017（12）：7.

［21］徐勇.县政、乡派、村治：乡村治理的结构性转换［J］.江苏社会科学，
　　　2002（2）：27–30.

［22］袁金辉，乔彦斌.自治到共治:中国乡村治理改革40年回顾与展望［J］.
　　　行政论坛，2018，25（6）：7.

［23］张海鹏，曲婷婷.农业现代化与农业家庭经营模式创新［J］.经济学家，
　　　2014（2）：83–89.

［24］张军.乡村价值定位与乡村振兴［J］.中国农村经济，2018（1）：2–10.

［25］周文，何雨晴.国家治理现代化的政治经济学逻辑［J］.财经问题研究，
　　　2020（4）：10.

［26］周文，司婧雯.新时代中国国家治理现代化：内涵、特征与进路［J］.
　　　新疆师范大学学报（哲学社会科学版），2020（4）：12–19.

［27］朱志平，朱慧劼.乡村文化振兴与乡村共同体的再造［J］.江苏社会科
　　　学，2020（6）：62–69.